"十三五"国家重点图书出版规划项目

国家出版基金项目
NATIONAL PUBLICATION FOUNDATION

《中国经济地理》丛书

孙久文　总主编

辽宁经济地理

吴殿廷　赵　林　王永明　高文姬◎著

LIAONING

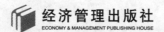

经济管理出版社
ECONOMY & MANAGEMENT PUBLISHING HOUSE

图书在版编目（CIP）数据

辽宁经济地理/吴殿廷等著. —北京：经济管理出版社，2017.2
ISBN 978-7-5096-4787-5

Ⅰ.①辽…　Ⅱ.①吴…　Ⅲ.①区域经济地理—辽宁　Ⅳ.①F129.931

中国版本图书馆 CIP 数据核字（2016）第 312031 号

组稿编辑：申桂萍
责任编辑：侯春霞
责任印制：黄章平
责任校对：超　凡

出版发行：经济管理出版社
　　　　　（北京市海淀区北蜂窝 8 号中雅大厦 A 座 11 层　100038）
网　　址：www. E-mp. com. cn
电　　话：(010) 51915602
印　　刷：玉田县昊达印刷有限公司
经　　销：新华书店
开　　本：720mm × 1000mm/16
印　　张：15
字　　数：363
版　　次：2018 年 1 月第 1 版　　2018 年 1 月第 1 次印刷
书　　号：ISBN 978-7-5096-4787-5
定　　价：68.00 元

《中国经济地理》丛书

顾　　问：宁吉喆　刘　伟　胡兆量　胡序威　邬翊光　张敦富

专家委员会（学术委员会）

主　　任：孙久文

副 主 任：安虎森　张可云

秘 书 长：付晓东

专家委员（按姓氏笔画排序）：

邓宏兵	付晓东	石培基	吴传清	吴殿廷	张　强	李国平	沈正平
郑长德	金凤君	侯景新	赵作权	赵儒煜	郭爱军	高志刚	曾　刚
覃成林							

编委会

总 主 编：孙久文

副总主编：安虎森　付晓东

编　　委（按姓氏笔画排序）：

文余源	邓宏兵	代合治	石培基	石敏俊	安树伟	朱志琳	吴传清
吴殿廷	吴相利	张　贵	张海峰	张　强	张满银	李二玲	李　红
李敏纳	杨　英	沈正平	陆根尧	陈建军	陈　斐	孟广文	武友德
郑长德	周国华	金凤君	洪世健	胡安俊	赵　林	赵春雨	赵儒煜
赵翠薇	涂建军	高志刚	曾　刚	覃成林	薛东前		

总　序

今天，我们正处在一个继往开来的伟大时代。受现代科技飞速发展的影响，人们的时空观念已经发生了巨大的变化：从深邃的远古到缥缈的未来，从极地的冰寒到赤道的骄阳，从地心游记到外太空的探索，人类正疾步从必然王国向自由王国迈进。

世界在变，人类在变，但我们脚下的土地没有变，土地是留在心里不变的根。我们是这块土地的子孙，我们祖祖辈辈生活在这里。我们的国土有960万平方公里之大，有种类繁多的地貌类型，地上和地下蕴藏了丰富多样的自然资源，14亿中国人民有五千年延绵不绝的文明历史，经过近40年的改革开放，中国经济实现了腾飞，中国社会发展日新月异。

早在抗日战争时期，毛泽东主席就明确指出："中国革命斗争的胜利，要靠中国同志了解中国的国情。"又说："认清中国的国情，乃是认清一切革命问题的基本根据。"习近平总书记在给地理测绘队员的信中指出："测绘队员不畏困苦、不怕牺牲，用汗水乃至生命默默丈量着祖国的壮美山河，为祖国发展、人民幸福作出了突出贡献。"李克强总理更具体地提出："地理国情是重要的基本国情，要围绕服务国计民生，推出更好的地理信息产品和服务。"

我们认识中国基本国情，离不开认识中国的经济地理。中国经济地理的基本条件，为国家发展开辟了广阔的前景，是经济腾飞的本底要素。当前，中国经济地理大势的变化呈现出区别于以往的新特点。第一，中国东部地区面向太平洋和西部地区深入欧亚大陆内陆深处的陆海分布的自然地理空间格局，迎合东亚区域发展和国际产业大尺度空间转移的趋势，使我们面向沿海、融入国际的改革开放战略得以顺利实施。第二，我国各区域自然资源丰裕程度和区域经济发达程度的相向分布，使经济地理主要标识的区内同一性和区际差异性异常突出，为发挥区域优势、实施开发战略、促进协调发展奠定了客观基础。第三，以经济地理格局为依据调整生产力布局，以改革开放促进区域经济发展，以经济发达程度和市场发育程度为导向制定区域经济政策和区域规划，使区域经济发展战略上升为国家重大战略。

因此，中国经济地理在我国人民的生产和生活中具有坚实的存在感，日益发挥出重要的基石性作用。正因为这样，编撰一套真实反映当前中国经济地理现实情况的丛书，就比以往任何时候都更加迫切。

在西方，自从亚历山大·洪堡和李特尔之后，编撰经济地理书籍的努力就一直没有停止过。在中国，《淮南子》可能是最早的经济地理书籍。近代以来，西方思潮激荡下的地理学，成为中国人"睁开眼睛看世界"所看到的最初的东西。然而对中国经济地理的研究却鲜有鸿篇巨制。中华人民共和国成立特别是改革开放之后，中国经济地理的书籍进入大爆发时期，各种力作如雨后春笋。1982年，在中国现代经济地理学的奠基人孙敬之教授和著名区域经济学家刘再兴教授的带领和推动下，全国经济地理研究会启动编撰《中国经济地理》丛书。然而，人事有代谢，往来成古今。自两位教授谢世之后，编撰工作也就停了下来。

《中国经济地理》丛书再次启动编撰工作是在2013年。全国经济地理研究会经过常务理事会的讨论，决定成立《中国经济地理》丛书编委会，重新开始编撰新时期的《中国经济地理》丛书。在全体同人的努力和经济管理出版社的大力协助下，一套全新的《中国经济地理》丛书计划在2018年全部完成。

《中国经济地理》丛书是一套大型系列丛书。该丛书共计39册：概论1册，"四大板块"共4册，34个省市自治区及特别行政区共34册。我们编撰这套丛书的目的，是为读者全面呈现中国分省区的经济地理和产业布局的状况。当前，中国经济发展伴随着人口资源环境的一系列重大问题，复杂而严峻。资源开发问题、国土整治问题、城镇化问题、产业转移问题等，无一不是与中国经济地理密切相连的；京津冀协同发展、长江经济带战略和"一带一路"倡议，都是以中国经济地理为基础依据而展开的。我们相信，《中国经济地理》丛书可以为一般读者了解中国各地区的情况提供手札，为从事经济工作和规划工作的读者提供参考资料。

我们深感丛书的编撰困难巨大，任重道远。正如宋朝张载所言"为往圣继绝学，为万世开太平"，我想这代表了全体编撰者的心声。

我们组织编撰这套丛书，提出一句口号：让读者认识中国，了解中国，从中国经济地理开始。

让我们共同努力奋斗。

孙久文

全国经济地理研究会会长

中国人民大学教授

2016 年 12 月 1 日于北京

序

　　辽宁省海陆兼备，自然资源丰富，经济社会发展先天条件优越；辽宁省曾经是共和国长子，国家"一五"、"二五"建设时期得到了大量投资，为全国的工业化、城镇化做出了巨大贡献。但改革开放后，辽宁省受制于偏公的组织结构、偏重的产业结构和"资源诅咒"现象，其在经济发展和社会进步等方面遭遇了巨大挑战。

　　21世纪初，国家提出了振兴东北等老工业基地战略，使辽宁省获得了新的发展机遇，也曾出现了率先崛起的迹象。但近几年伴随着世界经济的不景气和全国产能过剩、节能减排等压力，辽宁振兴又遇到了新的困难。辽宁省经济地理研究意义重大，但其复杂性、艰巨性也可想而知。

　　有鉴于此，我们以系统科学为基础，以地域分异原理和地理分工理论为指导，深入考察了辽宁省经济社会发展的资源环境基础，分析了行政区划演化和现实格局，剖析了资源开发利用成效、区域开发过程和现实特征，探讨了基础产业及其布局、战略性产业及其布局、地域分异与重点地区建设、人口与城镇化特征等，并在此基础上提出了辽宁省经济社会发展的总体战略。

　　全书的结构如下图所示：

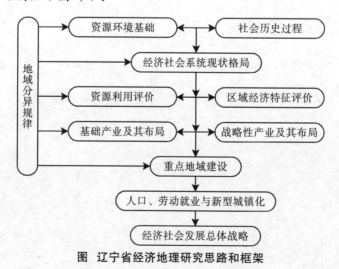

图　辽宁省经济地理研究思路和框架

目　录

第一章　资源环境基础

第一节　区位条件

一、地理区位

辽宁省位于我国东北地区的南部，处于东经 118°53′~125°46′、北纬 38°43′~43°26′，东西直线距离约 550 公里，南北直线距离约 550 公里。全省国土面积 14.8 万平方公里，占全国总面积的 1.5%。在全省陆地总面积中，山地为 8.6 万平方公里，占 58.11%；平地为 4.9 万平方公里，占 33.11%；水域和其他为 1.3 万平方公里，占 8.78%。

辽宁省南濒黄海和渤海，辽东半岛斜插于两海之间，隔渤海海峡与山东半岛相呼应。西南与河北省接壤，西北与内蒙古自治区毗连，东北与吉林省为邻，东南与朝鲜半岛以鸭绿江为界，国境线超过 200 公里。辽宁省海岸线东起鸭绿江，西至山海关老龙头，大陆海岸线全长 2110 公里，占全国大陆海岸线总长的 11.7%；岛屿海岸线长 924 公里，占全国岛屿海岸线总长的 6.6%。辽宁省是我国沿海最北的一个省份和东北地区唯一的既沿海又沿边的省份，也是东北及内蒙古自治区东部地区对外开放的门户，处于东北经济区与环渤海经济区的结合部。[①]

二、经济区位

辽宁区位优越，交通便利，是东北地区通往关内的交通要道和连接欧亚大陆的重要门户，是全国交通、电力等基础设施较为发达的地区。截至 2014 年

---

① 傅鸿志主编. 辽宁地理 [M]. 北京：北京师范大学出版社，2014.

铁路营运里程达到 4899 公里，密度居全国第一；公路通车里程 11.45 万公里，其中高速公路 4172 公里，连接 14 个省辖市。沿黄海、渤海沿岸形成了包括丹东、大连、营口、锦州、葫芦岛港在内的港口群，其中，大连港是我国北方地区最好的深水不冻港。

2015 年底，全省港口拥有生产用码头泊位 410 个，比"十二五"期末增加 70 个。其中，沿海港口生产用码头泊位 404 个，比"十二五"期末增加 70 个；内河港口生产用码头泊位 6 个。全省港口拥有万吨级及以上泊位 214 个，比"十二五"期末增加 61 个。全省万吨级及以上泊位中，专业化泊位 92 个，通用散货泊位 57 个，通用件杂货泊位 54 个，多用途泊位 5 个和其他泊位 1 个，其中专业化泊位、通用散货泊位、通用件杂货泊位、多用途泊位分别比"十二五"期末增加 20 个、24 个、13 个和 4 个。全省有沈阳桃仙、大连周水子 2 个国际航空港。

截至 2010 年底，辽宁省已发现各类矿产 120 种，查明资源储量的有 116 种，其中硼、铁、菱镁等的保有储量居全国首位。

辽宁省地形大致是"六山一水三分田"，地势北高南低，山地丘陵分列东西，属温带大陆性季风气候，四季分明，适合多种农作物生长，是国家粮食主产区和畜牧业、渔业、优质水果及多种特产品的重点产区。

辽宁是我国重要的老工业基地之一。截至 2013 年底，全省工业有 39 个大类、197 个中类、500 多个小类，是全国工业行业最全的省份之一。全省装备制造业和原材料工业比较发达，冶金矿山、输变电、石化通用、金属机床等重大装备类产品和钢铁、石油化学工业在全国占有重要位置。

辽宁是我国最早实行对外开放政策的沿海省份之一。2013 年底，全省累计批准外商投资企业 3.5 万家，贸易伙伴已经遍及世界 217 个国家和地区，世界 500 强企业中已有 110 多家在辽宁投资。2014 年实际利用外资 274 亿美元，地区生产总值 28627 亿元，这两项指标在全国各省（市、区）中均居第 7 位。

第二节　自然资源

辽宁省海陆兼备，地貌类型多样，拥有相对优越的自然环境和资源赋存条件。国土资源形成的优越环境和丰富资源，为辽宁省振兴与可持续发展提供了坚实的物质基础。

全省地势由北向南逐渐降低，东西两侧较高，中部和沿海地区地势较低。

东部有长白山山系千山山脉，自东北向西南伸入黄海和渤海，构成辽东半岛。千山山脉山峰均在 1000 米左右，两侧丘陵起伏，海拔多在 500 米以下。辽东丘陵海拔高度均在 200 米以下。辽东丘陵由北向南显著降低，近海部分海拔仅有 200~500 米，并有清河、柴河、浑河、太子河、柳河、饶阳河、东沙河流经此地，地势平坦，土壤肥沃。省内西部为辽西丘陵山地，最高处海拔在 1000 米左右，地势由西北向东南呈阶梯式递减，到渤海沿岸又构成了一条狭长的海滨平原，称为辽西走廊，海拔均在 50 米以下。辽宁省地质成矿条件优越，矿产资源丰富，种类齐全。

辽宁省属温带大陆性季风气候区，全年平均气温在 7~11℃。受季风气候影响，各地温差较大，自西南向东北、自平原向山区递减。年平均无霜期为 130~200 天。年降水量为 600~1100 毫米，东部山地丘陵区年降水量在 1100 毫米以上，西部山地丘陵区年降水量在 400 毫米左右，中部平原区年降水量在 600 毫米左右。

境内现有大小河流 392 条，总长 16 万公里，流域面积 14.55 万平方公里。主要河流有辽河、鸭绿江、浑河、太子河、大凌河和大洋河等。辽河为中国七大江河之一。境内有大中小型水库 942 座。[①]

海岸线东起鸭绿江口，西至山海关老龙头，大陆海岸线全长 2110 公里，占中国大陆海岸线总长的 11.7%，岛屿岸线全长 924 公里，占中国岛屿岸线总长的 6.6%。沿海蕴藏着丰富的海洋资源和滨海自然旅游资源。海洋国土与沿海陆域及海区良好的自然条件相配套，开发海洋资源的潜力巨大。

一、土地资源

（一）数量构成及其特点

辽宁辖区（土地详查工作面积）土地总面积为 14.8 万平方公里。地貌形态多样，有高山、中山、丘陵、平原、滩涂等。其中，山地 8.6 万平方公里，占总面积的 58.11%；平地 4.9 万平方公里，占总面积的 33.11%；其他土地类型 1.3 万平方公里，占总面积的 8.78%。自然概况大体为"六山一水三分田"。

从辽宁土地利用八大地类构成看，全省土地利用以林地、耕地为主，这两种利用类型占土地总面积的 66.08%，其次是未利用土地，占土地总面积的 14.76%，未利用土地中以荒草地为主，表明全省土地具有一定的开发潜力。居民点及工矿用地、水域所占比重也较大。园地、牧草地、交通用地面积则相对较小。如表 1-1 所示。

---

① 吴殿廷主笔. 辽宁省国土规划（总体规划）报告 [R].辽宁省人民政府，2009.

表 1-1　辽宁省土地面积构成（2014 年）

单位：万平方公里

项目	面积	占比（%）
土地总面积	14.84	100
山地	8.6	58.11
平地	4.9	33.11
其他	1.3	8.78
农业用地面积	11.23	75.85
1.耕地面积	4.085	27.59
2.园地面积	0.597	4.03
3.林地面积	5.699	38.49
4.牧草地面积	0.349	2.36
5.其他农业用地	0.500	3.38
建设用地面积	1.391	9.39
1.居民点和工矿用地面积	1.152	7.78
2.交通用地面积	0.091	0.61
3.水利设施用地	0.148	1.00
未利用地面积	2.185	14.76

资料来源：《辽宁省统计年鉴》（2015）。

辽宁省土地资源十分稀缺，全省人均土地面积 0.34 公顷，人均耕地面积 0.10 公顷，人均林地面积 0.13 公顷，人均草地面积 0.04 公顷，人均占有量低于全国平均水平。如表 1-2 所示。

表 1-2　辽宁人均土地面积等指标与全国的比较

单位：公顷

	人均土地面积	人均耕地面积	人均林地面积	人均草地面积
辽宁	0.34	0.10	0.13	0.04
全国	0.74	0.12	0.18	0.20

资料来源：《辽宁省统计年鉴》（2015）、《中国统计年鉴》（2015）。

（二）质量特点

1. 土地资源类型复杂多样，发展特色经济的前景广阔

东部山区以水分涵养林为主，宜于发展林业以及柞蚕、人参、药材等，辽东半岛的山区气候条件适宜苹果等水果生产，发展果树种植业；辽西低山丘陵地区，多为无林山地，可在低坡和凹地开发种植果树以及发展畜牧业。

2. 耕地质量比较高

中部平原地区海拔仅有 50~200 米，并有清河、柴河、浑河、太子河、柳河、饶阳河、东沙河流经此地，地势平坦，土壤肥沃，耕地质量比较高。

耕地质量分布不均匀，高产区主要分布在自然条件和经济基础较好的中部辽河、浑河、太子河流域和东部山区沟谷地带以及灌溉条件较好的沿海地区；中产区主要分布在辽东半岛丘陵区以及西部的锦州、葫芦岛市；低产区主要分布在西部的朝阳、阜新等地区。高产区每公顷粮食产量在 6000 公斤以上，低产区则在 3750 公斤以下。

3. 林地、草地资源和滩涂资源占一定的比重

林地面积 569 万公顷，占全省土地总面积的 38%，是各类土地中面积最大的一类，大部分分布在东部山区。全省森林覆盖率为 30% 左右。

草原、草山和草坡地面积 39 万公顷，分布在山地丘陵区，其中西南部地区有天然草场 54 万公顷，多属于草甸草原类草场，但目前已退化；东部山区大部分是疏林灌丛草甸草场，由于区内降水充沛，植被较好，覆盖率达到 50% 左右；西北部丘陵山地属灌丛草甸草场，气候干燥，草场植被稀疏，且多低层牧草，覆盖率在 50% 左右。

芦苇资源比较丰富，苇田面积 9 万公顷，主要分布在辽河下游及鸭绿江、大洋河的入海地带。

（三）土地利用空间格局

全省分为四个区域：

1. 滨海区

包括丹东、大连、营口、盘锦、锦州、葫芦岛六市及邻海县（市）。区内以丘陵和平原为主，海岸线漫长，岛屿众多，滩涂面积宽广。农作物主要有水稻、玉米等，并盛产水果、花生、柞蚕、水产品和芦苇等。其中，水产品、苹果和芦苇产量占全省的 90% 以上。

2. 中部平原农业区

包括沈阳、辽阳、鞍山三市及铁岭大部、阜新和锦州两县（市）。区内地势平坦，土质肥沃，水利、气候条件优越，是全省粮食主产区，粮食产量占全省总量的 60% 左右，主要农作物有玉米、水稻、高粱、大豆等。土地利用率极高，未利用土地少。

3. 东部山区

包括抚顺、本溪两市及铁岭一县、丹东两县（市）、鞍山一县。区内山峦起伏，地势陡峭，自然概貌大致为"八山一水一分田"，是以林地为主的山地农业区，森林面积占全省的一半以上，烤烟、柞蚕产量占全省 1/3 以上。

4. 西部低山丘陵区

包括朝阳市和阜新郊区、阜新县以及义县、建昌县。该区的地貌特点是山地、丘陵、河谷相间分布，气候属半干旱、半湿润易旱地区，降水稀少，主要盛产棉花、向日葵、芝麻等经济作物以及白梨、大枣等水果。全省的未利用土地主要集中在这一区域。

（四）存在的主要问题

土地资源非常短缺，全省人均土地面积 0.34 公顷，人均耕地面积 0.10 公顷，人均林地面积 0.13 公顷，人均草地面积 0.04 公顷，人均占有量低于全国平均水平。

水土流失严重，目前全省水土流失面积达到 5.12 万平方公里，占全省国土总面积的 35%，荒漠化面积 0.9 万平方公里，占全省土地面积的 6%。

耕地土壤质量退化严重，土壤贫瘠、盐碱涝渍、土壤污染、土壤酸化，特别是严重的土壤侵蚀，导致土壤薄层化、粗骨化、石质化、干旱化和渍涝化。全省土壤质量退化面积已达 700.7 万公顷，占全省土地面积的 47.31%。

全省未利用土地开发难度很大。2004 年全省有未利用地 2.185 万平方公里，占全省土地面积的 14.76%。在耕地的利用方面，存在的主要问题是耕地土壤质量退化严重，引起水土流失、土壤贫瘠、盐碱涝渍、土壤污染、土壤酸化，特别是严重的土壤侵蚀，导致土壤薄层化、粗骨化、石质化、干旱化和渍涝化。

二、水资源

（一）数量构成

辽宁省多年地表水 123.74 亿立方米，地下水资源量 82.29 亿立方米，地表水与地下水之间重复计算量 60.1 亿立方米，水资源总量 145.93 亿立方米。全省水资源总量仅占全国的 1/80，是严重缺水的地区，但是与我国北方华北地区、西北地区相比，水资源还是比较丰沛的。

辽宁省境内现有大小河流 392 条，总长 16 万公里，流域面积 14.55 万平方公里。地处温带季风气候区，水资源补给主要来源于大气降水，年平均降水总量 1000 亿立方米，多集中在 6~9 月。2005 年境内有大中小型水库 942 座，总库容量 330.6 亿立方米。其中，抚顺市大伙房水库和本溪市观音阁水库库容量均超过 20 亿立方米。由于地下水超采，地表水主要是各类水库中的存水，成为居民生活用水的主要来源，随着各种污染的加剧，水的质量问题也日趋严重。

(二) 数量与质量特点

1. 水资源严重短缺

辽宁省是我国严重缺水省份之一，水资源严重短缺，开发潜力十分有限，污染严重，水质污染加重水资源危机。全省水资源总量为 145.93 亿立方米，不到全国的 1/80。2014 年人均占有水资源量 332 立方米，为全国平均水平的 1/6 左右（见表 1-3）。按照联合国"人均水资源量在 500~1000 立方米为重度缺水，小于 500 立方米为极度缺水"的指标分析，辽宁只有面积占全省 11.4%、人口占全省 5.2% 的鸭绿江流域水资源较为丰富。水资源的紧缺已经成为阻碍经济和社会发展的"瓶颈"，必须注意开源节流，加快建设节水型社会。

表 1-3 2014 年辽宁省水资源状况与全国的比较

单位：亿立方米，立方米/人，%

	地表水	地下水	水资源总量	人均水资源量	人均用水量
辽宁	123.74	82.29	145.93	332	323
全国	26263.9	7745.0	27266.9	1993	447
辽宁占全国比例	1.08	1.47	1.20	36.21	73.11

资料来源：《2014 年中国水资源公报》、《辽宁省 2014 年水资源公报》。

2. 水污染严重，水资源开发潜力较小

在水质方面，按照有关标准，在"辽宁省水资源评价成果报告"中评价的 14243.7 公里河长中，一类水、二类水、三类水、四类水、五类水和劣五类水河长分别占总长的 6%、29%、18%、11%、9% 和 27%，超过三类标准的污染河长占总评价河长的 47%。以 2004 年为例，全省 124.68 亿立方米的地下水资源超标率达 64%，水质较差。目前，全省已开发利用的水资源占可利用水资源总量的 67%，除鸭绿江流域和辽东沿海诸河流域以外，其他流域的开发潜力已十分有限。

3. 水资源空间分布极不平衡

水资源空间分布不均衡，呈现出"北丰南欠，东多西少"、"边缘多，腹地少"的特点，并与人口、土地资源、经济发展的组合不相匹配。中部地区人口、耕地均超过一半，水资源量仅为全省的 1/3；东部地区人口、耕地不足全省的 5%，而水资源量却占全省的 1/4。具体来讲，浑太河和辽西沿海诸河流域，人均水资源量小于 500 立方米，属于极度缺水。辽河干流和辽东沿海诸河流域属于重度缺水，只有鸭绿江流域的水资源较为丰沛。

水资源开发程度也存在不均衡状况，全省水资源开发利用率为 42.13%，其中人口、城市密集的辽河流域开发率达到 76.3%，但东部鸭绿江流域开发利用率较低，为 8.1%。

4. 水资源短缺是全省大多数城市面临的问题

由于人口、产业向条件较好的中部平原及沿海地带集中，以及资源性缺水、水污染等原因，造成辽宁省大多数城市都存在缺水的问题，水成为制约经济发展的重要"瓶颈"。中国工程院"东北水资源"项目组就辽宁省的水状况做过调查，发现缺水是普遍现象。由于水资源不足，沈阳市 2003 年实际供水量不足 26 亿立方米，比多年平均用水量少 4.7 亿立方米。抚顺市 2003 年水资源总量比往年平均总量减少 8 亿立方米，降幅达 21.6%。由于长期缺水，盘锦市 120 万亩芦苇湿地生态用水严重不足，苇田退化严重，部分湿地由于缺水，已开始出现荒漠化。

5. 水利工程数量少而老化，地表水利用率低

辽宁省现有蓄、引、提水利工程 11 万处，水库工程 900 余座，辽河、浑河、太子河、大凌河、小凌河及鸭绿江流经省内大片地区，是提供水资源的主要河流。这些河流上水利工程数量少，出境水量和入海水量大，平水年占 70%~80%，枯水年也占 60% 以上，使宝贵的水资源未被充分利用就流入境外。由于防洪工程标准低，防洪体系薄弱，辽河虽作为全国七大江河之一，但不能有效防御新中国成立以来发生的大洪水，同时水利设施老化失修，效益衰减，目前全省 1/3 的水库为病险工程，工程效益不能正常发挥，农田排灌设施严重老化，带病运行，现有水利工程不能有效地拦蓄雨洪径流，汛期洪水大部分白白流走，地表水利用率很低。据统计，1991~1995 年地表水利用率在 15%~40%。

6. 节水意识差，用水严重浪费

尽管辽宁省水资源贫乏，供水工程不足，但工农业及生活用水消费却十分严重。辽宁省农业用水每年 90 亿立方米以上，占总用水量的 64%，而水稻用水又占农业用水的 87%。但是由于灌溉方式和田间工程不配套，管理不善，水利用系数只能达到 50%~60%，水量损失很大。工业用水每年需要 30 亿立方米以上，万元产值耗水量 103 立方米，相当于发达国家的 10~20 倍。工业用水重复率也很低，只能达到 30%~40%，远低于发达国家 75%~80% 的水平。

三、矿产资源

(一) 数量构成

矿产资源丰富，品种齐全。目前已发现各类矿产 120 种，其中已获得探明储量的有 116 种。对国民经济有重大影响的 45 种主要矿产中，辽宁省就有 36 种。

能源矿产主要以石油、天然气和煤为主。辽河油田是全国第三大油气田，石油、天然气储量分别占中国石油、天然气总储量的 15% 和 10% 左右。全省煤炭保有储量近 70 亿吨（全省煤炭基础储量 65 亿吨），煤种以气煤、长焰煤及长褐煤为主。

铁矿已探明的保有储量 110 多亿吨（铁矿基础储量 119 亿吨），占全国的 1/4。

菱镁矿已探明的保有储量 25.7 亿吨，居全国首位。

非金属矿产资源是辽宁具有潜力和发展前景的重要矿产资源，种类多，分布广，储量丰富。其中，硼、金刚石、滑石、玉石、溶剂灰岩等矿产储量均居全国首位。辽宁省矿产查明资源储量统计如表 1-4 所示。

表 1-4　辽宁省矿产查明资源储量统计（截至 2006 年底）

矿类	序号	矿产名称	单位	矿区数/个	基础储量	储量	资源量	查明资源储量
能源矿产	1	煤炭	合计千吨	494	2590145.4	4974884.9	2146381	7121265
			无烟煤千吨	206	81635	276730	171069	447799
			烟煤千吨	279	2257643	4002428	1409979	5412407
			炼焦用煤千吨	193	1132030	1880580	504144	2384724
			褐煤千吨	15	238415	677505	411623	1089128
	2	油页岩	千吨	3	31645	2661743	1283571	3945314
	3	石煤	千吨	3	985	3491	2425	5916
黑色金属矿产	4	铁矿	矿石千吨	240	3131922	7015918	5398459	12414377
	5	锰矿	矿石千吨	6	8291	12844	30243	43087
有色金属矿产	6	铜矿	铜吨	34	118761	146802	71040	217843
	7	铅矿	铅吨	87	82252	150351	177528	327878
	8	锌矿	锌吨	63	234028	387762	449062	836824
	9	铝土矿	矿石千吨	4	—	—	8276	8276
	10	镁矿	矿石千吨	1	—	—	622	622
	11	镍矿	镍吨	2	—	—	12652	12652
	12	钴矿	钴吨	1	—	—	1304	1304

续表

矿类	序号	矿产名称	单位	矿区数/个	基础储量		资源量	查明资源储量
					储量			
有色金属矿产	13	钨矿	WO₃吨	2	—	—	623	623
	14	锡矿	锡吨	1	—	—	1028	1028
	15	钼矿	钼吨	26	76581	103997	153743	257740
贵重金属矿产	16	金矿	金千克	169	27188	44880	68446	113326
	17	银矿	银吨	17	343	825	695	1520
稀有稀土金属矿产	18	铌矿	铌铁矿吨	1	—	—	5	5
	19	钽矿	Ta₂O₅吨	1	—	—	31	31
	20	锆矿	锆英石吨	2	—	—	10747	10747
	21~30	稀土矿	独居石吨	2	—	—	1440	1440
	31	镓矿	镓吨	1	—	—	53	53
	32	铟矿	铟吨	1	—	—	37	37
	33	铊矿	铊吨	1	—	—	39	39
	34	铼矿	铼吨	1	—	—	4	4
	35	镉矿	镉吨	1	—	—	300	300
	36	硒矿	硒吨	1	—	—	5	5
	37	碲矿	碲吨	1	—	—	2	2
冶金辅助原料非金属矿产	38	红柱石	红柱石吨	2	—	—	6314080	6314080
	39	菱镁矿	矿石千吨	75	831412	1623133	1672417	3295550
	40	普通萤石	矿石千吨	13	24	658	288	946
				2	3	22	4	26
	41	熔剂用灰岩	矿石千吨	12	624098	905161	1349748	2254909
	42	冶金用白云岩	矿石千吨	12	228475	484204	62907	547111
	43	冶金用石英岩	矿石千吨	12	14020	68022	36300	104322
	44	冶金用砂岩	矿石千吨	1	884	1708	2100	3808
	45	铸型用砂岩	矿石千吨	1	1350	1748	—	1748
	46	铸型用砂	矿石千吨	1	53	53	—	53
	47	冶金用脉石英	矿石千吨	12	1042	1438	101	1539
	48	耐火黏土	矿石千吨	26	712	22665	102620	125284
化工原料非金属矿产	49	硫铁矿	矿石千吨	21	5706	30598	23848	54446
			硫千吨	5	1891	2335	691	3026
	50	重晶石	矿石千吨	3	—	61	—	61

续表

矿类	序号	矿产名称	单位	矿区数/个	基础储量		资源量	查明资源储量
					储量			
化工原料非金属矿产	51	电石用灰岩	矿石千吨	1	2896	4504	44204	48708
	52	化工用白云岩	矿石千吨	1	—	—	652	652
	53	含钾砂页岩	矿石千吨	2	—	—	588076	588076
	54	含钾岩石	矿石千吨	1			20	20
	55	化肥用蛇纹岩	矿石千吨	1		2	24	26
	56	泥炭	矿石千吨	3	629	1018	—	1018
	57	盐矿	NaCl千吨	3	—	—	—	—
	58	砷矿	砷吨	1			20837	20837
	59	硼矿	B_2O_3千吨	49	12010	26435	4019	30453
	60	磷矿	矿石千吨	8	45844	81009	42526	123535

资料来源：傅鸿志.辽宁地理［M］.北京：北京师范大学出版社，2014.

（二）数量与质量特点

全省矿产资源总量丰富，但中小矿床多、大型特大型矿床少，部分支柱性矿产（如铁矿）贫矿和难选矿多，富矿少。

关于矿产资源的质量，可以从两方面考虑：一是资源本身的状况；二是资源对本地加工能力的满足程度。辽宁省虽然资源较为丰富，但大多数是质量较低的矿产，如铁矿均为贫铁矿，富铁矿严重短缺。同时，由于自新中国成立以来逐渐形成较大的资源加工能力，以及优势资源逐渐短缺，使得大量资源的供需缺口变大。

辽宁处于环太平洋成矿北缘，地质成矿条件优越，矿产资源丰富，种类配套齐全，区位条件好。辽宁省矿产资源具有四个基本特点：一是矿产资源较丰富，配套性好。平均每万平方公里有大中型矿产地 36 处，是全国平均密度的两倍多。钢铁工业中所需的主元素矿产和辅助原料矿产、能源矿产基本配套齐全。二是矿产地集中，便于规模开发。石油、天然气集中在盘锦、沈阳；铁矿 95% 分布在鞍山、本溪和辽阳；菱镁矿主要分布在鞍山和营口；滑石 80% 分布在鞍山；硼矿 98% 分布在丹东；金刚石在大连。三是共、伴生矿产多，综合利用价值大。有色金属矿产中，硼镁铁矿和磷铁矿等多为共、伴生矿，伴有多种有益元素，尤其是伴有稀散元素矿产。四是埋藏浅，适宜露天开采。煤、铁矿产中有著名的抚顺、阜新、本溪、鞍山等露采矿山。

辽宁在世界上具有优势的矿产主要是菱镁矿。菱镁矿质地优良，埋藏浅，规划基期保有储量矿石量 $25.6×10^8$ 吨，分别占全国和世界的 85.6%和 25%左右。

在全国具有优势的矿产主要有硼、铁、金刚石、滑石、玉石、石油六种。硼矿共、伴生矿物多，品位较低，保有资源储量（B_2O_3）$2630.0×10^4$ 吨，占全国的 56.4%。铁矿以贫矿为主，多可露天开采，保有资源储量矿石量 $110×10^8$ 吨，占全国的 24.0%，居全国首位。金刚石质量较好，但品位偏低，保有资源储量 2029 千克，占全国的 51.4%。滑石质量上乘，驰名中外，保有资源储量矿石量 $4791.2×10^4$ 吨，占全国的 20.1%，居全国第二位。玉石以质地细腻、色泽艳丽、晶莹剔透而闻名遐迩，被确定为主要候选"国石"，保有资源储量 $9.4×10^4$ 吨，居全国第二位。石油剩余可开采储量 $19558.0×10^4$ 吨，占全国的 7.9%，居全国第四位。

具有比较（区位）优势的矿产主要有煤、煤层气、天然气、锰、钼、金、银、熔剂灰岩、冶金用白云岩、冶金用石英岩、硅灰石、玻璃用石英岩、珍珠岩、耐火黏土、水泥用灰岩、沸石等。辽宁省本溪市桥头镇大台沟发现的亚洲最大铁矿，探明储量超过 $30×10^8$ 吨，相当于鞍山和本溪地区所有铁矿矿区储量的总和，同时该矿具有埋藏深、矿体延深大、倾角陡、矿体规模大等特点，矿床工业类型属磁铁矿和赤铁矿混合型，为特大型铁矿床，铁矿石品位为 25%~62%，平均品位估计在 30%。但是本溪铁矿埋藏深度超过 1000 米，开采成本很大，这将是辽宁大铁矿的"瓶颈"。

辽宁省矿产资源集中成片分布现象非常突出，其中铁矿储量的 95%以上分布在鞍山、辽阳、本溪一带；石油、天然气主要有盘锦油气田、渤海湾浅海区油气田、沈阳大民屯油气田等。煤炭主要分布于下辽河平原、辽西中生代盆地及太子河—浑河古生代台陷区。菱镁矿、滑石矿 90%以上的储量集中分布在海城、大石桥地区；硼矿 70%以上的储量集中分布在凤城市、宽甸县境内；钼矿 70%以上的储量集中分布在锦西杨家杖子一带；金刚石则集中分布在凤城—宽甸、开原、建昌八家子等地区；金矿集中分布于丹东五龙—四道沟、阜新排山楼、盖州猫岭、清原下达堡、朝阳小塔子沟、凌源柏杖子等地区；锰矿 95%以上的储量集中分布在朝阳瓦房子地区；铜矿主要分布于红透山及二棚甸子地区。不仅如此，煤、铁、菱镁、滑石、硼及建材原料等大宗矿产多具有规模大、埋藏浅、利于露天开采等特点，并多分布于交通干线和大中城市附近，方便开采利用。

（三）矿产资源的空间分布特征

1. 矿产资源分布与加工业格局的关系

辽宁省的矿产资源在全省各地都有分布，早期矿产资源的分布格局决定了矿业加工业的格局，矿业经济布局又决定并影响着工业经济的门类和发展，使得辽宁形成了钢铁、能源、有色、机械、化工、建材等门类齐全的工业体系，促进了钢都鞍山、煤都抚顺、煤铁之城本溪、煤电之城阜新、石油之城盘锦等工业城市的发展、壮大，并且形成"一中心、一带、三区"的矿产资源开发利用格局。一中心指中部城市群矿业经济发展中心，一带指沿海矿业经济发展带，三区指辽东、辽西、辽北矿业经济发展区。

各种资源的空间分布状况如下：

（1）黑色及冶金辅助原料矿产。

铁矿：以贫铁矿石中的含铁石英岩为主，主要分布于鞍山的齐大山、眼前山、大孤山，本溪的南芬、歪头山、北台，辽阳的弓长岭。

锰矿：主要分布于辽西朝阳瓦房子及凌源太平沟，均为贫锰矿石。

菱镁矿：主要分布于海城、营口一带。

熔剂用灰岩：主要分布于辽东半岛及本溪地区。

冶金用石英岩：已探明储量产地仅有石门与南芬两处。

（2）有色金属及贵金属矿产。

铜：主要生产矿山有青城子、八家子、华铜、桓仁、万宝。

铅：主要生产矿山有青城子、红透山、八家子、桓仁。

锌：主要生产矿山有红透山、青城子、八家子、桓仁。

钼：主要生产矿山有杨杖子、三家子、肖家营子。

金：相对集中于丹东、抚顺、阜新及朝阳等地区。

（3）能源矿产。

石油、天然气：辽河油田是我国第三大油田，已探明储量并投入开发利用油气田28处。

煤：主要分布于沈阳、铁岭、抚顺、阜新、北票、锦州、朝阳等地区，省内煤种以气煤、长焰煤及褐煤为主，其中炼焦用煤储量约占31.7%。

（4）化工、建材及其他非金属矿产。

硼：主要分布于凤城、宽甸、大石桥等地。主要矿石为硼镁石及硼镁铁矿。

硫铁矿：主要分布于建昌、清原、凤城及大石桥等地。还有伴生硫的有色金属矿6处，有储量硫352.5万吨。

滑石：主要分布于海城及本溪地区。海城市范家堡子为重点生产矿山，全省年开采量23.6万吨。

水泥灰岩：主要分布于辽东半岛及太子河流域，产地 40 处。

金刚石：主要产地是瓦房店市。

玉石：著名产地岫岩，保有储量 12.4 万吨，约占全国总储量的一半。

2. 加工业布局的演变趋势

从辽宁省矿产资源现状分析，未来矿产资源供需形势严峻，资源危机已经逼近，尤其是一些关系到国计民生的大宗矿产的严重短缺局面，不会在近期发生明显的好转。为了满足庞大的加工能力，促进经济发展，需要大量地从区外进口资源。同时，出于合理开发利用矿产资源，有效保护环境，保障国民经济和社会发展对矿产资源需求的考虑，又需要调控资源开采总量，优化矿业布局。这些因素都将促成辽宁省矿业资源利用和矿业工业布局的变化。具体来说：

（1）矿业加工企业将要进一步促进结构调整，淘汰规模小的加工企业，促进整个行业技术水平的提升。辽宁中部城市群矿业经济发展中心（包括沈阳、抚顺、鞍山、本溪、辽阳的大部分地区）工业基础和科技力量雄厚，是全省经济最发达的地区。区内铁、煤、滑石、玉石及冶金辅助原料等优势矿产极其丰富且配套。工业加工能力强，开发程度高。一大批大型、超大型矿床和大中型矿业加工企业集中分布，构成重化工基地核心区的基础。该中心矿业经济发展的方向是：做大做强黑色金属、石油（天然气）矿业；做强做优菱镁、玉石等各种非金属矿业；用高新技术和先进适用技术，加速对鞍钢、本钢、抚钢、海镁、海城滑石、岫玉等传统资源产业的提升改造，加速产业结构调整，挖潜、增效；组织对菱镁、滑石、岫玉等传统出口创汇产品的精深加工，实施名牌发展战略；加强对方解石、水镁石、煤层气、矿泉水、地热等矿产的开发利用。

辽宁沿海矿业经济发展带（包括丹东、大连、营口、锦州、盘锦、葫芦岛市的大部分地区）具有大连、锦州两个中心城市和五大港口。该带优势矿产分布集中。辽西走廊的钼、铅锌多金属、膨润土，辽河三角洲及辽东湾的石油、天然气、沿海滩涂矿产，辽东半岛的菱镁、硼、金刚石、水泥石灰石和玻璃原料矿产，黄海沿岸的金银贵金属、高岭土等矿产驰名省内外。现代化的基础设施齐全，矿业加工企业规模巨大，有着广阔的发展前景。大批大中型矿业加工企业挺立渤海沿岸，构成辽宁重化工基地外围部分的基础。该带矿业经济发展的方向是：利用先进的交通设施和地缘优势，发展矿产品进出口贸易及来料加工产业；做大做强石油工业；做强做优菱镁、硼等特种非金属矿业；加强对葫芦岛有色金属、营口特种非金属、大连建材非金属等传统资源产业的提升改造；对菱镁、硼等开展精深加工，延长产业链、产品链，培育发展金刚石、金、膨润土等新的优势矿业；结合"海上辽宁"建设，加强辽河油田外围及沿海滩涂、辽东湾海域、黄海海域、渤海海域石油天然气的勘探开发。

辽东矿业经济发展区（包括宽甸、凤城、桓仁地区）优势矿产主要有硼，其他矿产有铜、铅锌、金、银、水镁石、红柱石等。该区工业相对落后，矿产加工能力较差，除宽甸东方化工有限公司（硼）、凤城化肥硼砂厂外，其余全为中小型企业。该区矿业经济发展的方向为：做强做优宽甸硼化工基地；培育和发展金银贵金属优势产业；加速硼镁铁矿开发利用研究，使之早日产业化；抓紧凤城红柱石、宽甸水镁石及东港高岭土等矿产的开发利用研究。

辽西矿业经济发展区（包括阜新、朝阳二市）具有比较优势的矿产有金、锰、钼、铁、煤、水泥石灰石、膨润土、沸石、珍珠岩、玛瑙、绿柱石等。区内石油、天然气、煤层气等拥有较大的资源潜力和找矿前景。该区经济基础较薄弱。凌钢和阜新、北票、南票矿务局以及阜新排山楼金矿等行业骨干企业分布于该区，全区已形成以钢铁、能源、有色、建材为主体的资源开发型产业结构。该区矿业经济的发展方向为：巩固和发展水泥、钢铁、有色等资源产业；培育发展金、膨润土等新的优势矿业；做好阜新、北票、南票等资源枯竭型城市（镇）的经济转型工作；组织膨润土、沸石、珍珠岩等矿产品的深加工；加强低品位磷铁矿、地热、矿泉水、玛瑙和绿柱石等矿产的开发利用。

辽北矿业经济发展区（包括铁岭及沈阳的康平、法库地区）的优势矿产主要为煤、煤层气，其他矿产有硅灰石、银、铅锌、锰、陶瓷土、高岭土、膨润土等。该区矿业经济发展的方向是：大力发展煤炭工业，增加产能，发展电力工业，建成全省最大的现代化能源基地；培育发展陶瓷土、硅灰石等新的优势产业；加强粉煤灰、煤矸石等的综合利用。

加工工业布局变化的主要方向是：一是由于对区外资源的依赖度越来越高，将促进加工企业向具有区位优势的沿海地带布局，形成沿海加工贸易工业带，以原料加工贸易为主；二是以整合现有大型矿产采掘业和加工业企业，以及淘汰小规模企业为主要内容的结构调整将深入下去，形成一大批加工业聚集地带，提高规模效益。

（2）建立综合性的矿产资源开发体系。应根据辽宁省的矿业基础、市场需求，按照矿产资源开发利用总量与经济、社会发展相适应的要求，调控矿产资源开发利用总量。今后十年内鼓励开采石油、天然气、煤层气、地热、富铁、锰、金、银、铜、铅、锌、金刚石等矿产；限制开采菱镁、硼、滑石、玉石、钼、滨海砂矿等矿产；煤以限制开采为主，鼓励开采为辅；贫铁矿以鼓励开采为主，限制开采为辅；其他非金属矿产按市场机制调控开采总量，逐步达到以需定产、产销平衡。

菱镁矿：为辽宁省重要的战略储备资源。控制开采总量，严格准入条件，优化开发利用结构，提高矿业集中度，提高精深加工水平，实行有序开发。

硼矿：是辽宁省传统优势矿产。要采取有效措施，促进规模开发，鼓励精深加工，限制原矿出口。目前在宽甸、凤城、营口三个硼原料基地均实行保护性开采，限产保值。对凤城翁泉沟矿区提高选冶技术过关后，再进行规模开发。

铁矿：也是辽宁省重要的战略储备资源，但因品位低，开发利用水平不高，开采成本上升，且有产量下滑的趋势。对鞍—本—辽地区铁矿，实行鼓励大矿规模开采、限制小矿发展的政策；鼓励邻近钢铁企业的边远贫困地区（朝阳、抚顺）铁矿开发。

滑石矿：为辽宁省出口创汇优势矿产。鼓励规模开采，提倡精深加工，限制原矿出口。

玉石矿：岫玉是辽宁省独有的传统优势矿产。实行保护性开采，积极发展玉雕产业。

石油、天然气、煤层气、地热：保持石油、天然气稳产，通过老区挖潜、新区开发，努力维持辽河油田开采能力；加大煤层气和地热的开发力度，缓解辽宁省能源供需紧张状况，改善能源结构。

煤炭：煤在全国是限制开采的矿种，但辽宁省煤炭自给率很低。煤矿实行小矿关井压产，对部分重点煤矿给予资金支持，进行技术改造，稳定和提高煤炭产量；鼓励优质高效矿区（铁法、红阳）开发，新增产能300万吨以上，其他矿区均为限制开采。

锰矿：鼓励朝阳瓦房子地区锰矿开采，加大投入，增加产能。

钼矿：辽宁是国内采选大省，但由于矿业秩序混乱等原因，造成资源大量损失浪费，所以应对钼矿实行限制开采。

铜、铅、锌、金矿：为辽宁鼓励开采矿种。鼓励现有老矿山挖潜改造，延长服务年限；支持小型矿山走分散采矿、集中选矿的道路，合理开发利用资源，弥补省内原料不足。

（四）存在的主要问题

矿业开发历史悠久、规模大、强度高，资源耗竭的程度比较高。

从目前的矿产资源保障程度看，除了铁矿、菱镁、滑石等矿种外，其他矿种的保障能力逐年下降。岫玉、硼等优势矿种探明的可采储量已所剩无几；煤炭、石油等主要能源矿产早已由输出大省变为输入大省；富铁矿、富锰矿几乎全部依赖进口；贫铁矿未能发挥规模效益；煤矿及主要有色金属矿山几乎全部濒临枯竭。

按全省累计消耗储量占累计探明储量的比例计算，菱镁矿的利用程度为4.8%，铁矿为11.9%，金刚石为14.9%，滑石为11.0%，煤为24.5%，石油为56.4%，玉石已高达94.7%，有色金属和贵金属均超过50%。可见，大宗矿产资源形势严峻。

四、生物资源

（一）野生动物资源

辽宁省天然次生林、人工林生长茂盛，植被类型较多，灌丛、芦苇、草原、谷地、湖泊、河流等与农田互相交替，再加上有漫长的海岸和众多的岛屿，气温和降水量四季变化比较明显，是野生动物理想的生存场所。辽宁动物种类繁多，有两栖、哺乳、爬行、鸟类动物7纲62目210科492属827种。其中，有国家一级保护动物6种，二级保护动物68种，三级保护动物107种。具有科学价值和经济意义的动物有白鹤、丹顶鹤、蝮蛇、爪鲵、赤狐、海豹、海豚等。鸟类400多种，占全国鸟类种类的31%。森林是野生动物的主要栖息地，山地、丘陵地带是全省野生动物分布最多的地区之一。

1. 野生动物种类、数量

（1）兽类。全省脊椎动物中兽类81种（海洋兽类12种）。据全省野生动物普查资料显示的数量均值，兽类动物总数29.22万只（头）。其中，狼0.59万只、黄鼬19.16万只、狗獾2.40万只、豹猫0.48万只、貉2.14万只、赤狐1.69万只、狍子1.06万只、猪獾2.11万只、野猪0.08万头、黑熊0.03万只、麝0.01万只。国家一级、二级保护动物23种，省级重点保护动物15种。

（2）爬行类。全省有爬行类动物28种。据全省野生动物普查资料显示的数量均值，爬行类动物总数236.89万条。其中，赤峰锦蛇8.06万条、玉斑锦蛇0.30万条、棕黑锦蛇18.32万条、黑眉蝮蛇29.93万条、白眉蝮蛇178.48万条、蛇岛蝮蛇1.80万条。国家二级保护动物2种，包括龟和棱皮龟；省级重点保护动物7种，包括桓仁滑蜥、北滑蜥、黑眉蝮蛇、棕黑锦蛇、团花锦蛇、鳖等。

（3）两栖类。全省有两栖类动物16种。据全省野生动物普查资料显示的数量均值，两栖类动物总数80401.00万只。其中，中华蟾蜍14359.00万只、黑斑蛙27451.00万只、中国林蛙38414.00万只、黑龙江林蛙13.00万只、桓仁林蛙163.00万只。省级重点保护物种有爪鲵、中国林蛙、黑龙江林蛙、桓仁林蛙、史氏蟾蜍5种。

（4）鱼类。全省有鱼类 25 目 93 科 258 种，其中国家一级保护物种有中华鲟 1 种，国家二级保护物种有细鳞鱼、松江鲈鱼、文昌鱼 3 种。省级重点保护物种有东北七鳃鳗、雷氏七鳃鳗、香龟、乔氏新银鱼、凤鲚、刀鲚、东北雅罗鱼、鳗鲡、海龙、海马 10 种。

（5）鸟类。全省有鸟类 383 种。据全省野生动物普查资料显示的数量均值，主要鸟类总数 141.38 万只。其中，分布广、种群数量最多的鸟类有鸭类（赤麻鸭、翘鼻麻鸭、绿翅鸭、螺纹鸭、斑嘴鸭、普通秋沙鸭等）47.86 万只；鸡类（石鸡、雉鸡等）43.51 万只；百灵类（凤头百灵等）73.75 万只；鹰类（蜂鹰、苍鹰、雀鹰、松雀鹰等）2.88 万只；隼类（红脚隼、燕隼、红爪隼、游隼、黄爪隼等）5.08 万只；鹤类（白头鹤、丹顶鹤、白枕鹤、灰鹤、白鹤等）0.74 万只；雁类（鸿雁、豆雁、白额雁等）7.09 万只。国家一类、二类保护鸟类 72 种，省级重点保护鸟类 53 种。

2. 水产资源

（1）近海资源。辽宁近海生物资源丰富，品种繁多，有三大类 520 多种。第一类浮游生物 107 种；第二类底栖生物 280 种，主要有蛤、蚶、鲍鱼、海胆、牡蛎、海参、扇贝等；第三类游泳生物 137 种，包括头足类和哺乳类动物。全省沿海捕捞业直接利用的底栖生物和游泳生物有鱼类 117 种。其中，有经济价值的 70 多种，如小黄鱼、大黄鱼、带鱼、鲅鱼、鳕鱼、鲳鱼等；虾类 20 多种，主要是对虾、毛虾、青虾等；蟹类 10 多种，主要是梭子蟹和中华绒螯蟹等；贝类 20 多种，主要有蚶、蛤、蛏等。全省开发近海渔业生产潜力相当可观，近海水域二级生产力达 320 万吨，其中滩涂养贝生产潜力 100 万吨，沿岸动物生产潜力近 150 万吨，深水动物生产潜力 70 万吨。目前，只利用了水域生产潜力的 1/3。

（2）内陆资源。全省内陆水域有淡水类资源 119 种，其中典型淡水鱼类 97 种，河口洄游鱼类 15 种，咸淡水鱼类 7 种。淡水鱼类经济价值较高的有鲤鱼、鲫鱼、罗非鱼、鲢鱼、青鱼、虹鳟鱼、泥鳅和池沼公鱼等 20 多种；淡水虾蟹类有日本沼虾、中华绒螯蟹等 5 种；淡水贝类有无齿蚌和田园螺等 7 种。

（二）野生植物资源

1. 珍稀树种种类与数量

辽宁有各种植物 161 科 2200 余种，其中具有经济价值的 1300 种以上。药用类 830 多种，如人参、细辛、五味子、党参、天麻、龙胆等；野果、淀粉酿造类 70 余种，如山葡萄、猕猴桃、山里红、山梨等；芳香油类 89 种，如月见草、薄荷、蔷薇等；油脂类 149 种，如松子、苍耳等；还有野菜类、杂料类、纤维类等。

全省珍稀树种种类有 55 种（含栽培），其中乔木 32 种，灌木 23 种（含栽培）。在珍稀树种中，已列为国家级珍稀濒危保护的乔木种有 15 种，灌木种有 5 种。全省珍稀树种总面积 2186543.1 公顷，蓄积 13120949 立方米。其中，优势种分别为：红松面积 52663.6 公顷，蓄积 4992062 立方米，分别占全省林分面积蓄积的 1.21%、2.12%；樟子松面积 34926.9 公顷，蓄积 1606636 立方米，分别占 0.80%、0.68%；水曲柳面积 3355.9 公顷，蓄积 221421 立方米，分别占 0.08%、0.09%；胡桃楸面积 74291 公顷，蓄积 4311636 立方米，分别占 1.70%、1.83%；黄波椤面积 628.6 公顷，蓄积 17228 立方米，分别占 0.01%、0.01%；紫椴面积 22416.4 公顷，蓄积 1971966 立方米，分别占 0.51%、0.84%。

2. 珍稀树种分布

全省珍稀树种资源分布十分复杂，只有准确地反映珍稀树种分布，才能为保护珍稀树种提供可靠依据。辽宁省主要珍稀树种及分布如下：

（1）红松。红松主要分布在丹东、抚顺、本溪、铁岭 4 个市 13 个县（市、区）。分布面积在 4500 公顷以上，面积集中连片的有新宾满族自治县、清原满族自治县、本溪满族自治县、桓仁满族自治县、宽甸满族自治县和凤城市，占全省红松总面积的 71.54%、蓄积的 70.34%；分布面积在 1000 公顷以上的有东港市、岫岩满族自治县 2 个县（市），占红松总面积的 5.66%、蓄积的 4.86%；其他县（市、区）分布面积在 500 公顷以下，属于少量或零星分布。

（2）樟子松。樟子松主要分布在阜新、铁岭、沈阳、抚顺 4 个市 23 个县（市、区）。分布面积在 7000 公顷以上，面积集中连片的有昌图县、彰武县，占全省樟子松总面积的 42.52%、蓄积的 40.70%；分布面积在 4000 公顷以上的有建平县，占樟子松总面积的 11.89%、蓄积的 4.84%；分布面积在 1000 公顷以上的有康平县、抚煤集团、省林业厅直属林场、省固沙造林研究所，占樟子松总面积的 18.54%、蓄积的 25.06%；其他县（市、区）分布面积都在 100~500 公顷，属于少量分布。

（3）水曲柳。水曲柳全省除盘锦市以外其他地区均有分布。分布面积在 300 公顷以上的有新宾满族自治县、清原满族自治县和本溪满族自治县，占水曲柳总面积的 46.09%、蓄积的 53.38%；分布面积在 100 公顷以上的有桓仁满族自治县、明山区、宽甸满族自治县、西丰县、省林业厅直属林场、省实验林场，占水曲柳总面积的 29.22%、蓄积的 34.63%；其他地区有少量或零星分布。

（4）胡桃楸。胡桃楸主要分布在抚顺、本溪、丹东、铁岭 4 个市 12 个县（市、区）。分布面积在 10000 公顷以上的有新宾满族自治县、本溪满族自治县 2 个县，占胡桃楸总面积的 36.33%、蓄积的 5.81%；分布面积在 7000 公顷以上的有桓仁满族自治县、宽甸满族自治县和凤城市，占胡桃楸总面积的35.70%、蓄积的28.19%；分布面积在2000公顷以上的有抚顺县、清原满族自治县、辽阳县和岫岩满族自治县，占胡桃楸总面积的15.71%、蓄积的13.87%；其他地区有少量或零星分布。

（5）黄波椤。黄波椤主要分布在抚顺、本溪、丹东、铁岭、辽阳5个市8个县（市、区）。分布面积在20公顷以上的有抚顺县、新宾满族自治县、明山区、本溪满族自治县、桓仁满族自治县、凤城市、辽阳县和铁岭县，占黄波椤总面积的52.96%、蓄积的54.97%；其他地区除盘锦市以外都有分布，占黄波椤总面积的47.04%、蓄积的45.03%。

（6）紫椴。紫椴在全省除盘锦市以外其他地区均有分布。分布面积在1000公顷以上的有抚顺县、新宾满族自治县、清原满族自治县、本溪满族自治县、桓仁满族自治县、辽阳县、西丰县、医巫闾山自然保护区，占紫椴总面积的72.84%、蓄积的80.75%；其他地区只占黄波椤总面积的27.16%、蓄积的19.25%。

（7）东北红豆杉。东北红豆杉主要分布在新宾满族自治县、清原满族自治县、本溪满族自治县、桓仁满族自治县、宽甸满族自治县等，垂直分布在海拔640~1200米，多生于阴坡、半阴坡，树高6~10米，属于零星分布。

（8）钻天柳。钻天柳主要分布在新宾满族自治县、清原满族自治县、本溪满族自治县、桓仁满族自治县、宽甸满族自治县、凤城市和铁岭县。该树种主要生长在河谷岸边、滩地冲积土、河淤土等土壤上。生长的群系为温性沟谷钻天柳林，垂直分布在海拔200~700米的河岸两侧，属于零星分布。

（9）银杏。银杏属于辽宁栽培物种。在丹东、大连、鞍山、沈阳、葫芦岛和营口的盖州市都有栽培。

（10）长白松（美人松）。长白松属于辽宁栽培物种。长白松属于赤松变种，在原产地能耐-44℃，目前在辽宁省的栽培地点有凤城市通远堡林场、清原满族自治县大边沟林场、海城市上英林场、宽甸满族自治县白石砬子自然保护区、沈阳市植物园。

（11）金钱松。金钱松生长于温暖地带，在海拔100~1500米的针阔叶混交林中生长，辽宁省仅在营口鲅鱼圈区熊岳镇树木园有栽培。

（12）水杉。水杉属于辽宁栽培物种。水杉为速生、喜光、耐寒、耐水湿、耐盐碱树种，在北纬20°~40°之间生长，在大连、本溪、丹东、抚顺、沈阳、鞍山、营口等地均有栽培。

（13）杜仲。杜仲属于栽培物种，适于在温暖、湿润气候生长。在沈阳、抚顺、大连等地均有栽培。

（14）核桃。核桃属于温带物种，喜生于土层深厚、肥沃湿润、排水良好的中沙壤土，在大连、营口、葫芦岛等有大面积栽培。

（15）天女木兰。天女木兰属于小乔木，树高可达 8 米，主要生长于针阔叶混交林、温性杂木林和温性蒙古栎林之中，海拔在 200~1300 米的林区均有分布，在辽宁省主要分布在抚顺、本溪、丹东、营口和大连北部的 3 个县级市。

（16）东北赤杨。东北赤杨属于寒温带植物。主要分布在桓仁满族自治县老秃顶子自然保护区、宽甸满族自治县白石砬子自然保护区。

（17）坚桦。坚桦主要生长于海拔 700~1200 米，温性、暖温性杂木林山脊岩石处。抚顺、本溪、丹东、大连的庄河、辽西部分地区干旱山坡地也有分布。

（18）大白柳。大白柳多生长于温性杂木林中，分布范围较窄，多为海拔高度 200~500 米的山谷河流沿岸。主要分布在宽甸满族自治县、桓仁满族自治县和本溪满族自治县。

（19）杜松。杜松多生长于海拔 200~700 米，矮林、疏林和蒙古栎林植物群落中的山上部或顶部。在辽宁省主要分布在抚顺、本溪、丹东、铁岭县、开原市的东部以及盖州市东部地区。

（20）花楸。花楸为小乔木，树高可达 8~12 米。主要生长于温性杂木林中，喜冷凉湿润气候。在辽宁省主要分布在抚顺、本溪、丹东、营口市的盖州市、葫芦岛市的绥中县。

（21）白皮松。白皮松为喜光树种，在气候温凉、土层深厚、肥沃的钙质土和黄土上生长良好。在辽宁省主要分布在沈阳、鞍山、大连、锦州、营口的盖州市。

（22）光叶榉。光叶榉喜光，喜温暖湿润肥沃的土壤。在辽宁省主要分布在大连的旅顺口区、营口的鲅鱼圈区熊岳镇。

（23）刺五加。刺五加属于辽宁的乡土树种，主要生长于海拔 600~1200 米，针阔叶混交林、温性杂木林、温性栎林中的山体中上部，且数量较为集中。在辽宁省主要分布在铁岭、抚顺、本溪、丹东、鞍山的岫岩满族自治县、大连的庄河市地区。

（24）刺参。刺参属于灌木，生长于海拔 800~1300 米的阴坡。在辽宁省主要分布于辽东龙岗山脉的上部或顶部，如新宾满族自治县钢山林场、桓仁满族自治县老秃顶子自然保护区、宽甸满族自治县白石砬子自然保护区、桓仁满族自治县二棚甸子林场和八里甸子林场以及花脖山地区。

（25）东北茶藨子。东北茶藨子多生长于海拔 300~1200 米，在林下伴生灌木、草本植物生长。该物种分布范围较广，在全省各个地区山地的阴坡、半阴坡均有分布。

（26）日本厚朴。日本厚朴属于木兰科木兰属，为引入物种，主要分布在丹东市（凤城市）。

五、森林资源

（一）森林资源数量与结构

1. 林业用地面积

根据国家有关技术分类标准，将林业用地划分为有林地、疏林地、灌木林地、未成林地、苗圃地、无立木林地、宜林地、林业辅助用地（见表1-5）。全省林业用地面积695.03万公顷，占全省总面积的46.94%。全省森林覆盖率为35.13%。

表1-5 辽宁省林业用地面积结构

单位：万公顷，%

类型	有林地			疏林地	灌木林地			未成林地	苗圃地	无立木林地	宜林地	林业辅助用地	林业用地面积合计
	小计	林分	乔木经济林		小计	特规灌木林	其他灌木林						
面积	533.98	436.59	97.39	4.25	60.74	39.63	21.11	34.97	0.52	8.25	51.51	0.81	695.03
比例	76.83			0.61	8.74			5.03	0.07	1.19	7.41	0.12	100.00

资料来源：王文权.辽宁森林资源［M］.北京：中国林业出版社，2007.

2. 活立木蓄积量

按照林木类型不同，活立木蓄积包括林分蓄积、疏林地蓄积、散生木蓄积和四旁树蓄积，全省活立木总蓄积量24415.90万立方米（见表1-6）。

表1-6 辽宁省各类活立木蓄积统计

类别	林分	疏林地	散生木	四旁树	活立木总蓄积量
省合计（万方米）	23527.63	63.12	47.86	777.29	24415.90
比例（%）	96.36	0.26	0.20	3.18	100.00

资料来源：王文权.辽宁森林资源［M］.北京：中国林业出版社，2007.

（二）森林资源分布

1. 森林资源区域分布

根据全省地貌类型和植物区系分布特点，按照生态优先、突出特点、强化保护、重在发展的原则，将辽宁省林业生态建设划分为三大区域，即辽东山区、辽中南平原沿海地区、辽西北地区。

（1）辽东山区。区域内林业用地面积375.27万公顷，占全省林业用地面积的53.99%，森林覆盖率61.46%。有林地面积342.53万公顷（林分278.52万公顷、乔木经济林64.01万公顷），有林地面积占该区域林业用地面积的91.28%；疏林地面积0.58万公顷，占0.15%；灌木林地面积6.17万公顷（国家特别规定灌木林1.72万公顷、其他灌木林4.45万公顷），占1.64%；未成林地面积14.29万公顷，占3.81%；苗圃地面积0.09万公顷，占0.02%；无林地面积11.26万公顷，占3.00%；林业辅助用地0.35万公顷，占0.10%（见表1-7）。

表1-7　辽东山区林业用地各类土地面积

类别	林业用地	有林地	疏林地	灌木林地	未成林地	苗圃地	无林地	林业辅助用地
面积（万公顷）	375.27	342.53	0.58	6.17	14.29	0.09	11.26	0.35
比例（%）	100	91.28	0.15	1.64	3.81	0.02	3.00	0.10

资料来源：王文权. 辽宁森林资源 [M]. 北京：中国林业出版社，2007.

（2）辽中南平原沿海地区。区域内林业用地面积69.78万公顷，占全省林业用地面积的10.04%。森林覆盖率20.24%。有林地面积59.82万公顷（林分面积41.71万公顷、乔木经济林面积18.11万公顷），占该区域林业用地面积的85.73%；疏林地面积0.48万公顷，占0.69%；灌木林地面积0.88万公顷（国家特别规定灌木林0.38万公顷、其他灌木林0.50万公顷），占1.26%；未成林地面积3.48万公顷，占4.99%；苗圃地面积0.15万公顷，占0.21%；无林地面积4.90万公顷，占7.02%；林业辅助用地0.07万公顷，占0.10%（见表1-8）。

表1-8　辽中南平原沿海地区林业用地各类土地面积

类别	林业用地	有林地	疏林地	灌木林地	未成林地	苗圃地	无林地	林业辅助用地
面积（万公顷）	69.78	59.82	0.48	0.88	3.48	0.15	4.90	0.07
比例（%）	100.00	85.73	0.69	1.26	4.99	0.21	7.02	0.10

资料来源：王文权. 辽宁森林资源 [M]. 北京：中国林业出版社，2007.

（3）辽西北地区。区域内林业用地面积为249.98万公顷，占全省林业用地面积的35.97%。其中，有林地面积为131.63万公顷（其中林分116.36万公顷、乔木经济林15.27万公顷），占该区域林业用地面积的52.66%；疏林地面积3.19万公顷，占1.28%；灌木林地面积53.70万公顷（国家特别规定灌木林

0.38万公顷，其他灌木林0.50万公顷），占21.48%；未成林地面积17.20万公顷，占6.88%；苗圃地面积0.28万公顷，占0.11%；无林地面积43.60万公顷，占17.44%；林业辅助用地0.38万公顷，占0.15%（见表1-9）。

表1-9　辽西北地区林业用地各类土地面积

类别	林业用地	有林地	疏林地	灌木林地	未成林地	苗圃地	无林地	林业辅助用地
面积（万公顷）	249.98	131.63	3.19	53.70	17.20	0.28	43.60	0.38
比例（%）	100.00	52.66	1.28	21.48	6.88	0.11	17.44	0.15

资料来源：王文权.辽宁森林资源［M］.北京：中国林业出版社，2007.

2. 森林资源按行政区分布

全省林业用地面积695.03万公顷，其中林业用地面积在100万公顷以上的市有丹东市、朝阳市；林分面积在50万公顷以上的市有抚顺市、本溪市和丹东市（见表1-10）。

表1-10　辽宁省各行政区林业用地面积结构

单位：万公顷

地类	林业用地面积合计	有林地		疏林地	灌木林地		未成林地	苗圃地	无立木林地	宜林地	林业辅助用地
		林分	乔木经济林		国家特别规定灌木林	其他灌木林					
全省	695.03	436.59	97.39	4.25	39.63	80.51	34.79	0.52	8.23	51.50	0.81
沈阳市	20.75	13.48	0.92	0.42	0.23	0.24	2.28	0.11	0.51	2.46	0.10
大连市	50.82	30.28	14.83	0.35	0.21	0.28	1.77	0.04	0.64	2.40	0.02
鞍山市	46.85	21.85	21.04	0.05	0.03	0.20	2.54	0.01	0.47	0.65	0.01
抚顺市	84.13	71.92	2.31	0.13	0.41	2.55	3.11	0.03	1.05	2.37	0.25
本溪市	67.41	59.88	2.49	0.10	0.15	0.60	3.36	0.02	0.24	0.55	0.03
丹东市	101.06	77.72	18.38	0.14	0.04	0.10	3.58	0.02	0.55	0.51	0.02
锦州市	28.16	11.78	3.25	0.45	0.13	4.15	1.51	0.03	1.07	5.75	0.03
营口市	26.05	12.53	10.67	0.17	0.06	0.05	1.23	0.01	0.12	1.21	0.00
阜新市	35.79	23.65	1.10	0.42	0.19	3.86	1.03	0.08	1.37	3.99	0.10
辽阳市	19.32	14.35	3.24	0.01	0.06	0.26	0.14	0.02	0.18	1.05	0.01
盘锦市	1.18	0.56	0.03	0.01	0.01	0.02	0.34	0.02	0.01	0.18	0.00
铁岭市	51.89	32.62	8.79	0.22	1.13	0.93	2.24	0.03	0.99	4.67	0.08
朝阳市	107.52	44.62	3.29	1.33	35.48	0.00	6.62	0.08	0.80	15.16	0.14
葫芦岛市	54.10	21.35	7.05	0.45	1.50	7.87	5.04	0.03	0.23	10.55	0.02

资料来源：王文权.辽宁森林资源［M］.北京：中国林业出版社，2007.

六、海洋资源

（一）辽宁沿海概况

辽宁沿海 6 市，41 个县（市、区）。辽宁省海岸线东起丹东鸭绿江口（39°57′N，124°16′E），西至葫芦岛山海关老龙头（39°58′N，119°49′E），海岸线全长 2920 公里。其中，大陆海岸线 2292.4 公里，占全国大陆海岸线总长的12%，岛屿岸线全长 627.6 公里。由于海岸的开发利用，大陆岸线中有 602.4公里成为人工海岸。全省共有海岛 506 个，总面积达 191.5 平方公里，其中面积在 500 平方米以上的岛屿有 266 个，有人居住的海岛 30 个，岛上居民 9.7万人。近海海域面积约 1 亿亩，近海滩涂 300 万亩，退海滩涂 100 万亩，全省管辖的近海面积 6.8 万平方公里，近海分布大小岛屿 506 个（面积大于 50 平方米），岛屿岸线 627.6 公里。2013 年，辽宁省海洋经济总产值实现 3741.9 亿元，占全省 GDP 的 13.8%。

（二）海洋生物资源

辽宁近海水域和海岸带海洋生物种类有 520 余种，其中浮游生物约 107种，底栖生物约 280 种，游泳生物包括头足类和哺乳动物约有 137 种，已构成资源并为渔业所开发利用的海洋生物经济种类 80 多种。

1. 鱼类资源

资源种类 30 多种，资源总量约 52 万吨。目前，万吨以上的种类主要有斑蟹、黄鲫、鳀鱼、鲆鲽类、鲈鱼、绿鳍马面鲀、狮子鱼类、蓝点马鲛、绵鳚、梅童鱼；而传统的重要经济鱼类如小黄鱼、带鱼、银鲳、鳓鱼和鲷鱼等资源量已经很少。辽宁海域主要以小型、生命周期短、种群结合简单、以浮游生物为食、低营养级、多获性低质鱼类为优势资源，如斑蟹和黄鲫在夏季资源量合计达到 30 万吨以上。斑蟹有 94% 的资源量分布在黄海北部，达 20 余万吨；10余万吨黄鲫资源量则基本集中分布在辽东湾内。

2. 虾蟹类资源

虾蟹类中具有较高经济价值的有中国对虾、中国毛虾、鹰爪虾、虾蛄等，蟹类有三疣梭子蟹、日本鲟和中华绒螯蟹等，资源量共计约 5 万吨。其中，虾类 4 万吨，蟹类资源 1 万多吨。这些经济价值较高的虾蟹类大部分分布在辽东湾海域。

3. 贝类资源

资源总量 43 万吨。潮间带经济贝类 35 万多吨，共 50 余种，其中蛤仔、四角蛤蜊、文蛤、褶牡蛎资源合计 33 万多吨，占潮间带贝类资源的 95%，绝大部分分布在黄海北部沿岸。其余为浅海底栖贝类，有 30 多种，主要经济品种有毛蚶、魁蚶、脉红螺、密鳞牡蛎、香螺等，在全省沿海均有分布。

4. 海珍品及其他资源

辽宁海域自然生长的海珍品有海参（0.6 万吨）、鲍鱼（约 200 吨）和扇贝（海湾扇贝、栉孔扇贝和虾夷扇贝，共 0.2 万吨）。海珍品资源的 97.6% 分布在大连沿岸。其他资源有海蜇、海带、裙带菜、紫菜等，由于各种自然因素及资源本身的特点（如海藻的自然分散生长），这些资源的资源量不稳定或不清。

（三）海洋空间资源

1. 海域及海岛资源

辽宁省所辖海域面积 6.8 万平方公里，海陆面积比为 0.45∶1。其中可供浮筏养殖的近岸水域面积 7730 平方公里，主要分布在辽东半岛南部海域。全省岛、坨、礁 506 个，面积共 191.5 平方公里，岛屿岸线长 627.6 公里。其中 500 平方米以上的海岛 266 个，占全国 500 平方米以上海岛数的 4%。辽宁海岛主要分布在近岸海域：沿黄海的主要岛屿有外长山列岛、里长山列岛、石城列岛和大、小鹿岛等，这里海岛数量多，分布较集中；渤海辽东湾海域中海岛数量少，分布零散，主要有菊花岛、大小笔架山、长兴岛、凤鸣岛、西中岛、东西蚂蚁岛、虎平岛、猪岛和蛇岛等。

2. 海岸及滩涂资源

从海岸地貌基本特征看，辽宁海岸带大体分为四段三种类型，即鸭绿江口—皮口段：泥质和沙质海岸；皮口—盖平角段：基本是基岩海岸；盖平角—小凌河口段：淤泥质海岸；小凌河口—山海关段：泥沙岸、岩岸交错分布。三种类型为：基岩海岸：全省海岸带中以基岩海岸所占比重最大，占全省海岸线的 44.88%，主要分布在辽东半岛的南部；淤泥质海岸：占海岸线的 24.33%，主要分布在辽东湾顶部；沙砾质海岸：为过渡型海岸，多处于前两者之间，占海岸线的 30.27%。全省滩涂面积 8.6 万公顷，主要分布在黄海沿岸和辽东湾沿岸。按滩涂底质来看，辽宁省滩涂可分为泥滩、泥沙滩和沙滩三种类型。其中，泥滩占总海积的 32%，主要分布在大洋河口和赞子河口两岸；泥沙滩主要分布在大、小凌河河口之间，普兰店湾北岸，长兴岛南岸及兴城沿岸，占总海积的 45%；沙滩主要分布在绥中各主要河口，以及赞子河以西、普兰店湾以南的辽东半岛沿岸，占总海积的 23%。

（四）海洋矿产资源

辽宁海洋矿产资源较丰富，主要有石油、天然气、铁、滨海砂矿、煤、铁、硫、锰结核、岩盐、重砂矿、多金属软泥（热液矿床）等。石油天然气主要分布于辽东湾，已探明具有开发价值的石油储量 1.25 亿吨，天然气储量 135

亿立方米。滨海砂矿主要有金刚石、沙金、锆英石、型砂、沙砾、独居石、石榴子石等，其中沙金在鸭绿江口发现多数矿点分布，且地质条件较好，开发前景较好。金刚石砂矿主要矿点在长兴岛沿海地段，绥中滨海砂矿储量约为2亿立方米。

总的来说，辽宁海洋矿产资源较为丰富，储量大，开发前景较好，海上油气资源储量较大且大多在200米水深范围以内，有利于开发。初步探明石油资源储量约6亿吨，天然气1000亿立方米，滨海砂矿储量2亿立方米。但也存在矿床品质不高、贫矿多、富矿少、矿物成分较多、选矿难度较大、油田分布分散、规模较小、油质较为黏稠等问题。

（五）潮汐能资源

辽宁省港湾、岛屿众多，沿海较大的海湾有大连湾、青堆子湾、大窑湾、金州湾、葫芦山湾、太平湾、塔山湾、连山湾等，主要岛屿有大长山岛、小长山岛、海洋岛、广鹿岛、菊花岛等。这些海湾和海岛都有适于建设潮汐电站的条件。不少地区潮差大，潮流急，蕴藏着比较丰富的潮汐能资源，可开发建设潮汐电站。

辽宁省境内直接入海的大、小河流约60多条，部分河流入海河段也具有建设潮汐电站的自然条件。据调查，装机容量在500千瓦以上的潮汐能源点有49处，但均不够一类、二类标准。其中三类资源有5处，四类资源有19处，可能开发装机容量约为51.2万千瓦，可能开发潮汐电量14.1亿度。5处三类资源点可能装机容量1.76万千瓦，年可能发电0.49亿度；19处四类资源点可能装机容量49.44万千瓦，年可能发电13.6亿度。

辽宁潮汐资源点分布在北黄海沿岸的13处，辽东湾沿岸的11处，但从可能装机容量和可能年发电量看，前者远高于后者，前者占总量的81%，后者仅占19%。从地区分布状况看，大连市的资源点占全省的87.5%，可能装机容量和可能发电量均占全省的99.3%，其中70%集中在庄河市境内。

总体上，辽宁海洋能十分丰富，总蕴藏量约700万千瓦，其中开发利用价值较大的潮汐能约193.6万千瓦，理论装机容量在500万千瓦以上，具有很大的开发价值。虽然辽宁的海洋能蕴藏丰富，但由于技术、资金和投资效益等方面的原因，目前辽宁海洋能开发尚处于酝酿阶段和初步试验阶段，并没有进行实质的大规模开发。

（六）沿海港址资源

辽宁省2292公里长的大陆岸线上具备建港基础条件的基岩、沙质海岸合计长度1519公里，宜港岸线资源丰富。从水深条件来看，沿海深水岸段长度455公里，能够满足大型港口建设的需要，而且不同水深岸线类型组合条件较好，适建大、中、小型港口的深、中、浅水岸段比例适当，分配均匀。辽宁沿海大陆岸线上可选出优良港址 38 处，其中可建万吨级以上的深水泊位港址 11 处，1 万~5 万吨级深水泊位港址 14 处，万吨级以下港址 13 处，各类港址在我国沿海港址资源中均占据较大份额。另外，宜港岸线中的 70% 以及宜港岸线中深水岸线的 87% 都分布在大连。

（七）海水资源

海水作为资源利用，体现在以下三个方面：一是海水作为直接利用的资源，主要包括做工业冷却水、海水冲厕、消防用水、洗涮等，目前已有多家沿海企业直接利用海水；二是利用海水中溶解的自然矿物元素（如 NaCl），辽宁附近海域海水资源丰富，海水总量巨大，盐度达到 31.5%，溶存有大量的无机盐及多种化学物质；三是将海水转化成淡水资源，辽宁的海水淡化尚处于起步阶段，但潜力巨大。目前从海水中晒制海盐在辽宁占主要地位，充分利用了适宜晒盐的滩涂以及蒸发和阳光的条件，三者协调结合，形成了盐业资源，是我国沿海五大海盐产区之一，盐田面积 6.67 多万公顷，年产盐 200 多万吨。

（八）滨海旅游资源

辽宁沿海海岸类型多样，形成了滨海湿地景观和海蚀景观以及海水浴场等。海蚀景观资源主要分布在黄海北部的金州—旅顺口区沿岸、辽东湾东岸的盖州市及西岸的兴城—绥中一带，著名的海蚀景观约有 100 多处。滨海湿地景观主要分布在北黄海东部和辽东湾顶部淤泥质海岸地带，以盘锦滨海最为典型。海水浴场资源是滨海旅游资源的重要组成部分，全省共有天然海水浴场 72 处，合计占岸线 149.61 公里，约占全省海岸线的 6%，浴场水域约 74 平方公里。辽宁海岛众多，具有以"海"为特色的旅游资源。从全省角度看，金石滩、兴城滨海、大连南部海滨和旅顺南路以及菊花岛、海王九岛和大鹿岛等处，形成了海洋旅游资源区域，为建设和开发不同类型的海洋旅游业提供了有利条件。

第三节　历史文化

一、历史沿革

辽宁历史源远流长，早在 40 万~50 万年以前，辽宁已是古人类活动的场所。营口大石桥南金牛山发现的金牛山人化石及其遗址，距今已超过 28 万年，是迄今为止辽宁地区发现的最古老的古人类遗址。朝阳市喀左县鸽子洞遗址，距今约 5 万年，属于旧石器时代中期古人类遗址。沈阳新乐遗址是约 7000 年前的新石器古人类遗址，显示了辽宁在原始社会末期的繁荣景象。朝阳牛河梁红山文化遗址距今约 5000 年，出土有祭坛、积石冢、神庙和女神彩塑头像、玉雕猪龙、彩陶等重要文物，显示当时这里存在一个初具国家雏形的原始文明社会，标志着辽宁地区是中华民族文明的起源地之一。新石器时代，这里有东胡、肃慎等族的先民。在各民族祖先的共同努力和开发建设下，辽宁形成了与我国"中原古文化"既有内在联系又有自己特点的"北方古文化"区系。

夏、商、周时，辽宁地区畜牧业和手工业已具雏形，开始使用青铜器。河北、山东等地居民开始迁至辽宁，开发辽河流域。这时，铁器已在农业生产中使用，人口增多，土地开垦面积不断扩大。东汉末期，由于各族统治集团相互争夺，形成了分裂割据的局面，辽宁为公孙氏占据。"安史之乱"后，松花江流域渤海政权兴起，辽宁即为其势力范围。后来，契丹吞并了渤海，建立了辽政权。接着，女真族举兵抗辽，建立金朝。在金与南宋对峙期间，新兴的蒙古族崛起，先后灭金和南宋，建立元朝。此时，辽宁已成为"边户数十万，耕垦千余里"的富庶农业区。冶铁、丝织、制瓷业也很发达，金矿已有开采，鞍山之北曾设置铁榷，抚顺的煤已供烧制陶瓷之用，盐业也有所发展。明接管元对辽宁的统治后，在发展农业的基础上，以冶铁、制盐为主的手工业迅速发展。当时本溪已成为全国文明的三大冶铁中心。明朝中叶，女真人首领努尔哈赤用武力、怀柔、联姻等手段征服了东北的各族部落，定都新宾，建立了后金政权，奖励移民开垦，关内大量移民涌入，耕地面积再度扩大，使辽宁成为当时重要的粮食调出区之一。皇太极继承汗位，改国号为清，女真族逐步强大，至福临（顺治帝）继位后，统一中原，建立了清朝，国都由盛京（沈阳）迁至北京。

鸦片战争后，外国势力开始瓜分中国，俄国首先将辽宁划为其势力范围，而后，日本势力侵入辽宁。民国期间，辽宁为奉系军阀张作霖所辖，而后张学良"东北易帜"。1931 年 9 月 18 日，驻东北境内的日本关东军突然炮击沈阳北大营的东北军，发动"九一八"事变，东北沦为日本帝国主义的殖民地，之后日本策划建立了伪满洲国。在日本帝国主义的掠夺下，辽宁的自然资源遭到严重破坏。抗战胜利后，国民党官僚资本凭借垄断权，对工矿企业的器材、设备进行盗卖和破坏，辽宁经济被摧残殆尽。新中国成立过程中，中国人民解放军在东北发动了著名的"辽沈战役"，历时 52 天，歼敌 47 万人，取得了东北全境解放的重大胜利。至此，辽宁冲出黑暗，走向光明。

二、地域文化

辽宁地域文化属于东北地域文化的一部分，东北地域文化又称关东文化。金牛山人遗址位于营口大石桥市南郊，金牛山人属于旧石器早期，处于晚期直立人向早期智人过渡的阶段，距今超过28万年。金牛山人的发现说明金牛山人是直立人到智人的中间环节，中国地域内古人类发展系列是完整的，和非洲的种群没有关系。金牛山人居住的孤丘是海蚀残丘，当时的气候温暖、湿润，最适宜人类繁衍生存。

关于距今5000年的辽西红山文化，考古学家根据出土的文物推断，5000年前这里曾存在一个具有国家雏形的原始文明社会。这一发现不但把中国的文明史向前推进了1000多年，有的学者还据此提出了中国文明发祥地"四大区域"的观点，即黄河流域文化区、长江流域文化区、珠江流域文化区、以红山文化为代表的北方文化区。红山文化遗址的新发现及其研究成果，改变了流行的中华文化以中原为中心、向四周传播的说法，确立了中华文明或文化发祥地多元说的观点。这表明关东地区也是中华文化的发祥地之一。

在唐代的渤海国，又出现了政治、社会、文化全面发展与繁荣的"海东盛国"局面。光辉灿烂的渤海文化，在当时的中国周边文化区域中是出类拔萃的。明代，在浑河上游形成满族共同体，建立大金政权。至清代，因辽宁是"龙祥之地"而成为盛京特别行政区，清中叶以后形成闯关东潮流，使满汉文化共同发展。进入近代的100多年中，由于土地的开发、黄金的开发、森林的开发以及煤、铁、石油的开发和铁路、公路的建设等，使关东地区成为经济、文化繁荣的地区之一。

三、旅游资源

(一) 人文旅游资源

辽宁历史悠久，文化灿烂，从古至今，在这块土地上留下了大量不同历史时期和不同民族风格的历史文化景观。境内自然风光秀丽，名胜古迹众多，旅游资源丰富。有风景名胜区34处，其中国家级9处、省级8处；森林公园43处，其中国家级17处、省级26处；自然保护区45处，其中国家级9处、省级8处；文物保护单位1703处，其中全国重点35处、省级重点145处。另外，还有世界遗产4处（长城、明清皇宫、高句丽古城、盛京三陵）、国家5A级景区3家（沈阳植物园、大连老虎滩海洋公园—老虎滩极地馆、大连金石滩景区）。

（二）自然生态旅游资源

辽宁自然风光秀美，分布着雄伟的山岳、秀丽的江湖。名山秀水与寺庙园林相结合，使高山、古庙、怪石、清泉、奇松形成许多不凡的景致，有着自己独特的优势。例如，素有"塞外峨眉"之称的千山奇峰、间山云雾以及雄峙辽东的凤凰山，有天下奇观的本溪水洞。

（三）海洋旅游资源

辽宁海岸线漫长，岛屿众多，有北国著名的大连天然海水浴场、鞍山汤岗子、丹东五龙背、兴城温泉疗养胜地以及蝮蛇的王国蛇岛等。此外，庄河仙人洞、萨尔浒山水、凤凰山植被、大孤山古建筑群、兴城海滨、旅顺老铁山自然保护区等也比较有名。

（四）旅游资源开发利用中存在的问题

辽宁旅游资源利用目前存在的问题有：一是自然旅游资源开发严重滞后，全省还没有知名度很高的自然类景点景区；二是人文类旅游资源开发不充分，以看为主，缺乏游客参与性；三是全省旅游资源缺乏整合，两大旅游中心沈阳和大连各自为政，甚至恶性竞争。

第二章　行政区域演化与现实格局

第一节　行政区域的演化过程

辽宁省行政建制最早起源于春秋战国时期。从燕国置辽东、辽西郡开始，辽宁的建置进入了有史可考的时代。辽宁的地方行政建置沿革可分为五个阶段。

一、燕、秦、汉时期

第一个阶段是燕、秦、汉时期，为郡县时期。在燕、秦、西汉时期，辽宁地区设置有辽东郡、辽西郡，到东汉时期又增设玄菟郡和辽东属国，郡国下设置县级机构。东汉时期辽宁地区设 3 郡、1 属国，下设 24 个县。

二、魏晋南北朝时期

第二个阶段是魏晋南北朝时期，为州郡县时代。这一时期，辽宁地区设置有平州，州下设有辽东郡、昌黎郡、玄菟郡、辽西郡等，郡下置县。南北朝时期，地方政权更替频繁，辽宁的行政建置变迁十分繁杂，但基本上仍为州郡县三级制，州郡县数目越来越多，区划越来越小。到北齐时期，辽宁地区除高句丽设置的 30 个城外，北齐在此共设置了 1 州、2 郡、7 县。

三、隋、唐、辽、金时期

第三个阶段是隋、唐、辽、金时期，为道、路时代。在该时期内，辽宁地区行政建置的一级机构基本上是道和路。隋代前期为州县二级制，隋代后期为郡县二级制；在辽宁地区设有柳城郡、辽西郡、辽东郡，郡下设县。唐代始行道、州、县三级制，辽宁地区归河北道管辖。道下设营州上都督府、安东都护府，府下设有州县。从东晋元兴三年至唐乾封三年（404~668 年），辽河以东被北方民族政权高句丽所占据，其所设行政建置为城邑建置机构。辽代在辽宁地区设有上京道、中京道、东京道，道下设有府州县。金代在辽宁地区设置有上京路、咸平路、东京路、北京路等，路下设有州县。辽金时期的基层建置机构州、县数量大，隶属关系繁杂，是辽宁地区普遍设置、广泛开发的时期。到金代，涉及辽宁地区的建置有4路，22个路属路、州、府，并下辖35个州县及8个州下县。

四、元、明、清和民国时期

第四个阶段是元、明、清和民国时期，为行省制时代。元代在辽宁地区设置了辽阳行省，行省下设有路、州、县机构。明朝在辽宁地区设置了辽东都司，都司下设25卫和2州。这种都司卫所体制虽为军事机构，但兼理民政，其职能类似行省，是元代行省制的继续。清朝在辽宁地区实行旗民分治制度，以盛京（奉天）将军系统辖治旗人，以府州县管理民人。清末改为奉天行省，省下辖有道、县。民国初期在辽宁地区设奉天省，省下辖有道和县。1928年张学良东北易帜后，改奉天省为辽宁省，省下设有3市、59县、6旗。此外，当时涉及辽宁地区的县有热河道的4个县及"关东厅"的旅顺市。东北沦陷时期，伪满洲国在辽宁地区设有奉天省、锦州省、安东省、热河省，省下辖有市、县。解放战争时期，辽宁的建置基本上是省、市、县三级制。

五、新中国时期

第五个阶段是新中国时期，辽宁的地方行政建置日趋完善，基本上为省、市（地区）、县三级制。新中国成立初期，辽宁地区设辽东、辽西省和沈阳、旅大、鞍山、抚顺、本溪5个中央直辖市，两省共辖9市、1个专区、49个县。1954年8月1日，根据中央人民政府委员会《关于撤销大区一级行政机构和合并若干省、市建制的决定》，辽东、辽西省合并，成立辽宁省，原5个中央直辖市划归辽宁省管辖，辽宁省设10个地级市、1个县级市、36个县。1955年7月30日，第一届全国人民代表大会第二次会议决定撤销热河省建置，将原由热河省管辖的朝阳县、建平县、凌源县、建昌县、北票县和喀喇沁左旗划归辽宁省管辖。1969年7月，中共中央决定将内蒙古自治区所辖的昭乌达盟地区所属的赤峰市及其3县、7旗划归辽宁省管辖，1979年7月又划回内蒙古自治区管辖。1984年，设立盘锦市，铁岭、朝阳市改为省辖，其所属各县不变，至此，再次实行市领导县体制。1989年，锦西升为省辖市，1994年更名为葫芦岛市。2014年国务院批准设立大连金普新区，这是一种全新的行政体制。

截至 2014 年底，全省下设 14 个省辖市、17 个县级市、27 个县（其中 8 个少数民族自治县）、56 个市辖区。

专栏 2-1

大连金普新区

大连金普新区位于辽宁省大连市中南部，是中国第 10 个国家级新区，也是东北三省地区中的第一个国家级新区，范围包括大连市金州区全部行政区域和大连市普兰店区部分地区，总面积约 2299 平方公里。

在管理体制上，金普新区党工委、管委会分别为市委、市政府的派出机构，与金州区委、区政府合署办公。

大连金普新区地理区位优越，战略地位突出，经济基础雄厚。建设大连金普新区，有利于进一步深化改革开放，引领辽宁沿海经济带加速发展，带动东北地区振兴发展，进一步深化与东北亚各国在各领域的合作，对于促进东北地区等老工业基地全面振兴、深入推进面向东北亚区域开放合作具有重要意义。

第二节　行政区划与主要特点

一、行政区划

辽宁省省会为沈阳，全省下设 14 个省辖市，其中副省级城市 2 个（沈阳、大连），大连为计划单列市；100 个县（市、区），其中 17 个县级市、27 个县（2 个省直管县）、56 个市辖区，如表 2-1、表 2-2 和图 2-1 所示。

表 2-1　辽宁省行政区划统计（2014 年）

地区	县级市	县	自治县	区	镇	乡	街道
全省	17	19	8	56	645	217	668
沈阳	1	3		9	55	18	141
大连	3	1		6	35	20	107
鞍山	1	1	1	4	52	3	61
抚顺		1	2	4	26	21	37
本溪			2	4	18	5	35

续表

地区	县级市	县	自治县	区	镇	乡	街道
丹东	2		1	3	59	5	26
锦州	2	2		3	56	12	47
营口	2			4	35	3	34
阜新		1	1	5	56	9	30
辽阳	1	1		5	30	6	26
盘锦		2		2	29		27
铁岭	2	3		2	78	11	14
朝阳	2	2	1	2	79	49	43
葫芦岛	1	2		3	37	55	40

资料来源：《辽宁省统计年鉴》（2015）。

表 2-2　辽宁省县区一览

地区	县（市）	区
沈阳	新民市、辽中县、康平县、法库县	和平、沈河、大东、皇姑、铁西、东陵、苏家屯、沈北新区、于洪
大连	瓦房店市、普兰店市、庄河市、长海县	中山、西岗、沙河口、甘井子、旅顺口、金州
鞍山	海城市、台安县、岫岩县（满）	铁东、铁西、立山、千山
抚顺	抚顺县、新宾县（满）、清原县（满）	新抚、东洲、望花、顺城
本溪	本溪县（满）、桓仁县（满）	平山、溪湖、明山、南芬
丹东	东港市、凤城市、宽甸县（满）	元宝、振兴、振安
锦州	凌海市、北镇市、义县、黑山县	古塔、凌河、太和
营口	大石桥市、盖州市	站前、西市、老边、鲅鱼圈
阜新	阜新县（蒙）、彰武县	海州、新邱、太平、细河、清河门
辽阳	辽阳县、灯塔市	白塔、文圣、宏伟、弓长岭、太子河
盘锦	盘山县、大洼县	双台子、兴隆台
铁岭	调兵山市、开原市、铁岭县、西丰县、昌图县	银州、清河
朝阳	北票市、凌源市、朝阳县、建平县、喀左县（蒙）	双塔、龙城
葫芦岛	兴城市、绥中县、建昌县	连山、南票、龙港

资料来源：《辽宁省统计年鉴》（2015）。

二、主要特征

（一）政区类型方面，一般类型区为主，特殊类型区为辅

目前，一般将中国当代的行政区划体制分为四种类型，即地域型政区、城市型政区（两者可合称一般类型区）和民族型政区、特殊型政区（两者可合称特殊类型区），四种类型均可见于不同层级的行政区。省级政区比较明确，即

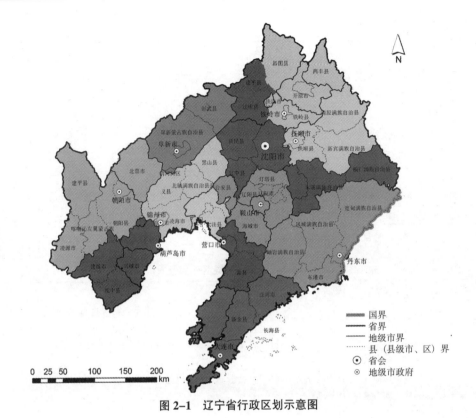

图 2-1　辽宁省行政区划示意图

国家宪法所规定的省、直辖市、民族自治区和特别行政区。省级政区以下，在不同层次也各有一般类型与特殊类型：就一般类型而言，为地级市（地区）—县级市、县、区—乡、镇（街道）；就特殊类型而言，民族型政区一般为自治州—自治县—民族乡，特殊型政区则形式多样，如较为正式的副省级的经济特区市、计划单列市、省会城市等，以及不太正式的如副地级市、副县级镇等。

　　辽宁省属于高层政区（省、直辖市和自治区、特别行政区）中的一般类型。副省级城市为沈阳和大连，其中，沈阳为省会城市，大连为计划单列市，尽管具有较多的独立权限，但与经济特区市等相比，还是具有较大的一般类型政区的成分。地级政区除了沈阳和大连之外，都已经建置为地级市，没有民族自治类型。县级政区目前有 8 个少数民族自治县，其中 6 个满族自治县（新宾、岫岩、清原、本溪、桓仁、宽甸）、2 个蒙古族自治县（喀左、阜新）。还有 2 个在省内享受民族自治县待遇的市（凤城、北镇市），其他均为县、县级市和区。虽然其他各种具有政区性质的如开发区、度假区、管理区等较多，但按照其各自系统来看，并无多少特殊性存在，均属于临时性、经济性的特殊类型政区。县级政区以下情况与全国一致，存在民族乡这一类型的民族自治区域的建制，全省有 77 个民族乡，主要分布在葫芦岛市的绥中县、兴城市，铁岭市的西丰县、开原市，锦州市的义县等地。

（二）政区层次方面，省以下实行三级制，但又具有多样性特征

中国当代的政区层次一般为四级制，即省级（省、自治区、直辖市、特别行政区）—地级（地区、地级市、自治州）—县级（县、县级市、自治县、区）—乡级（乡、镇、民族乡、街道）。其中，地区为派出机构，即虚级（但实际上被作为正式政区对待）。目前，辽宁已经没有地区建制，这在中国所有省中逐渐成为一种常态。辽宁省的特殊性在于，在实行三级制的同时，在不改变行政区划的前提下，采取了多样而灵活的管理方式和管理体制。副省级市与一般地级市存在差异，沈阳是省会城市，大连是计划单列市，二者均为"较大的市"，享有副省级管理权限，具有其他 12 个地级市所不具备的一些立法权、管理权。如大连为国家计划单列市，财政体制等方面直接对国家，因此其所属的市、县、区财政完全由大连市统管，即事权和财权相对一致。此外，辽宁省开始尝试实行省直管县的管理体制，即县财政直接对省和县级主要领导由省任免的制度，如辽宁省昌图县和绥中县均为扩权强县制度试点单位，经济和部分人事、行政事务归辽宁省管辖。

（三）行政区数量方面，基本合理，数量和规模大体适中

辽宁省陆域规模偏小，人口规模适中，地形上虽然分为辽东山地丘陵区、辽西山地丘陵区、辽河平原区，但与中国西部地区相比，并不存在显著的不适宜居住的恶劣环境或者重大的生态问题。因此，在政区划分上，大体符合自然环境特征与人口分布密度，划分方式基本合理，管理幅度（政区数量和政区规模）就全国而言也比较适中。如中国按照地级政区数量排序，除北京、上海、天津、重庆、海南外，26 个省、区（不包括香港、澳门特区和台湾省）中，辽宁与湖南、广西、甘肃、新疆并列排第 9 位；按照县级行政区数量排序，辽宁与江西、江苏并列排第 13 位。

第三章 资源开发利用评价

第一节 主要资源利用现状及问题

一、资源状况评价

（一）海陆兼备，自然资源丰富，资源开发潜力大

辽宁省位于太平洋西岸、亚洲大陆东岸中纬度区域，中国东北地区的南部。辽宁是我国最北的沿海省份，全省陆域总面积 14.8 万平方公里，浅海大陆架面积 15 万平方公里，近海水域 5 万平方公里，海洋国土面积与陆地国土面积大体相当。

辽宁省海陆兼备，自然资源丰富。陆地矿产资源种类多、分布广、储量大，全省共探明矿产 70 余种，产地 692 处，资源潜在价值 16000 亿元。现已开发利用矿产 39 种，产地 343 处。探明储量居全国首位的有菱镁、硼、铁、金刚石等 7 种。海洋矿产资源种类多、分布广，主要有石油、天然气、铁、煤、硫、岩盐、重砂矿、多金属软泥（热液矿床）等，已探明具有开发价值的石油储量 1.25 亿吨，天然气储量 135 亿立方米。海洋生物资源丰富，其中浮游生物约 107 种，底栖生物约 280 种，游泳生物包括头足类和哺乳动物约有 137 种。海洋国土在制盐、渔业、能源开发、旅游等方面有着巨大的开发前景。随着环渤海、黄海经济区的逐步形成与发展，该海域将在这一经济体系中发挥重要作用。

（二）光热水土条件好，土地资源类型复杂多样

辽宁气候、光热、地貌条件丰富多样，全省基本上位于中温带与暖温带地区，光热条件好，年平均气温 8~10℃，无霜期 160~200 天，≥10℃积温 3400~3600℃，适宜喜温、生育期长的经济作物和林果种植。境内现有大小河流 392 条，总长 16 万公里，流域面积 14.5 万平方公里。主要河流有辽河、鸭绿江、

浑河、太子河、大凌河和大洋河等，其中辽河为中国七大江河之一。地貌类型齐全，复杂多样的地貌形态以及资源禀赋，有利于形成多样的土地利用格局。东西两厢为丘陵山地，为发展山丘农业经济提供了良好的地貌条件，东部山区以水分涵养林为主，宜于发展林业以及柞蚕、人参、药材等；辽东半岛的山区气候条件适宜发展果树种植业；辽西低山丘陵地区多为无林山地，可开发果树种植业、畜牧业；中间为辽河冲积、洪积平原，具有发展粮食及其他种植业的优越条件，这一地区城市化水平高，农业发展基础好；南部濒海区有利于发展水产养殖和海洋捕捞业。

（三）城镇、人口、产业及耕地等密集组合地区自然条件较好

全省优势资源组合最密集的地区包括辽宁中部平原地区以及辽东沿海地区，这两个地区优势资源实现了空间叠加，土地肥沃，农业发达，城镇密集，资金、技术资源丰富，人口、耕地分布集中，同时也是光热等自然条件较好的地区，是辽宁省产业发展及城市化的核心。该地区也是我国城市化程度、城镇密度比较高的地区之一。

（四）基础设施、高素质人才等优势与自然资源有效组合

辽宁基础设施水平位居全国前列。截至 2014 年末，全省铁路营运里程 4899 公里，比上年末增加 24 公里，其中高速铁路 1040 公里；公路里程（不含城管路段）114504 公里，比上年末增加 4432 公里，其中高速公路 4172 公里，比上年末增加 129 公里。2014 年全年各种运输方式完成货运量 222097 万吨，其中全年港口货物吞吐量 103675 万吨。集装箱码头建设蓬勃发展，全年港口集装箱吞吐量 1860 万标准箱，比上年增长 3.4%。辽宁文化积淀深厚，科技教育水平比较高，是辽宁省振兴与可持续发展的客观物质基础。辽宁人均受教育的时间是 10 年，高等教育与科技事业发展迅速。目前从事科技活动的人员有 29.1 万人，其中研究与试验发展（R&D）人员 16.2 万人，拥有两院院士 51位，在国内 25 个重要学科领域占有领先地位。

二、资源利用现状

（一）水土资源得到较好的利用，但利用效率仍待提高

目前，辽宁省耕地面积 409.29 万公顷，占全省土地总面积的 27.59%，人均占有耕地约 0.096 公顷，耕地垦殖率为 26.73%，在东北地区处于较高水平。全省未利用土地面积 138.31 万公顷，占全省土地总面积的 9.3%，全省 85% 以上的土地得到了开发利用，土地开发利用率较高。目前，全省中低产田占到了耕地总量的 2/3，且坡耕地的比重较大，成为水土流失的高发地。全省近 80% 的耕地缺乏水利配套基础设施，对耕地的高强度开发和利用导致耕地地力呈现下降的态势。辽宁水资源开发程度存在不均衡状况，全省水资源开发利用率42.13%，总体开发程度较高。其中，人口、城市密集的辽河流域开发率达到76.3%；东部鸭绿江流域开发利用率较低，为8.1%，水资源利用效率有待进一步提高。

（二）基于资源禀赋的差异，各个区域形成了明显的地域分工

中部辽河流域自然条件好，耕地质量高，是辽宁主要的粮食生产基地和农产品加工基地。这里人口密度大、交通发达、城市化水平高。这一地区的国土资源利用特点是建设用地数量大，工业用地集中，跨流域引水数量大，节水产业发展较好，耕地集约利用程度高，农业产业化水平高，成为辽宁省工农业经济和高新产业发展最迅速的地区。

辽西地区耕地质量较低，经济作物在全省占重要地位，也是全省生态建设的重点区域。这一地区的资源利用特点是建设用地数量少，生态还林、还草数量多，经济林、人工和半人工草场多，耕地减少，农业结构趋于高效化、节水化。

东部山区水、森林资源相对丰富，耕地数量较少，水土流失严重，是辽宁省以林地为主的山地农业区，森林面积占全省一半以上。经济林种植形成规模，外向型经济发展水平较高，通过中小河流治理、水环境涵养和退耕还林，成为辽宁中部地区的绿色屏障和水源供应地。

辽东半岛区耕地及其后备资源贫乏，耕地减少速度较快，自然条件适宜水果生产。沿海滩涂资源、旅游疗养资源及盐田资源丰富，目前成为辽宁苹果主产区及海洋资源开发的主要基地。本区外向型经济贸易比较活跃，农业产业化、工业规模化、集中化程度较高。

（三）矿产资源开发利用程度高，形成了比较完整的资源型产业体系

辽宁矿产资源开采历史悠久，为国家经济建设贡献巨大。新中国成立初期，全国156项重点工程中有24项安排在辽宁，其中15项属矿产资源开发建设项目。地方配套建设的730个重点项目中，半数以上是以资源开采为主的建设项目。

经过几十年的发展，辽宁形成了钢铁、能源、有色、机械、化工、建材等门类齐全的工业体系，促进了钢都鞍山、煤都抚顺、煤铁之城本溪、煤电之城阜新、石油之城盘锦等工业城市的发展和壮大，形成了"一中心、一带、三区"的矿产资源开发利用格局。经过20世纪90年代中期以来的困难期以后，辽宁的资源加工业正朝着工业结构升级、深度加工的方向发展。

辽宁矿业发展时间较长，形成了较高的勘探、发掘和加工水平，只要在矿产开发利用上能有创新的制度安排，矿产资源的后续勘察和开发利用水平都将提高，为实现矿业资源的永续利用和加工业的良性发展创造条件。

（四）海洋开发历史悠久，沿海经济带初具规模

辽宁海域气候、水流等状况适合海洋生物繁殖，生物资源丰富，适宜浅海筏式养殖、港湾养殖以及底播增殖海珍品，海洋牧场已经形成较大规模。海岸线长而曲折，有许多优良港湾，已经形成了大中小结合的港口群。依靠海洋石油、非金属矿产等资源，濒海采油采气业、砂矿加工业等规模日益壮大，海洋化工业发展良好，海洋生物制药开始起步。

目前，辽宁海洋产业层次还比较低，高附加值产业发展比较薄弱。辽宁省正在努力实现从海洋大省到海洋经济强省的跨越，"十二五"期间，海洋经济总量提升，全省海洋经济主要产业总产值达到 6000 亿元，年均增长 14.9%，增加值达到 2900 亿元，年均增长 12.6%，进入全国沿海省市前六名，为辽宁省未来海洋经济的发展指明了方向。

三、资源利用中存在的问题

（一）生态环境恶化未得到根本控制，水土流失及土壤质量退化严重

中部地区的城市工业和生活污水严重污染了地表水和地下水源，造成耕地的面状污染，成为粮食主产区首要的生态环境问题。

由于不合理的开发利用，目前全省水土流失面积达到 5.12 万平方公里，占土地总面积的 35%，荒漠化面积 0.9 万平方公里，占土地总面积的 6%。全省土壤质量退化面积已达 7.01 万平方公里，占土地总面积的 47.31%。

由于过度开发及采油对湿地的污染，使得湿地资源减少，尤其是许多水禽栖息、繁殖地区已不存在。同时不合理的水产养殖致使一些近海滩涂退化，污染严重。

（二）未利用土地开发难度大

全省未利用土地面积 138.31 万公顷，未利用土地总的分布特点是丘陵山地区多于平原地区，生态脆弱区多于生态环境较好地区，经济落后地区多于经济发达地区，未利用土地开发难度很大。具有难利用性质的盐碱地、沼泽地、沙地、裸土地、裸岩石砾地及侵蚀沟等，合计面积约占未利用土地面积的 20%左右。而数量最大的荒草地，约有 70%分布在辽西生态脆弱地区。上述两项即具有难利用或者不宜开发性质的土地占全省未利用土地的 70%以上。

（三）土地利用结构与布局不够合理，土地产出效率低

土地利用结构和布局不尽合理。全省农用地内部结构不协调，园地、牧草地比重偏低，与水资源空间分布不匹配。城乡建设用地主体功能不突出，农村居民点用地在全省农村人口持续减少的情况下不降反升。辽宁土地利用以林

地、耕地为主，两者占土地总面积的 63.8%，其中林地占 38%，在各类土地中面积最大，大部分分布在东部山区。未利用土地占总面积的 14.4%，排在第三位。居民点及工矿用地所占比重也较大，而园地、牧草地、交通用地、水利设施用地面积则相对较小。工业用地布局不尽合理，城市内部工业用地比重过大。乡镇企业用地零散，缺乏规划指导和约束。

全省耕地中中低产田比重大，林业用地中有林面积不足八成，牧草地中优良草地仅占 1/3。土地的产出效率不高，单位土地面积的 GDP、农用地单位面积产出较低，土地利用存在一定的粗放性。此外，建设用地利用总体效率偏低，全省建设用地产出水平偏低，新增工业用地投资强度不高，容积率仅为 0.50 左右，城镇规划区内尚有近 1.24 万公顷（19 万亩）的闲置、低效建设用地。

（四）水资源利用效率不高，水质状况堪忧

辽宁省农业用水每年 90 亿立方米以上，占总用水量的 64%，而水稻用水又占农业用水的 87%。农业用水利用系数只能达到 50%~60%，水量损失很大。工业用水每年需要 30 亿立方米以上，万元产值耗水量 103 立方米，相当于发达国家的 10~20 倍。工业用水重复利用率很低，只能达到 30%~40%，远低于发达国家 75%~80%的水平。

在水的供给方面，水利工程数量少而老化，地表水利用率低。辽宁省现有蓄、引、提水利工程 11 万处，水库工程 900 余座，辽河、浑河、太子河、大凌河、小凌河及鸭绿江等出境水量和入海水量大，平水年占 70%~80%，使宝贵的水资源未被充分利用就流入境外。水利工程不能有效地拦蓄雨洪径流，汛期洪水大部分白白流走。

工农业的快速发展和人口的增长，给水资源水质状况带来巨大影响，尤其是对河流水质污染严重。以 2009 年为例，全省入河（海）排污口废污水排放总量为 22.8 亿吨，其中，入河废污水排放总量为 16.3 亿吨，直接入海废污水排放量为 6.5 亿吨，其中，工业废水排放量为 7.5 亿吨；全省入河（海）污染物排放量为 77.2 万吨，严重污染了河流水质，进一步加剧了水资源的供需矛盾。

（五）矿产后备资源不足，开发布局结构不尽合理，矿山环境问题严重

虽然辽宁省矿产资源总量丰富，但中小矿床多、大型特大型矿床少，部分支柱性矿产贫矿和难选矿多，富矿少。由于对矿产的开采强度高，煤炭、石油、天然气、有色金属、金、石膏等重要矿产资源开采消耗速度快，一些矿山已出现资源危机；煤炭、石油等主要能源矿产已由输出省变为输入大省，省内自给率仅分别为 41.7%和 20.5%；黑色金属中的富铁、富锰几乎全部依赖进口；部分煤矿以及主要有色金属矿山几乎已进入枯竭状态。矿产资源的开发布局和结构不够合理，矿产开发布局分散，生产集中度偏低，利用方式较为粗放，小矿山占比较大，且设备、技术、工艺落后，总体上处于"多、小、低、散、差"的状况。矿业上下游结构不够合理，全省有色金属矿山年采选金属能力低，而冶炼能力偏高，从而导致采选产能与冶炼产能之间的差距日益扩大，外埠进入原料不足，设备的生产能力闲置。矿产资源的综合利用水平和深加工能力偏低，资源综合开发利用与矿石固体废弃物综合利用情况较差，资源的综合效益未得到充分发挥。此外，矿山的环境问题仍然较为严重，矿山植被、景观、土地、水体均遭受不同程度的破坏，局部地区水源、大气、土地遭到严重污染。

（六）近海污染严重，海洋资源产业结构层次较低，深度开发不足

由于近海日益遭到城市工业废水、生活污水和海港、船舶石油平台作业及排污的污染，生物资源遭到大量的破坏。在辽河口、锦州湾等区域，重金属污染比较严重。截至 2013 年，辽宁省近岸海域环境状况虽有好转，但近海污染形势依然严峻，沿海地区工业废水排放总量达到 78285.6 万吨，废水直接入海量达到 21102.53 万吨。全省符合第一类海水水质标准的海域面积约为 8000 平方公里，占全省管控海域面积的 37%；劣于第四类海水水质标准的海域面积为 4790 平方公里，占全省管控海域面积的 22%，主要污染要素为无机氮、石油类和活性磷酸盐。全省入海排污口达标排放次数占全年总监测次数的 50.7%，主要超标污染物为总磷、悬浮物、CODCr 和氨氮。鸭绿江、大辽河、辽河等八条入海河流携带入海的主要污染物总量达 50.21 万吨。

海洋资源开发利用不充分，海盐盐化工业大多是低级的盐业制造，经济价值高的微量元素如碘等尚未开发利用，沿海众多的旅游资源处于低度开发利用状态。海洋资源的利用主要集中在生物资源上，如鱼类捕捞等，海洋产业结构有待升级。

第二节　战略性资源利用和保障

一、战略性资源利用现状

（一）水资源的利用现状

1. 供水量

供水量指各种水源为用户提供的包括输水损失在内的水量。2014 年辽宁省全省总供水量 141.76 亿立方米。其中，地表水源供水量 79.97 亿立方米，占 56.4%；地下水源供水量 58.44 亿立方米，占 41.2%；其他水源供水量 3.35 亿立方米，占 2.4%。在地表水源供水量中，蓄水工程供水量 49.24 亿立方米，引水工程供水量 12.87 亿立方米，提水工程供水量 17.86 亿立方米；在地下水源供水量中，浅层地下水供水量 57.97 亿立方米，深层地下水供水量 0.46 亿立方米，微咸地下水供水量 0.01 亿立方米；在其他水源供水量中，污水处理回用 3.24 亿立方米，海水淡化 0.11 亿立方米。

2. 用水量

用水量指各类用户取用的包括输水损失在内的水量。2014 年全省总用水量 141.76 亿立方米。其中，居民生活用水量 16.69 亿立方米，占 11.8%；生产用水量 120.17 亿立方米，占 84.8%；生态环境（河道外）补水量 4.90 亿立方米，占 3.4%。在居民生活用水量中，城镇居民生活用水量 12.34 亿立方米，农村居民生活用水量 4.35 亿立方米。在生产用水量中，第一产业用水量 89.65 亿立方米，其中农田灌溉用水量 80.09 亿立方米，林牧渔畜用水量 9.56 亿立方米；第二产业用水量 24.87 亿立方米，其中工业用水量 22.82 亿立方米，建筑业用水量 2.05 亿立方米；第三产业用水量 5.65 亿立方米。

3. 耗水量

耗水量指在输水、用水过程中，通过蒸腾蒸发、土壤吸收、产品吸附、居民和牲畜饮用等多种途径消耗掉，而不能回归到地表水体和地下饱和含水层的水量。2014 年全省总耗水量 91.57 亿立方米，综合耗水率 65%。其中，农田灌溉耗水量 58.38 亿立方米，耗水率 73%；林牧渔畜耗水量 9.03 亿立方米，耗水率 94%；工业耗水量 8.61 亿立方米，耗水率 38%；城镇公共耗水量 3.75 亿立方米，耗水率 49%；城镇居民生活耗水量 3.24 亿立方米，耗水率 26%；农村居民生活耗水量 4.05 亿立方米，耗水率 93%；生态与环境耗水量 4.51 亿立方米，耗水率92%。

（二）能源类资源利用现状

辽宁省的能源类资源问题表现在两个方面：一是庞大的加工能力与资源供给之间的矛盾；二是能源需求的巨大缺口。如表3–1、表3–2所示。

表3–1 辽宁省能源生产总量及其构成

年份	能源生产总量（万吨标准煤）	占能源生产总量（%）			
		原煤	原油	天然气	水电及其他
2000	5380.5	59.1	37.2	3.3	0.3
2005	6219.8	67.4	29.0	2.5	1.1
2010	6769.5	73.9	22.2	1.6	1.9
2014	5147.7	62.1	28.4	2.1	6.4

资料来源：辽宁省有关年份统计年鉴。

表3–2 辽宁省能源消费总量及其构成

年份	能源消费总量（万吨标准煤）	占能源消费总量（%）			
		原煤	原油	天然气	水电及其他
2000	9877.2	77.5	19.8	2.5	0.2
2005	12883.3	71.3	24.1	1.5	0.6
2010	19856.4	67.9	27.3	1.3	0.6
2014	20585.7	62.1	28.2	5.4	1.6

资料来源：辽宁省有关年份统计年鉴。

辽宁省的能源消费结构以煤、油为主，煤、油所占比重高达91.8%，天然气、水电等优质能源消费量仅占能源消费总量的不到6%。能源消费中工业占比较高，高达70%以上，其中采矿业、制造业、电力、燃气及水的生产和供应业用能比例最大，特别是石油加工、炼焦和核燃料加工业、非金属矿物制品业、黑色金属冶炼和压延加工业耗能较高，未来一段时期，冶金、石油化工等以基础原材料为主体的工业仍是辽宁经济发展的支柱产业，因此能源消费会进一步增长。

在能源缺口方面，多年来一直在10000万~17000万吨标准煤，缺口较大且呈不断扩大的趋势。以2013年为例，年初库存量仅为1728.62万吨标准煤，一次性能源生产量为5619.73万吨标准煤，外省（区、市）调入量为16361.71万吨标准煤，进口量为6771.72万吨标准煤，能源的对外依存度较高。省内能源自给率较低，煤炭与石油的省内自给率仅分别为41.7%和20.5%。

（三）非能源类矿产资源供需状况

辽宁省矿产资源较为丰富，但是人均占有量却较低，而且中小矿床多、大型特大型矿床少，部分支柱性矿产（如铁矿）贫矿和难选矿多，富矿少。矿产资源供需形势严峻，大部分资源保有储量日益减少甚至枯竭，资源制约取代资本制约成为影响工业发展的主要问题。根据2008年发布的《辽宁省矿产资源总体规划（2008~2015年）》预测，未来难以满足经济发展需求的矿产有铬、镍、铜、铅、锌、铝、金、银、磷、钾、玉石11种矿产，能暂时满足经济发展需求的矿产有石油、天然气、钼、滑石、萤石、硼、硫铁矿、硅灰石等，按目前产能，服务年限基本上可以达到2030年。能长期满足经济发展需求的矿产有菱镁矿、贫铁矿、贫锰矿、煤、金刚石、熔剂用灰岩、水泥用灰岩、玻璃用石英岩及其他大部分非金属矿产；具有潜在优势但受质量、技术条件或市场因素限制，尚不能开发利用的有红柱石、透闪石、煤层气、油页岩、硼镁铁矿、含钾岩石、高岭土等。

二、战略性资源保障措施

（一）水资源的引入

辽宁省是我国北方严重缺水的省份之一，水资源总量少，人均少。根据《辽宁省水利发展与改革"十一五"规划报告》的预测结果，2020年总缺水量为33.5亿立方米、2030年总缺水量为38.7亿立方米。而松花江流域水量相当充沛，水的利用效率不高，每年流出过境的水量达264.3亿立方米。因此，从水量相对较丰的嫩江和松花江调水是解决辽宁水资源短缺的重大工程，也是保证辽宁振兴的重要支撑。要加快尼尔基水利枢纽工程、石佛寺水利枢纽工程与哈达山水利枢纽工程的建设，适时做好水渠干线、东支线工程的设计立项工作。在近中期实施大伙房水库输水工程、吉林省中部城市群引松供水工程、绰尔河引水工程、黑龙江省引嫩骨干工程、三江平原排灌蓄工程体系及两江一湖引水工程、引洋入连工程等水资源配置骨干工程，逐步形成"东水中引、北水南调"的水资源配置格局。中远期考虑从黑龙江与鸭绿江调水。

（二）油气资源的引进

油气资源的引进主要瞄准国际市场。俄罗斯西伯利亚和远东地区的石油、天然气等资源丰富，合作开发这一地区的资源一直是两国经贸合作的重点，目前两国利用铁路增加对中国原油的出口以及修建到大庆的输油支线已经取得了重要进展，今后俄罗斯的石油可以通过管道直接输送到大连，也可以通过纳霍德卡海运到大连，这为辽宁石化工业发展提供了巨大发展机遇。石化工业是辽宁最重要的支柱产业，也是我国重要的石油加工基地，并且大连是我国四个国家战略石油储备基地之一，必须加强从俄罗斯以及沙特阿拉伯、伊朗、伊拉克、科威特、阿联酋、委内瑞拉、利比亚、苏丹、尼日利亚等国家进口原油与天然气的工作，增加原油进口与石油储备数量。

另外，引进部分国内油气资源作为调节与补充。主要引进区域为黑龙江、吉林、内蒙古、山东、陕西、甘肃和新疆等省区。

（三）煤炭资源的引进

辽宁省煤炭资源经过长期的开采，许多地方的煤炭资源枯竭，而对煤炭的需求上升，供需矛盾越来越突出。据预测，到2020年对外依存度将达到73%，供需缺口为13536万吨。内蒙古煤炭资源丰富、煤种齐全、煤质优良，仅呼伦贝尔市和锡林郭勒盟的煤炭资源保有储量就在1000亿吨以上，是东北三省总量的3.6倍以上。应积极推进蒙东能源基地与辽宁省的对接，加强能源输送通道建设，与蒙东地区统一电网，联合进行资源开发、煤电基地建设、煤化工等产业发展，建设成为具有国际竞争力的大型煤化工产业基地，为支持阜新经济转型和发展接续产业、解决辽宁发展中的能源短缺问题以及国家能源安全问题做出新贡献。另外，还要积极从国内其他省区如山西、陕西、宁夏、山东等地引进煤炭资源，国外主要从澳大利亚、俄罗斯、印度尼西亚以及南美的一些国家引进。要加强修建联系内蒙古、山西等煤炭主产区的运煤交通线路、场站与煤炭专用码头。

（四）铁矿等矿产资源的进口

我国目前年进口铁矿石3亿吨左右，辽宁省的鞍钢、本钢虽然铁矿石自给率较高，但每年仍需大量进口。2005年辽宁省铁矿砂进口总量达到1381.93万吨，2006年鞍钢在辽宁营口港鲅鱼圈新建500万吨钢铁厂动工，每年将增加进口原料1000万吨，铁矿石的进口数量会大量增加。据估算，2020年缺口为2970万吨。今后要提升营口港铁矿石进口的总体功能和吞吐能力，加快沿海港口矿石专业化码头建设，与国内外著名远洋运输公司合作，从澳大利亚、巴西、印度、南非、乌克兰、俄罗斯等国家进口铁矿石，加强对铁矿石的战略储备工作。另外，还要从南非、巴西、印度、澳大利亚、智利等国家进口辽宁省紧缺的锰矿、铬铁矿、铬铁合金、铜矿等矿产资源。要积极走出国门，与国外公司合作，共同开发国外的矿产资源。

（五）人才资源引进

按照人才分布高密度、人才素质高水准、人才结构高对应、人才流动高活力、人才产出高效率的要求，加强人才资源的培养与引进。适应辽宁老工业基地振兴的需要，重点引进和培养面向21世纪新型产业体系的高层次创新人才，面向国内外公开选拔。完善人才市场体系，构建沈阳、大连两个人才高地，加快全省人才市场一体化建设。建立健全适应人才流动的人事与户籍管理、福利保障、住房与子女就读等政策，吸引国内外创新人才以多种方式向辽宁流动。

第三节　开源节流，建设资源节约型、环境友好型社会

进一步树立绿色、低碳发展理念，以节能减排为重点，健全激励和约束机制，加快构建资源节约、环境友好的生产方式和消费模式，增强可持续发展能力。

一、加强资源节约

坚持资源开发和节约并重、节约优先的原则，大力推进节能、节水、节地、节材，努力构建资源节约型社会。

（1）节约能源。大力推进重点领域节能降耗，强化节能目标责任考核。推广先进适用节能技术，组织实施节能重大示范项目，重点抓好电力、钢铁、有色金属等高能耗设备的淘汰和改造。大力推进建筑节能，城市、县城新建民用建筑节能标准执行率达到98%以上。鼓励采用绿色照明产品和节能型家电，推广北方农村能源生态模式。

（2）节约用水。强化全社会节水意识，提高水资源综合利用效率。发展节水型工业，降低高耗水行业比重，减少结构性耗水，鼓励有条件的企业建立中水回用系统。加快发展节水农业，实施一批节水推广项目，新增节水灌溉面积750万亩。

（3）节约用地。实施最严格的耕地保护制度，提高土地集约利用水平，提高用地项目准入门槛，提高单位土地投资强度和产出效益。拓宽土地利用途径，推进荒滩、荒山、荒坡的集约集中利用。

（4）节约原材料。强化对重要矿产资源的节约、集约利用。推进各领域节材，加强重点行业原材料消耗管理的技术改造，鼓励使用新材料、再生材料，积极推广金属、木材、水泥等材料的节约代用材料，大力节约包装材料。

二、大力发展循环经济

推进生产、流通、消费各环节循环经济发展，建成企业内部小循环、工业

园区中循环和社会资源大循环三个层面的框架，建立循环经济试验区和低碳经济示范区。全面推行清洁生产，积极发展绿色产品。到 2015 年，全省石化、冶金、机械、煤炭、电力、轻工、建材等重点资源消耗和污染排放行业基本实现清洁生产，重点行业、企业单位产品物耗、能耗和水耗达到国内同行业先进水平。建立一批循环经济典型示范企业，推进循环经济示范园区和循环经济示范城市建设。加快资源循环利用产业发展，开发应用源头减量、循环利用、再制造、零排放和产业链接技术，抓好粉煤灰、煤矸石和硼泥等大宗固体废弃物的综合利用，加强可再生资源回收和再生利用。

三、加大环境保护力度

严格执行总量控制、排污许可证、环境影响评价、重大环境事件和污染事故责任追究等制度，强化污染源头治理和全过程控制。实施工业污染全防全控，从重点行业总量削减向全面减排转变。加强空气监测，以巩固二氧化硫和颗粒物污染控制为基础，开展氮氧化物等多种污染物的综合控制，"十三五"期间，二氧化硫、二氧化氮、一氧化碳、臭氧四项大气污染物稳定持续达到《环境空气质量标准》（GB3095—2012）二级标准，地级及以上城市可吸入颗粒物浓度控制在 85 微克/立方米。改善水环境质量方面，开展水源规范化建设，优先解决水源地超标问题，制定并落实水源地达标治理方案。在 2020 年底前，依法取缔、搬迁饮用水源保护区内违法建设项目和活动，到 2020 年，地下水质量级差比例控制在 28.3% 左右，开展良好湖库生态安全评估，划定水环境保护红线与生态空间，控制陆源排海污染物总量，全省河流水质优良（达到或优于三类）比例达到 51.2% 以上，全市河流劣五类水体比例控制在 1.16% 以下，地级及以上城市集中式饮用水水源地水质达到或优于三类比例达到 96% 以上。加强城镇污水处理，重点推进管网建设、污泥治理和再生水利用。加强海洋污染防治，防控海上活动对海洋环境的污染损坏和生态破坏，合理开发和保护海洋资源，加强海洋生态环境保护和建设。加强固体废弃物污染控制，提高综合处置和应急处置能力。推进农村环境综合整治，加快农业面源污染治理，统筹建设一批污水、垃圾集中处理设施，重点解决饮用水不安全、土壤污染等突出环境问题。所有乡镇都要建设污水处理设施，每个县和有条件的建制镇都要建设垃圾处理设施。支持沈阳市创建全国环境建设样板城。

四、全面推进生态省建设

坚持优先保护和自然修复为主，建立和完善生态补偿机制，加大生态保护和建设力度。创建生态建设示范区，强化全省自然保护区和重要生态功能区建设。抓好荒山造林、退耕还林还草、草原建设、湿地保护、河流治理、水土保持、沙化治理、矿山恢复等生态工程建设。重点加强辽东地区森林生态屏障、沿海地区防护林体系、"三北"防护林体系、辽西北地区林草生态、鸭绿江口和双台河口湿地保护与恢复以及森林城市等工程建设。实施重大生态修复工程，建设阜新、朝阳生态恢复示范区。加快重点流域生态恢复，以建设辽河、凌河保护区为重点，全面整治和恢复两河生态环境功能，建成全国重点流域生态和谐示范区。加强以水功能区为重点的水资源保护，实施限采地下水和封闭地下水取水工程。加快建立地质灾害易发区调查评价、监测预警和防治应急体系，加强防灾减灾体系建设。完成生态市、生态县（区）、生态乡镇、生态村向生态文明建设示范区的提档升级，创建 150 个示范乡镇、1500 个示范村等。

第四章　区域开发与经济发展特征

第一节　开发历史的简要回顾

东北地区包括辽宁、吉林、黑龙江和内蒙古东部地区（赤峰市、兴安盟、通辽市、锡林郭勒盟、呼伦贝尔市），土地面积约为126万平方公里，占中国国土面积的13%。东北地区是一个比较完整的地域单元，区域内各省之间联系较为紧密。辽宁省的发展是东北整个区域发展的一部分，其开发进程也深受东北地区整个区域开发历史的影响。目前，东北地区已发展成为中国强大的工业基地，形成以钢铁、机械、石油、化工等为核心的完整工业体系。辽宁因为具有长久的开发历史和雄厚的开发基础，在东北地区的地位尤为突出。

一、清末与民国时期资源密集型产业形成

东北地区是清王朝的发源地，清军入关后，大量人口移入关内，导致东北地区人口快速减少，土地撂荒严重。鸦片战争后到20世纪20年代初，随着政策变化和区域慢慢发展，移民大量涌入，土地开发加速，东北农业也有了一定的发展，为近代工业的发展奠定了良好的农业基础。1894~1903年，京沈铁路延伸至新民屯，1898~1904年中长铁路修至大连。随着铁路的修筑，煤炭、矿山、面粉、榨油、制材、电力、制糖等近代工业开始出现。在区域产业布局上，清末时期辽宁大连即成了当时的榨油业中心，资源依赖型的区域产业结构特征初见雏形。

二、日伪时期掠夺式开发与重工业的畸形发展

"九一八"事变后，日本帝国主义为了侵略中国和其他亚洲国家的需要，掠夺辽宁的资源，以沈阳、大连为中心，沿中长铁路两侧以及沿海港口开始建立现代工业。先后发展和建立了鞍山钢铁联合企业、本溪煤铁公司、抚顺炭矿

制铁试验工厂（抚钢前身）、大华矿业株式会社大连工厂（辽宁大钢前身）。同时还在本溪、丹东、锦西开办有色金属矿；在沈阳、岫岩、葫芦岛、抚顺建立了铜、锌、铅、铝等冶炼厂；在大连、抚顺、鞍山等地发展了制碱、制酸等化工厂；在沈阳、大连发展了军械制造、铁路机车、矿山机械修造业；在抚顺、阜新、大连等地建设了大型火电站；在抚顺和锦州建立了页岩炼油和煤炼油等企业。东北地区相对全国而言，有比较好的工业发展基础，源于日本占领东北后所进行的战时工业发展，使得东北地区当时的资源密集型工业发展水平高，成为全国重工业比重很高的地区。煤、水泥均占全国的一半以上，铁、钢材占到全国的85%以上。重工业急剧膨胀，农业与轻工业所占比重日益缩小，区域产业结构严重扭曲。

三、计划经济时期作为国家投资重点区域与重化工路径的强化

新中国成立后，国家的工业化实行优先发展重工业的方针，东北地区成为国家重点建设的重工业基地。1950~1952年，全国累计完成的投资总额中，有一半多投资到东北地区。苏联向中国提供的42个援建项目中，有30个设于东北地区，投资总额达34亿元。1953年开始执行的第一个五年计划中，苏联帮助中国设计的156项建设项目中有57项建在东北，相关配套项目多达1000多个，占全部投资总额的1/3强（见表4-1）。

辽宁省成为国家建设的重点，总的要求是：利用现有的基础，优先发展重工业，此后在钢铁、能源、机械、建材、化工等方面进行大规模的改造和建设。"一五"时期国家安排了156项重点工程，辽宁省占24项。其中，钢铁2项、有色金属2项、煤炭8项、电力3项、石油加工1项、机械5项、国防工程3项。同时在沈阳、抚顺、本溪、丹东等地还安排了730个配套建设项目。这一时期全省工业固定资产投资118.7亿元，其中冶金工业占36%，煤炭工业占14.2%，机械工业占14%，电力占12%。这些项目投产后，辽宁基本形成以钢铁为重点的重工业基地。东北安排的57个项目中，在地域分布上，以沈阳为中心，包括辽宁省的大连、鞍山、本溪、抚顺、阜新。到"二五"末期，绝大多数工业项目已建成投产。1960年大庆油田投产，国家组织全国炼油技术力量对辽宁六大炼油厂进行改造。新建、扩建常减压、热裂化、蜡裂解等装置，引进了当时世界先进水平的炼油装置，使辽宁石油加工的生产技术和工艺水平进入世界先进行列。

表 4-1　东北地区苏联援建的 57 项重点工程分布（辽宁部分）

	项目名称	性质	地点	规模	期限
采煤	阜新平安立井	续建	阜新	150 万吨	1952~1957
	阜新新邱一号立井	新建	阜新	60 万吨	1954~1958
	阜新海州露天矿	续建	阜新	300 万吨	1950~1957
	抚顺西露天矿	改建	抚顺	采煤 300 万吨	1953~1959
洗煤	抚顺龙凤矿竖井	改建	抚顺	洗煤 90 万吨	1953~1958
	抚顺老虎台矿	改建	抚顺	洗煤 80 万吨	1953~1957
	抚顺胜利矿刘山竖井	改建	抚顺	洗煤 90 万吨	1953~1957
	抚顺东露天矿	新建	抚顺	油母页岩 700 万立方米	1956~1961
石油	抚顺第二制油厂	改建	抚顺	页岩原油 70 万吨	1956~1959
电力	阜新热电站	扩建	阜新	15 万千瓦	1951~1958
	抚顺电站	扩建	抚顺	15 万千瓦	1952~1957
	大连热电站	扩建	大连	2.5 万千瓦	1954~1956
钢铁	鞍山联合钢铁厂	改建	鞍山	铁 250 万吨、钢 320 万吨、钢材 250 万吨	1952~1960
	本溪钢铁厂	改建	本溪	铁 110 万吨	1953~1957
有色	抚顺铝厂 1~2 期	改建	抚顺	铝锭 3.9 万吨、铝 0.12 万吨	1952~1957
	杨家杖子钼矿	新建	杨家杖子	钼矿 4700 吨	1956~1958
机械	沈阳第一机床厂	新建	沈阳	车床 4000 台	1953~1955
	沈阳风动工具厂	改建	沈阳	各种电缆 3 万吨	1952~1954
	沈阳电缆厂	改建	沈阳	各种风动工具 2 万台/554 吨	1952~1954
	沈阳第二机床厂	改建	沈阳	各种机床 4497 台/1.6 万吨	1955~1958
船舶	大连造船厂	扩建	大连	—	—
	渤海造船厂		锦州	—	—
军工	112 厂（沈飞）	扩建	沈阳		
	410 厂		沈阳		

资料来源：宋冬林.东北老工业基地资源型城市发展接续产业问题研究 [M].北京：经济科学出版社，2009.

四、过渡时期国家投资重点的转移与产业结构的适应性调整

进入 20 世纪 80 年代，中国东南沿海地区成为国家投资和政策供给的重点区域，同时，经济运行机制的市场取向也逐渐成为政策设计的主流倾向。区域发展背景的转换使东北"过重"的产业结构对市场机制一时难以适从，东北区域经济发展遇到了前所未有的困难。为了与新的经济体制相适应，东北三省于20 世纪 80 年代启动了发展轻工业、改造传统工业的适应性调整进程。整个 80 年代区域改造资金的投入力度居全国之首，此时段仅辽宁省的改造投资即占全国总值的 1/10 左右。同时，"六优先"政策的实施使区域工业轻重比例关系失

调的状况得到缓解，但是，东北地区这一期间结构调整效果并不理想。由于新兴部门成长缓慢，导致工业部门结构没有发生实质性变化，区域竞争力也没有得到实质性提升，区域工业体系依然维持着以物资消耗高、运输量大和污染严重的资源型及资金密集型产业为代表的传统工业为主导的格局，而附加值高的知识及技术密集型行业未得到充分发展。到 1986 年全省固定资产投资共 323 亿元，其中基本建设投资 161.1 亿元，技术改造投资 161.9 亿元。技术改造投资中石油化工占 32.8%，冶金占 18.1%，机械占 14.7%，电力占 11.6%，煤炭工业占 9%。基本建设投资中能源建设占较大比重，石油开采占 20.7%，电力占 18.1%，煤炭占 12.4%。在此期间，乡镇工业发展迅速。1987 年全省乡镇及农村工业产值为 181.4 亿元，占全省工业产值的 20.2%。乡镇工业结构特点也是以重工业为主的重型结构，重工业比重为 67%。矿产、建材开采和机械加工是乡镇工业的支柱产业。

五、经济转型时期区域封闭的逐步打破与产业结构的升级

计划经济时期国家在东北地区投入了大量的资源，东北相应地成为功能相对完整的经济区。功能的相对完整使得东北地区呈现出立足于区域循环的封闭性特征，也为开放背景下区域的市场开拓造成了一定的限制。

20 世纪 90 年代后，随着东北亚区域经济合作的展开，东北地区的开放力度加大，外向型经济有了一定程度的发展，区域封闭发展的格局逐步打破。到 2002 年，辽宁进出口总额占 GDP 的比重为 35.5%，吉林为 15.0%，黑龙江为 10.0%。可见，进入 90 年代，外资已经成为拉动东北地区经济增长的重要因素。外向型经济的发展也为东北地区产业结构优化升级提供了压力和动力，一些市场前景广阔的高新技术产业成长迅速。因此，整个 90 年代东北地区产业结构调整的效果明显好于 80 年代。

辽宁省是东北老工业基地的重要核心区，除原有的沈阳—抚顺—鞍山—本溪重工业区外，还出现了以机械、化工为主的旅大工业区，以煤炭、化工等为主的辽西走廊工业区。辽宁工业的发展在整个东北地区发展中占有举足轻重的地位。2003 年中央确定实施东北等老工业基地振兴战略，一系列政策陆续出台。随着国家"一带一路"和京津冀协同发展战略的实施，辽宁的区位优势在东北三省中得到极大凸显，面临着优势的产业发展环境。为了更好地了解辽宁经济发展特征和规律，需要对整个东北老工业基地的发展过程予以总结。

第二节　区域经济发展的主要特征

一、总体特征

2015 年，辽宁省地区生产总值达到 2.87 万亿元，人均地区生产总值超过 1 万美元，一般公共预算收入达到 2125.6 亿元，固定资产投资达到 1.76 万亿元。三次产业结构由 2010 年的 8.8 : 54.1 : 37.1 调整到 2015 年的 8.3 : 46.6 : 45.1。科技创新力度加大，突破了一批重大关键技术。消费对经济增长的贡献加大。民营经济投资比重提高到 73.4%，民营经济增加值比重达到 68%。

（一）经济增长过程

辽宁省虽然不是人口大省，但经济发展水平却一直高于全国，特别是改革开放初期，辽宁省人均 GDP、工业化水平、城镇化水平都比全国平均水平高出一大截。

从 GDP 总量来看（见表 4-2），辽宁 GDP 虽然不断增长，从 1980 年的 281 亿元增加到 2014 年的 28626.6 亿元，扣除物价，年平均增长速度为 9.97%。经济持续高速增长了 30 多年。但 GDP 增长率存在年际波动（见图 4-1），从 2000~2007 年，GDP 增长率不断上升，2008~2010 年呈 "U" 形分布，2010 年以后快速下降。从具体数值来看，按照当年价格计算，2001~2005 年，GDP 平均增长率是 11.16%；2006~2010 年，平均增长率是 13.74%；2011~2014 年，平均增长率为 7.98%。从人均 GDP 来看，呈递增态势，"十一五" 期间（2005~2010 年）年平均增长率为 10.69%，大大高于 "十二五" 期间（2010~2014 年）的年平均增长率 8.04%，辽宁省面临着新的经济衰退压力。1980 年，辽宁省人均 GDP 曾是全国平均水平的 1.75 倍，2005 年曾降到 1.34 倍，到 2014 年则缓慢上升到 1.40 倍，东北振兴任重道远。

表 4-2　辽宁省典型年份 GDP 及人均 GDP

单位：亿元，元，%

年份	辽宁 GDP	辽宁 GDP 占全国	辽宁 GDP 增长指数	辽宁 GDP 增长指数比全国	辽宁人均 GDP	辽宁人均 GDP 与全国的比
1980	281.0	6.17	109.2	1.01	811	1.75
1985	518.6	5.74	113.3	1.00	1413	1.64
1990	1062.7	5.66	100.9	0.97	2698	1.63
1995	2793.4	4.57	107.1	0.97	6880	1.36

续表

年份	辽宁 GDP	辽宁 GDP 占全国	辽宁 GDP 增长指数	辽宁 GDP 增长指数比全国	辽宁人均 GDP	辽宁人均 GDP 与全国的比
2000	4669.1	4.68	108.9	1.00	11177	1.41
2005	8047.3	4.33	112.7	1.01	19074	1.34
2010	18457.3	4.51	114.2	1.03	42355	1.39
2014	28626.6	4.50	105.8	0.99	65201	1.40

资料来源：《辽宁省统计年鉴》(2015)、《中国统计年鉴》(2015)。

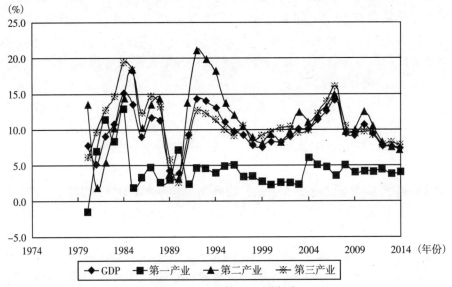

图 4-1　辽宁省 GDP 增长率

资料来源：《辽宁省统计年鉴》(2015)。

从各产业的增长率来看（见图 4-1 和表 4-3），第一产业增长速度在"十五"到"十二五"期间基本保持稳定，第二产业在"十一五"期间的增长率要高于"十二五"期间的增长率，第三产业增长率变动特点与第二产业基本相

表 4-3　各产业的平均增长速度

单位：%

时段	GDP	第一产业	第二产业	第三产业	人均 GDP
"十五"时期（2001~2005 年）	11.23	7.61	11.95	11.44	11.03
"十一五"时期（2006~2010 年）	13.98	5.09	16.68	12.72	13.24
"十二五"时期（2011~2015 年）	9.03	4.59	9.43	9.37	8.83

资料来源：《辽宁省统计年鉴》(2015)。

同，但增长速度的减幅小于第二产业。

（二）投资

2014 年，辽宁省全年固定资产投资（不含农户）24426.8 亿元，比 2013 年下降 1.5%。其中，建设项目投资 19125.5 亿元，增长 4.3%；房地产开发投资 5301.3 亿元，下降 17.8%。在建设项目中，新建项目投资 15083.2 亿元，增长 6.8%；改扩建项目投资 3359.7 亿元，下降 3.5%。由此可见：第一，几乎各项投资都在下降，市场信息不足，靠投资拉动基本上行不通；第二，房地产开发投资在各种投资中的下降幅度最大，辽宁省城镇化扩张和房地产开发的黄金时代已经过去。

具体到各产业的投资来看，辽宁省在 2014 年第一产业投资 476.4 亿元，比上年增长 6.4%；第二产业投资 10350.8 亿元，增长 0.6%；第三产业投资 13599.6 亿元，下降 3.2%。固定资产投资中三次产业构成为 2.0：42.3：55.7。可见，只有第一产业的投资有一定增长，第二产业基本持平，而第三产业出现下降。在结构上，还是第三产业投资占一半以上，第一产业投资最少，因为整个省的投资出现下降。

从企业控股类型来看，2014 年辽宁省国有及国有控股企业完成投资 5683.8 亿元，占固定资产投资的比重为 23.3%；民间投资 17377.4 亿元，所占比重为 71.1%；港澳台及外商投资控股 1365.6 亿元，所占比重为 5.6%。民间投资所占比重最高，而港澳台及外商投资所占比重最低。可见，经济转型和市场转轨已经开始。

在基础设施投资方面，2014 年辽宁基础设施投资 4746.1 亿元，比 2013 年增长 8.3%。其中，铁路运输业投资 214.0 亿元，增长 79.2%；道路运输业投资 671.3 亿元，下降 8.5%；水上运输业投资 413.1 亿元，增长 45.3%；水利管理业投资 224.5 亿元，增长 46.7%；公共设施管理业投资 2180.6 亿元，增长 7.5%。铁路运输增长最高，源于高铁等大的投资项目的拉动。

（三）对外贸易

国际贸易是实现区域经济增长和区域产业结构升级的重要途径。近年来，辽宁省的外贸依存度由 40% 以上逐渐降低到不足 25%（见表 4-4），这说明两个问题：第一，和全国其他地区相比，特别是与东南沿海地区相比，辽宁省的外贸竞争力在下降，这是辽宁省老工业基地振兴乏力的原因之一；第二，和全国的总体情况相似，辽宁省也从出口导向型增长方式向内需拉动型增长方式转变。

表 4-4　辽宁省外贸依存度变化

指标 \ 年份	2005	2006	2007	2008	2009	2010	2011	2012	2013	2014
进出口总额（亿美元）	410	484	560	724	629	807	960	1040	1143	1139.6
GDP（亿元）	8047	9305	11164	13669	15213	18457	22227	24846	27213	28627
美元兑人民币	8.101	7.809	7.387	6.850	6.810	6.622	6.610	6.250	6.070	6.245
外贸依存度（%）	41.3	40.6	37.0	36.3	28.2	28.9	28.5	26.2	25.5	24.9

资料来源：《辽宁省统计年鉴》（各有关年份）。

　　2014 年，辽宁省进出口总额 1139.6 亿美元，比上年下降 0.5%。其中，出口总额 587.6 亿美元，下降 9.0%；进口总额 552.0 亿美元，增长 10.5%。在进出口总额中，分贸易方式看，一般贸易进出口总额 635.5 亿美元，占 55.8%；加工贸易进出口总额 367.1 亿美元，占 32.2%。分经济类型看，国有企业进出口总额 311.8 亿美元，占 27.4%；私营企业进出口总额 331.3 亿美元，占 29.1%；外商投资企业进出口总额 485.8 亿美元，占 42.6%。分商品类型看，在出口总额中，机电产品出口 219.9 亿美元，钢材出口 76.5 亿美元，农产品出口 53.4 亿美元，高新技术产品出口 51.2 亿美元，船舶出口 18.0 亿美元；在进口总额中，机电产品进口 159.8 亿美元，原油进口 137.0 亿美元，农产品进口 59.4 亿美元，高新技术产品进口 48.9 亿美元。从进出口的增长速度来看（见表 4-5），辽宁省在 2006~2010 年的平均增长率均为 10% 以上，无论是进出口总额还是单项，都高于 2011~2014 年的增长率。可见，辽宁省对外贸易形势严峻。

表 4-5　进出口的平均增长速度

单位：%

对外贸易	2006~2010 年	2011~2014 年
进出口总额	14.5	5.90
进口额	16.4	4.81
出口额	13.0	7.11

资料来源：《辽宁省统计年鉴》（2015），未扣除物价。

　　辽宁在国际贸易区域方面，2014 年对亚洲出口 360.7 亿美元，占出口总额的比重为 61.4%。其中，对东盟出口 113.6 亿美元，对日本出口 95.9 亿美元，对韩国出口 53.9 亿美元。全年对欧洲出口 89.6 亿美元，所占比重为 15.2%，其中，对欧盟出口 75.5 亿美元，对俄罗斯出口 11.8 亿美元。全年对北美洲出口 73.7 亿美元，所占比重为 12.5%，其中对美国出口 65.4 亿美元。全年对拉丁美洲出口 35.8 亿美元，所占比重为 6.1%。全年对非洲出口 16.9 亿美元，所占比重为 2.9%。年末全省对外贸易国家（地区）213 个。

辽宁在利用外资方面，2014 年实际利用外资 274.2 亿美元，比 2013 年下降 5.6%。其中，第一产业实际利用外资 4.0 亿美元，占 1.5%；第二产业实际利用外资 141.9 亿美元，占 51.7%；第三产业实际利用外资 128.3 亿美元，占 46.8%。在实际利用外资中，制造业实际利用外资 130.2 亿美元，占 47.5%；房地产业实际利用外资 49.9 亿美元，占 18.2%；交通运输、仓储和邮政业实际利用外资 21.1 亿美元，占 7.7%；信息传输、计算机服务和软件业实际利用外资 13.3 亿美元，占 4.9%；租赁和商务服务业实际利用外资 10.4 亿美元，占 3.8%。在合同签订方面，全年对外经济合作新签合同 192 份，新签合同额 28.1 亿美元，比上年增长 1.6%；完成营业额 26.4 亿美元，增长 11.2%。2014 年共核准对外直接投资企业 222 家，全年对外劳务合作派出人员 1.7 万人次。

（四）"三驾马车"对经济增长的贡献

表 4-6 给出了各年份中三大消费对 GDP 增长的贡献。从中可以看出，辽宁省经济增长主要靠投资，但近年有所减小；最终消费的贡献在增加；货物和服务净流出的贡献很小，甚至为负。

表 4-6　三大需求对典型年份生产总值增长的贡献率和拉动

单位：%

年份	资本形成总额		最终消费支出		货物和服务净流出	
	贡献率	拉动（百分点）	贡献率	拉动（百分点）	贡献率	拉动（百分点）
2000	56.8	5.1	35.1	3.1	8.2	0.7
2005	33.9	4.3	73.0	9.3	−6.9	−0.9
2010	39.6	5.6	71.7	10.2	−11.3	−1.6
2011	41.3	5.0	70.4	8.6	−11.7	−1.4
2012	42.2	4.0	71.5	6.8	−13.7	−1.3
2013	41.6	3.6	69.3	6.0	−10.9	−0.9
2014	47.4	2.8	38.3	2.2	14.3	0.8

资料来源：根据辽宁省有关年份统计年鉴计算。

二、产业发展的总体态势

（一）三次产业的此消彼长

图 4-2 描述了新中国成立以来辽宁省三次产业结构演变。

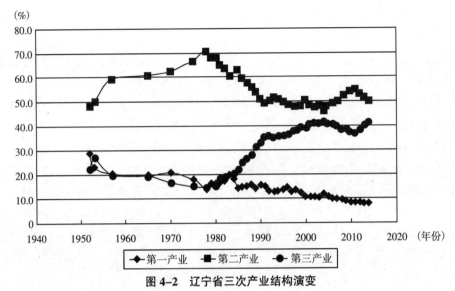

图 4-2　辽宁省三次产业结构演变

资料来源：《辽宁省统计年鉴》(2015)。

1. 第一产业

整体来看，辽宁省第一产业所占 GDP 比重有一小段时间的上升，之后逐年下降。具体来看，1980~1983 年基本呈逐渐上升趋势，自 1994 年后逐年下降，到 2013 年达到最小。所占比重从 1983 年的 19.9%下降到 2013 年的8.6%。因此，从整体上来看，农业在辽宁经济总量中所占比重及其地位不断下降。

2. 第二产业

在 1980~2013 年的 30 多年里，第二产业占 GDP 的比重先经历持续下降的阶段，之后保持稳定。具体来看，第二产业比重在 1980 年为最大值，占比为 68.4%，一直到 1994 年，这一比重还处在 50%以上。因此，在这些年里，第二产业对辽宁省 GDP 具有最重要的作用。之后这一比重基本上持续下降，即使中间一些年份有小幅度的反复。但从 2002 年开始，第二产业比重又开始缓慢上升，到 2011 年达到最高点（55.2%），之后又缓慢下降。这是因为，虽然第二产业的比重整体上在下降，但是其在国民经济中的主导地位仍然不可撼动。

3. 第三产业

第三产业占 GDP 的比重一直在上升，前期上升较快，中期比较稳定，后期有所下降。1980~1992 年，呈不断快速上升趋势，除 1993 年和 1994 年略有下降，1995~2004 年，这一比重又开始不断上升，达到其最高比重 42.1%。从

2005 年至 2010 年，第三产业所占比重呈现略微下降趋势。

4. 三次产业结构的演变

从三次产业产值比重整体变化趋势来看，辽宁省产业结构的变化趋势基本符合工业现代化进程的要求，第一产业所占比重逐渐减小，第二产业所占比重先增加后减少，第三产业的比重逐步增大，辽宁已经处在工业化的中后期。但从图 4-2 可以看出，在各个阶段，第二产业所占比重均是最高的，产业结构具有时间的稳定性。这种稳定的产业结构对产业结构转型和升级造成了较大的压力。

（二）专业化水平分析

省内产业结构专业化水平能够反映各市某产业在全国的比较优势，是判断产业结构竞争力的重要标志。这里我们引用于淑艳（2012）的研究成果，剖析辽宁省产业结构的专业化水平。

1. 专业化水平分析方法——区位商

区位商是用以衡量某地区某一部门专业化水平的系数。计算公式为 $Q = h/H$，其中，h 为某地区某一部门产值（或劳动力）在本地区比重，H 为全国同一部门在全国的比重。$Q > 1$ 表示该部门生产除满足本地需要外，还可提供给其他地区，因此为该地区的专业化部门，Q 值越大，专业化水平越高。这里采用劳动力指标。

2. 辽宁制造业部门区位商分析

辽宁 1995 年、2001 年、2005 年、2007 年、2009 年五个时间截面的制造业部门的区位商如表 4-7 所示。

表 4-7 辽宁制造业部门区位商

制造业部门 \ 年份	1995	2001	2005	2007	2009
食品加工业	0.6548	0.9282	0.8643	0.8579	0.734
食品制造业	0.6467	0.5754	0.4962	0.6165	0.5727
饮料制造业	0.6597	0.5528	0.5619	0.638	0.7954
烟草加工业	0.213	0.177	0.3767	0.3627	0.5707
纺织业	0.6403	0.6664	0.3446	0.2943	0.2852
服装及其他纤维制品制造业	1.063	0.7636	0.8256	0.7566	0.7287
皮革、皮毛、羽绒及其制造业	0.567	0.7255	0.3711	0.3089	0.1925
木材加工业	0.6886	0.9249	0.8292	0.8387	0.4721
家具制造业	0.6891	0.6492	1.3653	1.2895	0.7442
造纸及纸制品业	1.0212	0.9168	0.7751	0.5786	0.4868

续表

年份 制造业部门	1995	2001	2005	2007	2009
印刷业、记录媒介的复制	0.7718	0.4673	0.7118	0.66	0.7120
文教体育用品制造业	0.4728	0.299	0.2135	0.1735	0.2029
石油加工及炼焦业	1.6055	1.5949	2.9982	2.9869	4.4678
化学原料及化学制品制造业	1.0107	1.0593	1.1465	1.2119	1.1986
医药制造业	0.8860	0.6901	0.6616	0.9137	1.25
化学纤维制造业	0.8764	0.8902	1.0166	0.9268	0.7
橡胶制品业	1.2638	1.3943	1.1389	1.105	0.9319
塑料制品业	1.0145	0.8408	0.6261	0.5652	0.4139
非金属矿物制品业	1.2383	1.081	0.6895	0.8214	0.6122
黑色金属冶炼及压延加工业	1.7849	2.4235	2.4731	2.7244	3.6485
有色金属冶炼及压延加工业	0.9692	1.1452	1.2057	1.0158	0.8729
金属制品业	1.3451	0.9756	1.0687	0.9533	0.9633
普通机械制造业	1.5303	1.3974	1.6136	1.5818	1.6648
专用设备制造业	1.1847	0.9824	1.3157	1.2715	1.7393
交通运输设备制造业	1.0278	1.1664	1.3699	1.3749	1.6002
电器机械及器材制造业	1.3231	1.081	0.9298	0.8529	0.6626
电子及通信设备制造业	0.6887	0.6428	0.5297	0.5066	0.5059
仪器仪表及文化办公用机械制造业	1.021	0.6705	0.7976	0.8213	0.9096

资料来源：于淑艳. 产业结构调整与区域经济发展研究——以辽宁为例［M］. 北京：经济科学出版社，2012.

为了分析辽宁制造业构成，将制造业按专业化系数（区位商）的大小分成四类：

第一类：Q 大于 1，属于该类的产业部门有黑色金属冶炼及压延加工业、石油加工及炼焦业、化学原料及化学制品制造业、普通机械制造业、交通运输设备制造业。其中，黑色金属冶炼及压延加工业的区位商接近或大于 2。专用设备制造业和橡胶制品业虽然个别年份的区位商小于 1，但接近 1，因此，我们把这两个部门也归为这一类。

第二类：Q 由大于 1 到小于 1，该产业部门有服装及其他纤维制品制造业、造纸及纸制品业、塑料制品业、非金属矿物制品业、金属制品业、电器机械及器材制造业、仪器仪表及文化办公用机械制造业。这几大部门在 20 世纪 90 年代中期以前，区位商均大于 1，到中后期逐渐小于 1，说明伴随着产业结构的升级，传统制造业的比重开始下降，产业构成逐步向高级化转变。但电器机械及器材制造业、仪器仪表及文化办公用机械制造业等技术专业化水平较高部门比重的下降，也说明在产业结构转换过程中，辽宁技术含量高的产业正面临着严峻的挑战,竞争力在逐年丧失。

第三类:Q 由小于 1 到大于 1,该产业部门有家具制造业、医药制造业和有色金属冶炼及压延加工业。

第四类:Q 小于 1,除了上述部门以外的其他制造业,主要包括食品、纺织、木材加工、皮革、皮毛、羽绒及其制造业、印刷业、记录媒介的复制、文教体育用品制造业等。

综合三次产业结构和制造业构成分析,可以得到以下结论:

第一,辽宁专业化部门仍以机械、冶金、化工等投资大、耗能高等重化工业为主,2009 年,重工业占工业总产值的比重高达 80.7%。作为老工业基地,重化工业为辽宁及全国经济发展做出了巨大贡献。然而,由于体制、机制、结构等因素影响,重化工业曾普遍面临着技术含量低、耗能高、产品不适应市场等诸多问题。"十一五"时期,辽宁加快了国有大中型企业的改组改造,装备制造、冶金、石化等工业支柱产业优势增强。以基础制造装备、重大成套装备、交通运输装备和配套产品制造为主体的先进装备制造业基地和以高端冶金产品、新型石化产业、新型建材为主要内容的高加工度原材料基地初步形成,产业集群建设势头强劲,但产业结构转换难度仍然较大。

第二,技术专业化水平较高的部门发展缓慢,产业结构优化进程迟缓。在制造业构成中,一般认为电器机械及器材制造业、电子及通信设备制造业、仪器仪表制造业等技术专业化水平较高,然而,通过区位商分析,辽宁这三个部门的区位商却呈逐年下降趋势,其中电子及通信设备制造业的专业化系数在 2009 年仅为 0.5059,说明在激烈的市场竞争中,辽宁技术创新仍然乏力,科技资源优势没有转化成创新能力优势。

第三,辽宁产业结构层次较高,在区域分工中具有一定的结构优势。应该发挥产业发展的比较优势,通过技术创新提高产业竞争力,实现从制造业大省向制造业强省的转变。

(三)产业结构调整和优化

1. 第一产业调整方向

首先,要加快发展县域经济和现代农业,加强农业综合生产能力的建设。巩固千万亩水稻生产全程机械化、千万亩设施农业建设成果,启动千万亩经济林建设工程。在保证现有耕地面积保有量不被缩减的基础上,充分加强偏远地区荒地、闲置耕地的使用,保证农业用水充足,提高农业灌溉用水的有效利用率。另外,要严格控制农业化学品的质量,积极发展畜禽标准化生态养殖,加强动植物疫病防控,实施优质粮食、水果、蔬菜工程,不断加强畜牧业标准化、规模化建设,发展大连、营口、锦州等地区的水产养殖特色产业,稳步提高肉蛋奶、水产品、林木产品的产量，并要确保农产品保质保量地满足市场要求。加强抗寒抗旱措施，保证农产品在遇到不正常和极端天气时可以尽量减少损失，建设旱涝保收高标准农田。提高农产品进入市场的速度，缩短农林牧渔业产品进入市场的周期与时间。

其次，要提升农业产业化经营水平。实施农业建设"龙头企业"带动工程，大力培育现代农业经营主体，通过招商引资、政策扶持，推动一大批农业龙头企业快速提高层次、扩大规模，带动生产基地和种养农户扩大上下游产品加工的联合与协作。

最后，要加强农业科技创新能力和基础设施建设。加大科技投入，深入实施科技特派行动，强化现代农业产业技术体系。提高农业社会化服务水平，建立完善的农业标准体系、公益性农业技术推广体系、农产品质检体系和动植物防疫体系。加强农业创新工程建设，加强资源整合，推进良种培育，加快发展现代种植业。

2. 第二产业调整方向

辽宁工业基础雄厚，要放远眼光，以抢占工业发展制高点为目标，推动传统产业加快发展、产业集聚发展，全面提高工业核心竞争力和综合实力。但是，辽宁省第二产业仍存在经济效益低、科技含量不高、竞争力弱等问题。因此，应把工业结构优化升级作为发展现代产业体系和调整产业结构的重点。

第一，要建设先进装备制造业基地，兼并重组和淘汰落后产能，按照"严禁新增产能、优化存量产能、淘汰落后产能"的原则，充分利用国际金融危机形成的倒逼机制，积极推进产能过剩行业调整，坚决遏制重复建设。以科技创新为引领，以国家重点建设工程为依托，重点发展基础制造装备、重大成套装备和交通运输装备，大幅提高配套产品制造水平，培育一批在国际上有影响力、在国内同行业中有竞争力、具有自主知识产权的龙头企业和企业集团，建设具有国际竞争力的先进装备制造业基地。

第二，建设高加工度原材料基地。以控制总量、集群发展、产业链延伸为原则，将规模扩张转变为效益扩张，积极建设原材料工业基地，使其朝专业化、大型化、一体化的方向发展，提高产业加工深度和集中度，拉长产业链，着力优化产品结构，增强国际竞争力，打造辽宁高端冶金产品制造业、新型石化产业、高科技建材产品加工强省形象。

第三，做大做精轻型工业、加工产业，以市场为导向，强化技术创新作用。将创新资源引向企业，打造区域自主品牌，推进产品和市场创新，扩大内需，升级消费结构，实施标准和知识产权战略，使辽宁拥有具有核心技术和自主知识产权的标准。积极培育龙头企业，加强管理创新，提高企业财务资金、人力资源、市场营销和战略规划等关键环节的管理效率和水平。改造家电、化纤、纺织、造纸等行业的技术水平，使产业集群朝着科技含量高、品牌优势明显的方向发展，提高产业的竞争力。

第四，加快发展新兴产业。充分发挥辽宁省基础优势，在新能源、新材料、电子信息领域加强产学研融合、支持和引导，积极研发核心技术，选择最有条件的产业，加快培育成为先导性、支柱性产业，建设国家战略性新兴产业基地。从企业、行业和区域各个层面，促进信息化与工业化的全方位、多层次、高水平融合。加快利用信息技术改造提升传统产业，制定并实施鼓励物联网发展的政策，催生新型产业产生和快速发展。

第五，发挥辽宁省建筑业基础优势，打造建筑业强省形象。实施引进战略、重组战略、优化战略和"走出去"的政策，做大做强建筑业。培养资质等级高、施工力量强的专业化建筑企业队伍，不断加大力度扶持建筑装饰、建筑幕墙钢结构、设备安装等领域的优势建筑企业，并支持集设计、采购、施工和管理于一体的综合型工程集团建设，积极发展绿色建筑，不断提高建筑业的综合竞争力。

3. 第三产业调整方向

随着全国经济的发展，并按照历史上区域经济发展中产业的不断更迭与变化，第三产业在国民经济增长中的作用越来越重要。但是，一直以来辽宁省第三产业的比重相对较小，总体规模不大，第三产业发展程度低，甚至没有形成真正意义上的"第三产业"。在现有的第三产业内部，产业结构不尽合理，无法满足和配合第一、二产业的发展需要。因此，第三产业的调整方向是拓展新领域、发展新业态、培育新热点，推进服务业规模化、品牌化经营，加强服务业重大项目建设，提高服务业在国民经济中的比重。

第一，要完善第三产业门类，加深全省对第三产业的认识。目前，辽宁省第三产业与社会相结合的程度很低，人们对第三产业的认识仅仅停留在快递、餐饮娱乐、旅游住宿等浅显的认知层面，没有将第三产业的发展放在经济发展的重要位置。而在西方发达国家，第三产业早已经是国家发展的主导和支柱产业，第三产业的发展程度决定了一个地区的经济发展程度。因此，要加大力度发展第三产业，尤其是现代化物流仓储、计算机软件服务、科学研发、金融保险、银行证券、会计税务、电子商务、设计咨询、管理咨询、广告文化以及法律服务等行业的专业化发展，强化全省对第三产业的认识深度，加快发展与第一、二产业相配套的第三产业发展，形成全面的服务业体系。鼓励企业专业化发展，对其他非核心业务进行剥离，加快辽宁省第三产业的迅速发展。

第二，充分发挥辽宁地理、历史资源的优势，发展旅游、文化产业。辽宁处在东北亚中心位置，自然风光优美，历史悠久，但还没有形成整体旅游优势，在国人心中没有很深刻的整体印象。辽宁具有历史悠久的朝阳古化石博物馆、沈阳故宫、鞍山佛教灵地、铁岭二人转等丰富的文化资源，还有丹东朝鲜特色旅游区，大连沿海城市风景秀丽的海滨旅游线路，辽西北东北乡土民情旅游资源，以及沈阳作为东北核心的商贸区等地理优势平台，再加上沈阳、大连72小时内过境免签政策，成为辽宁旅游业快速发展强有力的突破口。旅游业的快速发展还可以带动房地产、交通、邮政、物业、零售等产业的快速发展。因此，要大力发展旅游业，打造辽宁整体旅游品牌，建设大批各具特色的旅游产业集群和度假基地，鼓励发展配套产业，形成具有辽宁省特色的整套旅游服务产业。

第三，加速生活服务类第三产业发展。重点实施物流工程，加强第三方物流发展，完善物流配送体系，在沈阳、大连、营口等重点领域实施专项物流，建设区域物流中心，加快沿海地带、沈大经济圈以及锦州、阜新、朝阳三大物流产业带的发展，构建物流信息共享平台，积极推进物流新技术和物流标准化进程。加快发展银行、保险、证券等各类机构，建立健全现代金融服务体系，建设沈阳、大连区域金融中心和铁岭北方金融后台服务基地。培育壮大物联网、计算机软件、研发设计、检验检测等领域的高技术服务业，建设沈阳、大连国家高技术服务产业基地。发展家政服务、养老服务和病患陪护等家庭服务业，加快发展社区、邮政等服务业，规范家庭服务体系。

第四，制度创新，培养第三产业可以发展的沃土。东北地区的市场环境以及政策体制与南方地区有很大差别，这与东北人浓郁的传统气息，天生保守、求稳定的性格有关系，不同于南方开放、自由、充满冒险的环境。但是，要大力发展经济，发展第三产业，一定要放宽准入门槛，打破保守顽固的制度体系，建立公平、透明、自由的市场制度，不断探索适应新型服务业动态发展的管理方法。进一步打破垄断，鼓励和帮助个体、私营资本以多种多样的方式进入辽宁各行各业发展，降低外资参与经济发展的门槛，推进其对省内体育、文化、邮政、科研、互联网、软件行业的参与。[1]

(四) 辽宁省各市产业结构对比

（1）各市的第一产业比重如图4-3所示。从各市第一产业占GDP的比重

---

[1] 陈爱嵩. 辽宁省产业结构调整与主导产业选择研究［D］. 大连交通大学硕士学位论文，2014.

变化来看，大部分市的第一产业随着时间的变化呈现下降的态势。各市第一产业的比重差别较大，沈阳、大连、鞍山、抚顺、本溪、辽阳、盘锦的第一产业占 GDP 的比重在辽宁省相对较低，而其他市所占比重较高，尤其是在后期阜新、铁岭、朝阳的第一产业比重仍然占据较高的水平。从下降幅度来看，营口、辽阳第一产业比重下降较快，盘锦、葫芦岛下降较慢。而沈阳、鞍山、抚顺、本溪从 2010 年到 2015 年，第一产业比重还有上升的态势。

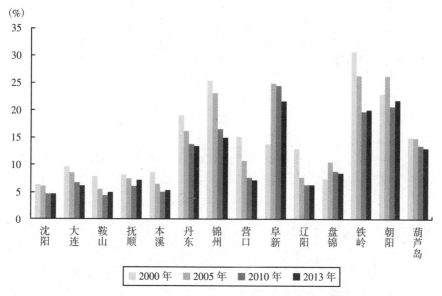

图 4-3　辽宁省各市第一产业增加值占 GDP 比重及其变化

资料来源：辽宁省有关年份统计年鉴。

（2）第二产业所占比重如图 4-4 所示。从中可以看出，辽宁各市第二产业占 GPD 的比重年际间变化较小，比重基本稳定，只有铁岭、朝阳、丹东比重上升较快，而且各市间的比重差距也不大。盘锦的比重最高，阜阳、锦州、丹东稍小，其他城市第二产业比重基本相当。

（3）第三产业所占比重如图 4-5 所示。从中可以看出，除了盘锦之外，其他城市第三产业占 GDP 的比重较高，基本在 30% 以上，但是随着时间的变化，沈阳、抚顺、阜新、辽阳、朝阳的第三产业比重有下降态势，而鞍山、营口、盘锦则有上升态势，其他城市虽然有升降，但变动幅动不大。

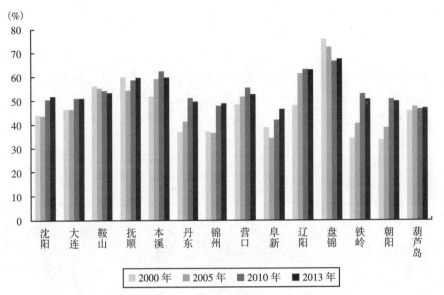

图4-4 辽宁省各市第二产业增加值占 GDP 比重及其变化

资料来源：辽宁省有关年份统计年鉴。

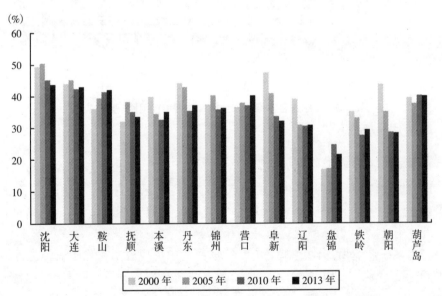

图4-5 辽宁省各市第三产业增加值占 GDP 比重及其变化

资料来源：辽宁省有关年份统计年鉴。

第三节 辽宁省产业发展评价与转型升级

一、辽宁产业结构发展现状特点

产业结构作为投入与产出的转换器，其发展水平直接决定了一个地区经济发展的速度和效益。产业结构的演进往往成为推动经济总量持续扩张的基础因素，是一个国家和地区经济发达程度和经济竞争力强弱的反映。

2015年，辽宁地区生产总值28743.4亿元，比上年增长3.0%。其中，第一产业增加值2384.0亿元，增长3.8%；第二产业增加值13382.6亿元，下降0.2%；第三产业增加值12976.8亿元，增长7.1%。三次产业增加值占地区生产总值的比重由上年的8.0∶50.2∶41.8调整为8.3∶46.6∶45.1。人均地区生产总值65521元，比上年增长3.1%，按年均汇率折算为10520美元。

运用相似判别法，通过相似系数的计算，对2013年辽宁产业结构发展状况进行比较分析。从计算结果可以看出，2013年辽宁省与下中等收入国家产业结构相似度最高，产业结构相似系数达到0.983（见表4-8），表明现阶段辽宁老工业基地的产业结构水平只相当于下中等收入国家的水平。从三次产业产值比重的数据来看，2013年，辽宁第一产业的产值比重接近上中等收入国家的水平；第二产业的产值比重过高，比重为52.7%，是高收入国家比重的2倍，甚至比下中等收入国家43%的比重还高将近10个百分点；第三产业的产值比重偏低，比重为38.7%，与高收入国家72%的数据相比有着较大差距。

表4-8 辽宁省产业结构水平国际对比

不同类型国家（地区）	各产业产值比重（%）			产业结构相似系数
	第一产业	第二产业	第三产业	
辽宁	8.6	52.7	38.7	1.000
低收入国家	20	28	51	0.893
下中等收入国家	12	43	45	0.983
上中等收入国家	6	31	63	0.887
高收入国家	2	26	72	0.827

资料来源：不同国家的三次产业数据来源于 The World Bank（World Development Report，2008）。

二、辽宁产业结构变化特征

（一）第二产业呈现加速发展态势，重工业仍占优势地位

从产业结构看，辽宁第一、二、三产业增加值占生产总值比重由 2004 年的 12.0∶45.9∶42.1 调整为 2013 年的 8.6∶52.7∶38.7。振兴东北战略实施 10 年后，辽宁老工业基地第一产业比重降低了 3.4 个百分点，第二产业比重增加了 6.8 个百分点，第三产业比重降低了 3.4 个百分点。可以看出，在国民生产总值中第一产业所占比重不断下降，但最近五年稳定在 9% 的水平，在经济中的基础地位基本不变。随着振兴战略的实施，第二产业发展重新注入活力，平均增长速度达到 16.7%，所占比重明显上升，超过 50%。第二产业的快速发展体现了东北振兴战略的政策推动绩效，老工业基地焕发了生机和活力，企业快速成长壮大。另外，由于沿海经济带开发开放、沈阳经济区建设等战略的实施，辽宁吸引了国内外大量的工业投资，拉动了产值的快速增长。

由于国家战略实施的需要，辽宁并未遵循工业发展的一般规律，初始建立、发展的并不是轻工业项目和产业，而是实施"优先发展重工业"的战略，围绕 24 项苏联援建重点项目，辽宁超常规地建设发展重化工业项目及其产业。按照霍夫曼理论，随着一个国家或地区工业化程度的不断加深，霍夫曼系数会呈现不断下降的趋势。即霍夫曼系数越小，重工业化程度越高，工业化水平也就越高。随着产业结构的调整升级，辽宁的霍夫曼系数也呈现不断下降的趋势，由 2004 年的 0.293 降低至 2013 年的 0.264。

对照霍夫曼所划分的工业化四个阶段的系数标准[①] 来看，辽宁的霍夫曼系数明显偏低。如果仅从 2013 年辽宁的霍夫曼系数来看，辽宁已经进入工业化的第四个阶段，即高度工业化阶段。但从辽宁产业发展实践来看，传统制造业与资源类加工产业仍旧是辽宁地区经济发展的重要驱动力。2013 年，辽宁全部工业增加值构成中，农产品加工业占比 20.2%，石化工业占比 17.1%，冶金工业占比 16.4%，由此可以看出，辽宁产业发展的"高度"明显不够，与数据表征的高工业化阶段不相适应。

（二）第三产业相对滞后，对经济增长的贡献率有待提升

随着经济结构调整力度的加大、社会需求的变化以及政策、资金和人力等方面的投入，2004 年以后辽宁第三产业获得了较大的发展，年均增长率达到

[①] 纪玉山，代栓平. 霍夫曼理论适合中国的工业化模式吗？——兼议新型工业化道路中的重化工业发展路径 [J]. 吉林大学社会科学学报，2007，47（2）.

14.3%。第三产业增加值由 2004 年的 2812.0 亿元增加到 2014 年的 11956.2 亿元。但从第三产业产值比重来看，却呈现不断下降的趋势，所占比重长期没有高于 40%，2014 年也才达到 41.77%（见表 4-9）。

表 4-9　改革开放以来辽宁省三次产业对经济增长的贡献率

单位：亿元，%

年份	生产总值	产业结构			三次产业对 GDP 增长的贡献率		
		第一产业	第二产业	第三产业	第一产业	第二产业	第三产业
1995	1062.7	14.04	49.76	36.20	8.6	55.7	35.7
2000	4669.1	10.78	50.21	39.01	-2.0	65.4	36.6
2005	8047.3	10.97	48.08	40.95	6.5	53.0	40.5
2010	18457.3	8.84	54.05	37.11	4.7	62.1	33.2
2014	28626.6	7.98	50.25	41.77	2.8	47.9	49.3

资料来源：《辽宁省统计年鉴》（2015）。

（三）第二产业的比较劳动生产率不断上升，但产业间的劳动生产率呈现进一步扩大的趋势

从三次产业的比较劳动生产率数据来看，辽宁第二产业的比较劳动生产率最高，第三产业次之，第一产业最差。振兴东北老工业基地战略实施后，辽宁第二产业的比较劳动生产率呈不断上升趋势，表明第二产业产值增加值的比重增加幅度快于就业比重的增加幅度。这种现象在一定程度上反映了辽宁工业结构调整取得了一定成效，第二产业冗余劳动力流向第三产业，致使第二产业的比较劳动生产率出现上升趋势。而第三产业比较劳动生产率的上升则比较缓慢，这一方面表明第三产业在吸收第二产业转移的劳动力和解决就业问题方面起主导作用，另一方面也反映出长期以来辽宁金融、信息和中介服务等现代服务业竞争力不强，第三产业的发展很大程度上依赖零售贸易、餐饮等传统服务业，而传统服务业内部存在一定的劳动力饱和，所以比较劳动效率呈下降态势。

从大量发展中国家的发展实践来看，随着一个国家或地区产业的不断发展和产业结构的调整，三次产业间的比较劳动生产率差距会呈现不断缩小的趋势。从图 4-6 中可以看出，自 1980 年以来，辽宁三次产业间的比较劳动生产率的差距不仅没有缩小，反而呈现出进一步扩大的趋势。第二产业与第一产业比较劳动生产率的差距由 1980 年的 7.34 倍增加到 2014 年的 28.66 倍；第三产业与第一产业比较劳动生产率的差距由 1980 年的 5.13 倍增加到 2014 年的 11.77 倍。与此同时，第二产业劳动生产率对第三产业劳

动生产率也从 1980 年的 1.43 倍扩大到 2014 年的 2.43 倍。

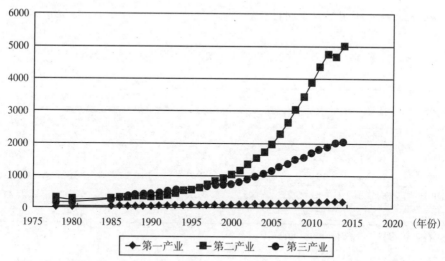

图 4-6　改革开放以来三次产业劳动生产率的变化（GDP 指数，以 1952 年为 100）
资料来源：《辽宁省统计年鉴》（2015）。

（四）劳动力由第一产业向第三产业转移，第三产业就业主渠道地位明显

从就业结构的视角看，按照克拉克的相关理论，随着一个国家或地区人均收入水平的提高，劳动力首先由第一产业向第二产业转移，当收入水平进一步提高时，劳动力便向第三产业移动。1984 年，辽宁人均国内生产总值达到 216.67 美元时，第二产业首次成为辽宁就业的主渠道。1999 年辽宁人均国内生产总值达到 1816.61 美元时，第三产业从业人员比重首次超过第二产业，成为辽宁就业的主渠道。

从 2004~2012 年辽宁三次产业从业人员数据来看，各产业从业人员的分布由 37：25：38 变为 29：27：44。第一产业从业人员的份额持续下降，而且下降的幅度较大，从 37% 下降到 29%，但仍高于同期第二产业的就业份额。非农产业从业人员的比重持续上升，从 2004 年的 63% 上升至 2012 年的 71%。其中，第二产业从业人员比重基本稳定在 27% 左右；第三产业从业人员比重持续上升，从 2004 年的 38% 上升到 2012 年的 44%。可以看出，自 2004 年以来，大量剩余劳动力从第一产业转移到第三产业，并推动第三产业的发展。总体来看，三次产业就业结构的变动基本符合产业结构演进规律。

（五）从国家层面看辽宁省产业结构演变特点

辽宁省是全国重要的工业基地，下面从劳动力就业的角度，考察辽宁省优势产业的变化。以区位商大于 1 为标准，从表 4-10 可以看出，辽宁省在全国劳动分工中有优势的产业主要是原材料产业，2003~2013 年，10 年中没有太大的变化。东北振兴，转型发展，仍然任重道远。

表 4-10 辽宁省优势产业及其变化

2003 年	区位商	2013 年	区位商
石油加工、炼焦和核燃料加工业	3.19	其他采矿业	7.57
黑色金属矿采选业	3.12	石油加工、炼焦和核燃料加工业	3.30
黑色金属冶炼和压延加工业	2.54	黑色金属冶炼和压延加工业	2.92
石油和天然气开采业	2.20	有色金属矿采选业	2.07
燃气生产和供应业	1.84	农副食品加工业	1.87

资料来源：根据全国和辽宁省相关年份统计年鉴计算。

三、辽宁产业结构调整升级中存在的问题

（一）产业结构与经济发展水平偏差明显

辽宁的产业结构偏差主要表现为三个方面：

一是伴随着经济增长，产业结构逐渐优化，但仍滞后于 GDP 水平。2013年辽宁实现地区生产总值 27078 亿元，按 6.1928 的人民币兑美元年均汇率计算，全年地区生产总值达 4372.4 亿美元，人均 GDP 近 1 万美元。按照霍利斯·钱纳里提出的对应不同经济发展水平的"标准结构"中关于工业化的阶段划分标准，辽宁的经济发展已经处于工业化发展后期。但是，2013 年辽宁三次产业比例大体相当于中等收入国家的结构水平，该产业结构显示其处于工业化的中期。

二是第三产业发展滞后。第三产业所占比重是衡量产业结构发展程度的基本指标。目前，辽宁的人均 GDP 相当于发达国家水平，但自 2004 年以来，辽宁工业高位运行，而第三产业所占比重不断降低，不仅低于南方发达省市，也低于全国平均水平，呈现产业结构低度化趋势。2013 年辽宁第三产业所占比重为 38.7%，比全国平均水平（46.1%）低 7.4 个百分点，比上海（62.2%）低23.5 个百分点，比广东（53.3%）低 14.6 个百分点，比浙江（46.1%）低 7.4个百分点。

三是第一产业劳动力转移明显不足。截至 2013 年底，辽宁第一产业的产值比重降到了 8.6%，但仍有近 700 万人口滞留在第一产业，高于第二产业的

就业人口，这与辽宁以工业为主导的产业结构极不相称。

（二）第二产业内部结构不合理，产业素质不高

2013年辽宁第二产业的产值比重达到52.7%，但产业内部结构不够协调，产业结构层次较低，技术创新能力较弱，整体产业结构仍呈现低度化特征。辽宁以重化工业为主的工业结构特征仍在加深，结构刚性仍在加强。而新兴电子、通信及高新技术产业增长相对缓慢，比重较低，无法成为主导力量。初级产品加工业比重过高，如农产品加工业增加值占规模以上工业增加值的比重超过20%。在技术研发及技术引进的投入上，相对于东部沿海发达省市还有一定差距，辽宁目前只有约7%~8%的产品达到了国际先进水平，总体上大约落后于国际先进水平10年。

现有的产业结构中，装备制造与石化两大行业在辽宁工业中举足轻重，两大行业的增加值占全部工业增加值的比重达到48.6%。但长期以来，这两大行业缺乏核心技术的支撑，产品的生产以加工装配与初加工为主，生产处于该产业链的低端，产品附加值相对较低。在高端制造业方面，辽宁在一些高技术产品上自主开发的能力还比较弱，许多产品的生产技术和关键零部件长期依赖进口，部分重大技术装备及基础零部件依存度仍在提高。重大技术装备如机床控制系统、汽车发动机等，基础零部件如输变电设备制造中需要进口的部分开关、套管、纸板等零部件，国外供应企业对于这些产品在供给、价格、供货期、规格等多方面对辽宁企业采取限制，使其行业发展受制于人，约30%~70%的行业利润被进口部件吃掉。

此外，产业结构的外向度低，只有远洋船舶是大宗出口产品，其他门类出口产品所占比重都很低。2013年，辽宁出口额为645.4亿美元，占全国的比重仅为2.9%，只是广东出口额的10.1%、江苏出口额的19.6%，反映出辽宁的产业竞争力还不强，融入全球化的步伐较慢。

（三）现代服务业发展不足，市场化程度低

2004年以后，辽宁的第三产业获得了快速发展，对经济增长的贡献率也逐年提升。如果将交通运输业、批零业、住宿及餐饮业记为传统服务业，其他产业记为新兴服务业，则发现，随着经济的快速发展和经济环境的不断变化，辽宁省服务业内部支柱行业和主导行业没有完成新的转换。传统服务业依旧是主要的增加值来源，直到2005年以后新兴服务业的增加值才略高于传统服务业。第三产业集中于低端的劳动密集型行业，如批发零售贸易、餐饮、交通运输、仓储和邮电通信等传统服务产业发展迅速，而对产业结构优化带动明显的现代服务业特别是生产性服务业发展明显不足，如现代物流、信息服务、金融和保险等新兴服务业发展缓慢。相对于北京、

上海等服务业比较发达的城市，辽宁的金融、物流、会展、中介等服务业都存在产品不多且档次不高的情况，市场竞争力不强，无法满足第一、第二产业发展与提升的需要。

此外，辽宁省服务业市场化程度特别是对外开放程度仍然较低。以沈阳市为例，在服务业44个大行业中，除零售、商业代理、房地产代理、旅馆、旅行社、娱乐、计算机服务七个行业外，其他行业外商投资占总投资的比重都低于5%，其中20个行业的比重都在1%以下。

四、加快辽宁产业结构转型升级的主要策略

路径依赖使得一个地区一旦符合规律地选择了某个产业，无论以后它的区位因素是否更具有比较优势，发展该种产业是否更有效率，都很难从这种最初的选择中摆脱出来。因此，辽宁在产业结构调整过程中，应打破已经无效率的路径依赖。同时，要营造新的集聚因子，做好"增量调结构"，从而形成新的产业发展层次与格局。

(一) 提升传统优势产业的层次与素质

作为辽宁经济发展的重要支柱，装备制造业应向信息化、高技术化发展，原材料工业应向深加工度、高附加值发展，提高产业的丰厚度。要以高端化、集群化为方向，着力发展基础制造装备、重大成套装备和交通运输装备，切实提高配套产品的制造能力和水平，大力推进企业联合重组和产学研结合，推动生产型制造向服务型制造的转变，着力打造世界级的、具有国际竞争力的先进装备制造业基地。要立足于辽宁省钢铁、石化等资源和技术优势，按照控制总量、淘汰落后、集群发展、产业链延伸的总体要求，推进原材料工业向基地化、大型化、一体化方向发展，着力优化产品结构，拉长产业链，提高产业集中度和产品的加工深度。

(二) 加快培育战略性新兴产业

发挥高新技术对产业发展的支撑和带动作用，应重点加强新能源、新材料、软件和服务外包、节能环保、先进装备制造、生物制药、航空航天等新兴潜力产业的发展。以辽宁新兴行业中的重点企业和重点项目为支撑，建立以企业为主体、产学研结合的自主创新体系，建立面向行业的工业技术研究院以及以领军企业为主、产学研联盟的技术研发核心基地等，集中力量突破核心和关键技术，开发自主知识产权的产品和技术标准，以技术创新支撑新兴产业的发展。同时加大品牌培育和开发力度，引导产业优化升级，提高产业的市场竞争力。要注重培育一批技术优势明显、创新能力突出的新兴产业龙头企业，打造一批产业特色鲜明、上下游配套完善的新兴产业集群，加快实现新兴产业的规

模化、集群化。

（三）大力发展现代服务业

辽宁老工业基地产业结构调整升级过程中，必须以生产性服务业发展为突破口和支撑点。作为辽宁的支柱产业，装备制造与石化产业是生产性服务业发展的基础和源泉。辽宁生产性服务业的发展过程中，应该围绕装备制造与石化两大产业的发展，逐渐实现产业结构由工业主导向服务业主导的转变，而不能脱离辽宁现有的工业基础与优势单纯地发展所谓的服务业。辽宁省应该以汽车制造、装备生产、石化、电子机械等几大龙头产业为轴心，鼓励有条件的制造业企业向服务业延伸，发展生产性服务业。应加大对制造业前期的研发、设计，中期的管理、融资和后期的物流、销售等服务的投入，促进辽宁省重装机械、石化设备、船舶制造、汽车制造、电子通信设备等产业与信息、金融、保险、物流等现代生产性服务业的融合。辽宁省发展生产性服务业还应该充分发挥沈阳、大连这两个中心城市的作用，制定和实施相应的产业政策和区域政策，促进专业化分工和相关生产性服务企业向中心城市的相对集中。①

---

① 邢军伟. 实施振兴战略后辽宁老工业基地产业结构调整升级研究[J]. 科技促进发展，2015，11 (4).

第五章　基础产业及其布局

辽宁省的基础产业包括农业、海洋产业、交通运输和物流业、能源和生态环保产业等。

第一节　农业

一、农业总体状况

辽宁省是中国著名的工业大省，同时也是一个农业大省，农业生产力发展水平在中国居领先地位。从传统农业发展观来看，辽宁省的农业布局分为四大农业区，包括滨海农业区、中部平原农业区、东部山区农业区和西部低山丘陵农业区。滨海农业区包括大连、营口、丹东、盘锦、锦州、葫芦岛6地市以及一些邻海区域，主要农作物为水稻、玉米等，并盛产水果、花生、柞蚕、水产品。中部平原农业区包括沈阳、辽阳、鞍山3市和铁岭大部、阜新和锦州部分县（市），该区是全省粮食主产区和畜牧业生产的重点地区，主要农作物有玉米、水稻、高粱、大豆等，主要畜产品包括猪肉、牛肉、禽蛋等，在省内占重要位置。东部山区农业区包括抚顺、本溪2市和铁岭、丹东、鞍山部分地区，该区主要是林业、山地农业，森林面积占全省一半以上。西部低山丘陵农业区包括朝阳、葫芦岛市和阜新县、义县等，主要盛产棉花、向日葵、芝麻、白梨、大枣等，畜产品产量和商品量均在全省占重要位置。这为辽宁省区域经济中工业和农业的协调发展提供了可靠的条件。

二、农业生产

表5-1反映了辽宁省农业及其内部结构的变化。

2014年，辽宁省农林牧渔业总产值4498.4亿元。其中，农业增加值1734亿元，林业增加值152亿元，畜牧业增加值1718亿元，渔业增加值700亿元，农林牧渔服务业增加值 195 亿元。

表 5-1　农业及其内部结构的变化

单位：亿元，%

年份	农林牧渔业总产值（亿元）	农业内部结构（%）				
		种植业	林业	牧业	渔业	农林牧渔服务业
1980	73.5	75.65	3.40	17.96	2.99	0.00
1985	118.1	63.17	3.56	26.50	6.77	0.00
1990	273.8	59.72	2.41	27.57	10.30	0.00
1995	691.8	55.32	1.86	29.78	13.04	0.00
2000	967.4	47.91	2.04	31.45	18.61	0.00
2005	1671.6	38.29	2.66	38.08	18.35	2.62
2010	3106.5	36.71	2.66	40.90	15.81	3.93
2014	4498.4	38.55	3.39	38.18	15.56	4.32

资料来源：根据《辽宁省统计年鉴》（2015）计算。

　　辽宁省以多种形式加快农村经济专业化、产业化、集约化步伐，努力把农产品资源优势转化为商品优势，传统农业正在迅速向现代化农业转变。从 1980 年到 2014 年的 30 多年时间里，辽宁省农业结构发生了很大的变化。

　　20 世纪 80 年代初，农业的主要部门只有种植业（即威弗组合指数 Weaver-Thomas index[①] 为 1，下同），其他部门都很小很弱，农林牧渔服务业几乎为零，当时的熵多样化指数（Entropy index，简称 E 指数)[②] 为 0.4600。1985 年，农业主要部门增加到两个，即种植业和牧业，此时的熵多样化指数为 0.5866。2000 年，农业的主要部门达到三个，即种植业、牧业和渔业，此时的熵多样化指数为 0.7694。此后一直保持这种结构，即辽宁省的农业部门越来越多样化，结构越来越合理，抵御自然灾害的能力越来越强。

　　1. 农作物播种

　　表 5-2~表 5-5 反映了辽宁省农作物播种的变化。从全省来看，2014 年辽宁省粮食作物播种面积 3235.1 千公顷，其中，玉米播种面积 2330 千公顷，水稻播种面积 562 千公顷。全年经济作物播种面积 327.7 千公顷，其中，油料作物（主要是花生）播种面积 314 千公顷，蔬菜播种面积 473.7 千公顷。从各市来看，2014 年总播种面积最多的是沈阳市，为 648 千公顷，其中粮食作物播种面积 485 千公顷；其次是铁岭市，为 579 千公顷，其中粮食作物播种面积 473 千公顷；阜新市和朝阳市总播种面积都为 486 千公顷；锦州市也超过了 400 千公顷，为 450 千公顷。

①② 吴殿廷主编. 区域分析与规划教程［M］. 北京：北京师范大学出版社，2008.

表5-2 辽宁省农作物播种面积及其变化

单位：千公顷，%

年份	农作物总播种面积	其中			占总播种面积比重		
		粮食作物	经济作物	其他作物	粮食作物	经济作物	其他作物
1980	3914.8	3221.1	392.1	301.5	82.3	10.0	7.7
1985	3705.8	2889.5	532.3	283.9	78.0	14.4	7.6
1990	3618.9	3121.6	204.9	292.4	86.3	5.7	8.1
1995	3623.7	3030.9	210.4	382.4	83.6	5.8	10.6
2000	3622.0	2858.6	248.0	515.4	78.9	6.8	14.2
2005	3801.0	3179.7	199.4	421.9	83.7	5.2	11.1
2010	4184.9	3179.3	380.8	624.8	76.0	9.1	14.9
2014	4164.1	3235.1	327.7	601.3	77.7	7.9	14.4

资料来源：根据辽宁省有关年份统计年鉴计算。

表5-3 辽宁省粮食播种面积及其变化

单位：千公顷，%

年份	粮食作物	播种面积占比							
		水稻	小麦	玉米	高粱	谷子	薯类	大豆	其他杂粮
1980	3221.1	11.97	1.27	43.97	17.33	5.90	1.32	14.68	3.56
1985	2889.5	16.62	0.41	41.46	14.42	7.27	2.50	13.60	3.72
1990	3121.6	17.40	3.61	43.75	12.65	5.42	2.36	11.18	3.61
1995	3030.9	15.59	5.65	50.07	10.17	3.39	3.38	9.01	2.74
2000	2858.6	17.13	4.11	49.76	6.60	3.04	5.85	10.56	2.96
2005	3179.7	16.92	0.67	65.31	3.39	2.72	2.93	5.82	2.23
2010	3179.3	21.31	0.24	65.83	2.22	2.42	2.52	3.88	1.59
2014	3235.1	17.37	0.18	72.02	1.72	1.91	2.65	3.29	0.85

资料来源：辽宁省有关年份统计年鉴。

表5-4 辽宁省经济作物播种面积及其变化

单位：千公顷，%

年份	经济作物面积	播种面积占比							烟叶	其中
		棉花	油料	其中			麻类	甜菜		#烤烟
				花生	芝麻	向日葵（籽）				
1980	392.1	9.82	77.33	24.87	3.14	43.25	6.50	2.83	2.45	2.22
1985	532.3	7.35	84.07	47.29	17.41	14.60	0.51	2.57	3.49	1.90
1990	204.9	9.32	61.05	38.07	2.29	18.40	0.88	10.98	12.69	9.91
1995	210.4	14.73	62.64	44.72	6.70	10.46	0.38	14.35	7.89	6.37
2000	248.0	2.94	80.44	57.58	0.56	11.37	0.28	6.65	7.42	6.73
2005	199.4	1.15	82.40	70.51	2.61	7.92	0.03	0.75	8.07	7.57

续表

年份	经济作物面积	播种面积占比								
		棉花	油料	其中			麻类	甜菜	烟叶	其中
				花生	芝麻	向日葵(籽)				#烤烟
2010	380.8	0.11	91.23	87.29	0.39	3.15	0.00	0.29	2.86	2.57
2014	327.7	0.03	95.82	93.24	0.06	1.73	0.00	0.63	3.52	3.30

资料来源：辽宁省有关年份统计年鉴。

表5-5 2014年辽宁省各地区粮食播种面积

单位：千公顷

地区	农作物总播种面积	粮食作物	其中							
			水稻	小麦	玉米	高粱	谷子	薯类	大豆	其他杂粮
全省	4164	3235	562	5.8	2330	55.6	61.9	85.7	106.4	27.5
沈阳	648	485	112	1.4	347	1.4	0.5	10.7	9.9	2.3
大连	323	272	27	0.1	189	0.7	1.7	19.6	33.6	1.2
鞍山	252	211	36	0.1	168	0.5	0.2	1.3	4.9	0.2
抚顺	127	98	21		72	0.1	0	2.3	3.2	0.3
本溪	58	50	9		36	0.1	0.6	1.6	2.5	0.3
丹东	204	161	50	0.1	100	0.3	0.1	4.1	6.2	0.6
锦州	450	358	29	0	306	7.4	1.8	4.2	7	2.3
营口	110	94	44		46	0.6	0.4	0.7	1.8	0.3
阜新	486	311	4	0.1	280	5.4	5.9	1.2	10.2	5
辽阳	159	137	47		86	0.1	0	2.2	1.3	0.2
盘锦	144	127	106		16	0.1			4.8	
铁岭	579	473	60	0.2	389	0.3	0.2	12	9.6	1.6
朝阳	486	374	0	1.5	309	14.3	34.2	3.9	3.8	7.8
葫芦岛	248	193	7	0	163	1.4	2.6	11.5	7.1	0.9

资料来源：《辽宁省统计年鉴》(2015)。

2. 农林牧渔业生产

蔬菜及食用菌产量3090.1万吨，下降2.6%。水果产量870.6万吨，下降8.5%。全年猪、牛、羊、禽肉产量429.2万吨，比上年增长2.1%（见表5-6）。其中，猪肉产量240.3万吨，增长2.8%；牛肉产量42.8万吨，下降1.2%；羊肉产量8.9万吨，增长9.9%；禽肉产量130.6万吨，增长2.0%。全年禽蛋产量280.1万吨，比上年增长1.2%；生牛奶产量131.2万吨，增长8.5%。年末猪出栏2839.4万头，比上年末增长1.9%；存栏1558.8万头，下降4%。水产品产量（不含远洋捕捞）515.7万吨，比上年增长2.1%。其中，淡水产品产量

表5-6 辽宁省各地区畜产品产量

地区	肉类总产量（万吨）	猪肉	其中		奶类（万吨）	其中 #牛奶	绵羊毛（吨）	山羊毛（吨）	羊绒（吨）	禽蛋（万吨）	蜂蜜（吨）
			牛肉	羊肉							
全省	429.2	240.3	42.8	8.9	134.5	131.2	14977.4	2530.9	1062.6	280.1	706.3
沈阳	102.0	46.7	18.6	1.4	51.8	51.7	1398.0	106.5	6.3	79.7	15.0
大连	81.4	34.4	4.4	1.1	5.8	5.4	19.5	359.9	182.0	3.4	7.4
鞍山	68.7	19.4	3.0	0.7	1.8	1.8	61.7	398.6	180.1	40.4	6.0
抚顺	16.3	6.4	1.7	0.4	6.3	6.3	26.7	104.1	95.6	9.2	24.9
本溪	10.1	4.4	1.1	0.4	0.3	0.3	7.9	255.7	114.4	5.0	17.4
丹东	35.1	11.1	1.6	0.5	2.9	2.8		292.2	171.1	15.3	149.7
锦州	68.5	44.8	6.6	1.1	27.4	26.5	2327.7	1.0	0.3	63.5	142.3
营口	22.2	7.2	1.0	0.7	1.0	1.0	30.5	282.0	137.2	16.9	14.0
阜新	54.3	29.5	4.9	4.4	30.6	30.5	5982.8			21.6	67.8
辽阳	11.5	6.8	0.8	0.2	0.9	0.9	17.0	113.2	13.4	8.5	13.6
盘锦	22.3	8.9	0.5	0.04	1.5	1.5	4.1	0.4		10.3	
铁岭	107.5	49.6	19.8	1.5	14.9	14.4	287.5	298.1	38.3	20.9	36.8
朝阳	73.6	31.2	10.6	3.4	19.1	19.0	3891.0	18.7	18.6	60.8	97.4
葫芦岛	50.1	32.3	2.4	1.5	4.7	4.6	922.9	300.6	105.2	20.9	114.2

资料来源：辽宁省统计局．辽宁统计年鉴（2015）[M]．北京：中国统计出版社，2015.

96.0 万吨，增长 2.2%；海洋捕捞 130.7 万吨，增长 1.8%；海水养殖 289.0 万吨，增长 2.3%。

从全省来看，2014 年辽宁省粮食总产量 1753.9 万吨，比上年减产 441.7 万吨（见表 5-7）。其中，水稻产量 451.5 万吨，下降 10.9%；玉米产量 1170.5 万吨，下降 25.1%。全年油料产量 63.7 万吨，比上年下降 44%。

表 5-7　2014 年辽宁省各地区粮食产量的对比

地区	粮食（万吨）	其中							其他杂粮
		水稻	小麦	玉米	高粱	谷子	薯类	大豆	
全省	1753.9	451.5	2.8	1170.5	28.0	17.4	53.5	22.3	8.0
沈阳	359.9	97.1	0.5	251.0	1.1	0.1	7.1	2.5	0.5
大连	110.2	17.5	0.1	81.3	0.3	0.2	6.0	4.7	0.1
鞍山	118.2	26.1	0.0	90.3	0.2	0.0	0.5	0.9	0.0
抚顺	52.4	12.6		37.1	0.0	0.0	1.8	0.7	0.1
本溪	24.0	5.5		17.0	0.1	0.1	0.9	0.4	0.0
丹东	100.8	37.2	0.0	60.2	0.1	0.0	2.1	1.1	0.1
锦州	190.4	22.6	0.0	160.3	3.0	0.3	2.8	1.2	0.1
营口	67.1	42.1		23.4	0.4	0.1	0.6	0.4	0.1
阜新	186.3	2.3	0.0	174.6	3.3	2.3	0.9	2.4	0.4
辽阳	91.5	37.5		52.1	0.0	0.0	1.5	0.3	0.0
盘锦	112.5	97.3		13.6	0.1			1.6	
铁岭	346.0	44.8	0.0	280.6	0.2	0.1	16.0	4.2	0.1
朝阳	176.8	0.0	1.1	155.7	7.4	8.9	2.1	0.4	1.3
葫芦岛	44.7	3.0	0.0	34.5	0.2	0.2	6.1	0.7	0.0

资料来源：辽宁省统计局.辽宁统计年鉴（2015）[M].北京：中国统计出版社，2015.

北部平原区粮食单产多在 8000 千克/公顷以上，是本省的高产区；辽宁中部平原南部粮食单产多在 7000~8000 千克/公顷，是中高产区；辽东山区和辽东半岛粮食单产在 6500 千克/公顷左右，是中产区；辽西低山丘陵粮食单产多在 6000 千克/公顷以下，是低产区。

从各市农林牧渔产品产量来看（见表 5-8），在棉花产量上，朝阳最高，大连其次，然后是沈阳、营口，其他城市产量很小。在油料产量上，阜新最高，之后依次是铁岭、沈阳、锦州，其他城市很小。在肉类产量上，铁岭最高，之后依次是沈阳、大连、锦州。在猪牛羊肉产量上，铁岭最高，沈阳其次。在奶类产量上，沈阳最多，其次是阜新、锦州。在牛奶产量上，沈阳最高，其次是阜新、锦州等。因此，从各类产量来看，沈阳基本都占优势。

表 5–8　2013 年辽宁省各市农林牧渔产品产量比较

指标名称	沈阳	大连	鞍山	抚顺	本溪	丹东	锦州	营口	阜新	辽阳	盘锦	铁岭	朝阳	葫芦岛
棉花（吨）	10	17	0	0	0	0	0	5	0	0	0	0	963	4
油料（吨）	14.6	2.1	1.6	0.4	0.2	1.2	11.6	0.04	58.5	0.4	0.02	15.6	1.9	5.5
肉类（万吨）	105.9	81.6	69.2	18.4	11.4	35.2	73.6	22.3	50.5	13.0	22.0	113.4	63.0	50.0
猪牛羊肉（万吨）	69.1	39.6	23.1	8.9	6.2	12.3	55.4	9.1	35.0	8.7	9.1	70.8	38.7	34.9
奶类（万吨）	50.9	7.8	1.9	7.0	0.6	3.1	27.9	1.2	32.2	1.2	2.4	20.8	18.2	4.8
牛奶（万吨）	50.8	6.7	1.9	7.0	0.6	3.0	26.9	1.2	32.0	1.2	2.4	18.5	18.1	4.8

资料来源：辽宁省统计局. 辽宁统计年鉴（2014）[M]. 北京：中国统计出版社，2014.

从各市的粮食产量来看（见表 5–9），2013 年水稻产量较高的城市主要是沈阳、盘锦，其次是铁岭、辽阳、营口、丹东。小麦产量较高的是朝阳、沈阳。玉米产量较高的是铁岭、沈阳、阜新、朝阳。高粱产量较高的是朝阳、锦

表 5–9　2013 年辽宁省各市粮食产量比较

单位：万吨

地区	水稻	小麦	玉米	高粱	谷子	薯类	大豆	其他杂粮
沈阳	94.0	0.6	275.6	1.4	0.3	7.9	3.5	0.2
大连	17.4	0.1	122.5	0.2	0.3	10.6	8.7	0.6
鞍山	28.3	0.0	109.7	0.3	0.1	0.7	1.3	0.1
抚顺	12.5	0.0	50.5	0.1	0.0	1.9	0.9	0.1
本溪	5.5	0.0	21.7	0.1	0.1	0.0	0.5	0.1
丹东	37.1	0.0	55.4	0.1	0.0	2.1	1.1	0.1
锦州	27.9	0.1	214.5	5.2	0.5	3.3	1.9	0.3
营口	38.9	0.0	28.0	0.3	0.1	0.3	0.3	0.1
阜新	3.5	0.0	235.8	4.4	2.0	0.8	2.8	1.2
辽阳	40.9	0.0	58.6	0.1	0.0	1.6	0.4	0.1
盘锦	96.8	0.0	11.5	0.1	0.0	0.0	1.7	0.0
铁岭	46.0	0.4	316.7	0.5	1.5	2.5	1.6	0.0
朝阳	0.0	1.3	222.4	9.8	9.5	3.2	1.4	3.3
葫芦岛	6.1	0.0	110.4	0.8	0.7	8.3	1.8	0.2

资料来源：辽宁省统计局. 辽宁统计年鉴（2014）[M]. 北京：中国统计出版社，2014.

州、阜新。谷子产量较高的是朝阳、铁岭、阜新。薯类产量较高的是大连、葫芦岛、沈阳。大豆产量较高的是大连、沈阳、阜新。

3. 农业基础设施

农村水、路、电、气等与农民生产生活息息相关，能直接带动农民就业，促进农民增收。

辽宁省实施农业饮水安全工程建设，解决了133万人的饮水安全问题。农网完善工程、县域电网改造工程改善了县域用电紧张的状况。农村公路网路基改造和黑色路面建设工程全面启动。推广农村户用沼气工程，新增农村沼气用户5万户。

4. 农业科技推广和机械化

表5-10反映了辽宁省农业机械化装备情况，一些主要指标如机耕面积、有效灌溉面积、化肥施用量等不断增加。此外，2013年，辽宁省五大作物良种覆盖率达到98%，实施测土配方施肥面积4004.7千公顷，化肥施用量（折纯）151.8万吨。2013年末，农业机械总动力（不包括渔船）2650万千瓦，比上年末增长4.9%。

表5-10　辽宁省农业机械化装备情况

年份	机耕面积（万公顷）	有效灌溉面积（万公顷）	其中#机电提灌	机电提灌面积占有效灌溉面积比重（%）	化肥施用量（万吨）实物量	折纯量	农村小型水电站个数（个）	装机容量（千瓦）	农村售电量（亿千瓦小时）
1980	208.4	76.0	59.6	78.4	298.4	—	57	10469	23.8
1985	187.7	72.4	59.7	82.5	273.4	70.9	75	—	29.3
1990	236.3	105.9	51.6	48.7	301.1	81.4	116	94123	51.3
1995	246.3	120.4	94.0	78.1	334.5	103.1	120	134721	81.6
2000	290.9	144.1	106.9	74.0	334.6	109.4	119	148000	103.5
2005	297.9	152.7	104.1	68.2	354.2	119.9	146	384200	153.3
2010	342.0	153.8	108.7	70.7	403.4	140.1	169	395488	359.5
2014	381.9	147.4	—	—	433.7	151.6	185	519243	433.1

资料来源：辽宁省统计局.辽宁统计年鉴（2015）[M].北京：中国统计出版社，2015.

三、粮食作物分布

辽宁省粮食作物品种主要有玉米、水稻、高粱、谷子、大豆、小麦和薯类，除此之外还有少量其他杂粮。新中国成立后，农业资源利用逐步趋向合理，注重因地制宜和扬长避短，辽宁的粮食作物结构也发生了较大变化。高产作物水稻、玉米比重增大，而传统主导作物高粱和谷子急剧减少，大豆比重相对稳定。

粮食作物地域差异的最基本因素是资源条件，包括气候、土壤、地形等，另外传统种植习惯也十分重要。辽宁省在粮食作物品种方面存在一定的区域差异，下辽河平原（辽河三角洲）主要以水稻为主；辽北漫岗平原主要以玉米、大豆为主；东部山地河谷主要以玉米为主，水稻和大豆次之；辽西走廊地区玉米、高粱比重比较大，大豆次之；辽西半干旱和半湿润地区则以玉米、谷子和杂粮为主。上述分布受到了粮食作物差异的因素影响。朝阳地区谷子播种面积占据 6.4%，在全省中最大，主要因为谷子耐旱，生长期较短，抗逆性较强。东部山区的河谷地土壤肥沃，气候湿润，降水充沛，水资源条件较好，宜发展喜水、喜肥作物玉米和水稻。辽北漫岗平原地区土壤肥沃，降水适中，宜发展玉米和大豆，同吉林和黑龙江两省的玉米、大豆带连片，构成东北地区的玉米、大豆带。下辽河平原地势低洼，水资源条件较好，具有发展水稻的优势。

四、主要经济作物分布

辽宁省的经济作物主要有棉花、甜菜、油料和烤烟等，随着轻纺、食品工业的发展和人民生活水平的提高，这些作物均有很大发展。

（一）棉花

根据影响棉花生长发育的气候和土壤条件，辽宁棉花种植主要分布在距海 50~120 公里的弧形区域内，大致空间范围包括朝阳、锦州的大部分县（市）和辽阳、营口、沈阳的一部分县。本区热量丰富，降雨适中，光照充足，适宜发展棉花生产，有宜棉耕地约 30.7 万公顷，约占全省宜棉耕地的 80% 以上，是辽宁省的主要产棉区。其他地区如朝阳北部地区、阜新地区和铁岭的康平、法库等县有少量分布。

（二）甜菜

甜菜是在辽宁种植历史较短的经济作物，20 世纪 50 年代末 60 年代初才有较大面积的种植。辽西北地区的建平、北票、阜新、彰武、康平 5 个县（市）及辽北地区的昌图县，较适宜发展甜菜生产。其他地区如法库、开原、台安、新民等县（市）也比较适宜发展甜菜生产。

（三）油料

辽宁省的油料作物主要包括花生、向日葵和芝麻等，但地域集中性很强，主要集中在辽西地区（包括锦州、葫芦岛、朝阳、阜新），占全省油料作物播种面积的 69.4%，占全省产量的 63.4%。沈阳、铁岭的油料种植面积较广，约占全省的 13%。

（四）花生

花生是喜温作物，适宜栽培区主要在辽东半岛和辽西走廊，其中锦州的播种面积较高，占全省的 11%。随着地膜技术的发展，其地域分布随之向北推移，早熟花生品种除西北部的建平北部地区和辽东山地的东北部地区不宜生产外，多数地区只要土壤条件适宜，采用地膜技术，都可以种植。2013 年花生种植面积最广的是阜新，占全省播种面积的 49%。

（五）特色农产品

辽宁省具有独具特色的自然环境，并生产出许多具有鲜明地方特色的农产品，这些特色农产品大体上分为蚕茧、水果、中药材、海珍品和山货等乡土产品五大类。如辽东的柞蚕茧、人参、鹿茸、中草药、山楂，辽南的苹果，绥中的白梨，北镇的鸭梨，朝阳的山杏、山枣，长山列岛的海参、鲍鱼，都是长期以来饮誉国内外的特产。

五、畜牧业的地理分布

辽宁省地处欧亚大陆东岸中纬度地带，属于温带大陆季风气候，对各种类型的畜牧业生产都比较适宜。由于省内自然条件存在地域差异，各地区的牲畜类型不尽相同。绵羊主要分布在西部丘陵地区；食性广泛的山羊主要分布在东部山区；而牛的分布比较广泛。畜禽品种资源丰富，利用价值较高的国家级品种有辽宁绒山羊、庄河大骨鸡等。其他地方良种主要有东北民猪、金州马、西丰梅花鹿、铁岭挽马、大连标准水貂等。畜牧业生产的主体品种有新金猪、沈花猪、辽宁黑白花奶牛、沿江牛、复州牛、东北细毛羊等。

六、水产养殖业的地理分布

（一）淡水养殖业

辽宁省内陆水域面积约占全省土地总面积的 6.8%，全省可供养殖的水面约 206.8 千公顷。水库、池塘是养殖生产的两大重要基地，水库主要分布在辽宁省的东、北、西部，鱼类资源比较丰富。其中，重点水库渔业基地 52 处。池塘等小水面大多集中分布于辽河、浑河、太子河流域的中下游。20 世纪 80 年代以来，养鱼方式逐渐精养化和集约化，养殖面积也在逐步扩大，并建立了一些商品基地，使得淡水养殖产量每年都有大幅度的增长。

辽宁省各地的淡水渔业发展不平衡，水库养殖区多位于鸭绿江、辽河、大小凌河中上游的辽宁东部山地和南、北、西低山丘陵地区，主要包括铁岭、抚顺、本溪、阜新、朝阳、大连等市。东部山区有中国林蛙，辽西盛产甲鱼。小水面养殖区集中在沈阳、辽阳、鞍山、营口、盘锦市所属县（市），丹东市郊区，东港市和锦州市郊区及所属凌海市、北镇、黑山县以及各大中城市郊区。

（二）海水养殖业

辽宁省海域地跨黄、渤二海，有 30 多条较大河流分别注入，带来大量有机质及泥沙，是中国北方鱼、虾、蟹类产卵索饵的主要场所，这里分布有中国著名的近海渔场。辽宁省海域海洋生物种类繁多，水产资源丰富，其中浮游生物 107 种，底栖生物 280 多种，游泳生物 137 种。根据渔业生物的分区差异规律和辽宁海洋渔业生产发展的方向，全省海上增养殖区主要分布在辽东半岛、长海诸岛岸段增养殖区和辽东湾中、西部岸段增养殖区。辽东半岛、长海诸岛岸段增养殖区从碧流河口至盖州市西崴子，包括长海县、甘井子区、旅顺口区全部和金州区、瓦房店市、普兰店市、盖州市、鲅鱼圈区的沿海乡镇（场）。主要适于浮筏养殖藻类和贻贝及海珍品扇贝、鲍鱼等增养殖。目前，浮筏养殖主要集中在金州区黄海沿岸和旅顺口区，主要品种有海带、裙带菜、扇贝、贻贝等，发展潜力很大，年产量占全省 70% 以上，是辽宁重要的海珍品养殖基地。

第二节　海洋产业

海洋产业是指人类开发利用海洋资源、发展海洋经济形成的各种生产和生活事业的总和，是当今社会发展的重要增长点，世界沿海国家争相将海洋产业列入本国发展战略重点。海洋产业中的海洋水产（渔业）、海盐、油气开采、海洋交通（港口和海运）、海洋旅游和造船业等的发展与结构是否合理，对一个国家或地区海洋经济发展至关重要。辽宁海域属渤海和北黄海，海岸线总长 2920 公里，其中大陆岸线 2292.4 公里，岛屿海岸线 627.6 公里，可管辖海域面积 6.8 平方公里，是我国北方沿海地区海洋产业发展较好的区域。随着东北振兴步伐的加快，辽宁省海洋产业面临着重大的发展机遇。而随着产业结构转型，海洋经济也必将成为未来辽宁省社会经济发展的重要增长极，是可持续发展的重要战略方向。辽宁大力发展海洋经济，科学开发海洋资源，努力培育海洋优势产业，对于统筹区域发展，加快转变经济发展方式，推动辽宁老工业基地全面振兴，具有重大而深远的意义。

一、辽宁海洋经济区域发展总体概况

早在 1986 年，辽宁省委、省政府就提出了建设"海上辽宁"的战略设想，旨在通过充分利用全省海洋资源优势，培育海洋支柱产业，开辟新的经济增长领域，逐步建立与辽宁陆域经济体系相应的技术先进、结构合理的开放型海洋经济体系。"十一五"期间，辽宁省沿海港口依托东北地区腹地经济，规模持续增长，初步形成了以大连、营口港为主要港口，丹东、锦州港为地区性重要港口，盘锦、葫芦岛港为一般港口的沿海港口布局。2010 年全省港口完成货物吞吐量 6.8 亿吨，其中，集装箱吞吐量 962 万标准箱。渔港建设也得到快速发展，仅大连就有 4 座国家中心渔港和 5 座国家一级渔港投入建设，丹东、盘锦、锦州和葫芦岛等地的国家级渔港建设也逐步展开。辽河三角洲海洋经济区和辽西海洋经济区积极培育海洋油气业，大连长兴岛临港工业区、辽宁（营口）沿海产业基地（含盘锦船舶工业基地）、辽西锦州湾沿海经济区（含锦州西海工业区和葫芦岛北港工业区）、辽宁丹东产业园区以及大连花园口工业园区等功能区域格局清晰，陆海经济互动统筹开发建设迅速。

二、辽宁海洋经济产出

从海洋经济总量来看，"十一五"期间，全省海洋经济继续快速增长，对促进区域国民经济和社会发展的作用日益凸显。2006 年，海洋经济总产值完成 1468.6 亿元，同比增长 21.8%；增加值完成 831.2 亿元，同比增长 18.7%，占全省生产总值的 9%。2007 年，海洋经济总产值完成 1760.5 亿元，同比增长 19.9%；增加值完成 981.6 亿元，同比增长 18.1%，占全省生产总值的 8.9%。2008 年，全省海洋经济主要产业总产值完成 2051.4 亿元，增加值完成 1144.8 亿元，分别比上年增长 16.5% 和 16.6%。2009 年，全省主要海洋产业实现总产值 2569 亿元，同比增长 23.9%；增加值 1345 亿元，同比增长 17.7%。2010 年，全省海洋经济总产值达 3008.69 亿元，约占全国海洋经济总量的 9%，与"十五"末期相比，年均增长 19.9%；实现增加值 1611.91 亿元，年均增长 17.9%，占全省生产总值的比重由"十五"末期的 8.7% 提高到 12.1%。

从海洋产业产值来看（见表 5-11），2006 年辽宁海洋产业产值在全国占有重要地位，尤其是船舶制造业占绝对优势。此外，海洋渔业、滨海旅游业、海洋石油天然气业也占有重要的地位。在海洋产业内部结构中，海洋渔业和滨海旅游业的产值比重高，而海盐业产值比重较小。

从海洋产业产量来看（见表 5-12），2013 年造船完工量在全国占绝对优势，海洋水产品和港口吞吐量也占重要地位，而海上能源的产量在全国所占比重很低。与 2005 年相比，2013 年的海洋水产品、海水养殖、造船完工量、港口吞吐量、海洋运输量等几项有所上升，而其他指标有所下降。

表 5-11　2006 年辽宁省主要海洋产业产值、产量在全国的比重

单位：亿元，%

海洋产业	产值		
	辽宁	全国	辽宁占比
海洋渔业	546.8	4533.00	12.10
海洋石油天然气	91.5	1121.10	8.20
海盐业	5.7	94.00	6.10
船舶制造业	246.2	1145.00	21.50
港口运输业	121.4	2585.00	4.70
滨海旅游业	417.4	4706.00	8.90
其他	39.6	7036.20	0.60
合计	1468.6	21220.3	6.90

资料来源：《辽宁省统计年鉴》(2007)、《中国统计年鉴》(2007)。

表 5-12　辽宁省海洋经济主要产品产量增长

单位：万吨，万人，万美元，%

	海洋水产品	海洋捕捞	海水养殖	原油	海盐	造船完工量	港口吞吐量	海洋运输量	国际旅游人数
2005 年	364.17	152.04	212.13	18.99	212.13	279.43	29131	5582	81.45
2013 年	390.69	107.93	282.76	11.29	178.67	869	98354	13379	73.46
2013 年占全国的比重	13.01			0.25	6.66	22.64	13.0	5.92	1.95
增/减 (+/−)	+	−	+	−	−	+	+	+	−

资料来源：《辽宁省统计年鉴》(2015)、《中国统计年鉴》(2015)。

三、海洋产业结构明显优化

近年来，辽宁省海洋产业结构也发生明显变化，产业结构不断优化，产业竞争力不断增强，已形成海洋渔业、海洋交通运输业、滨海旅游业、船舶修造业、海洋化工业和海洋油气业六大海洋产业，海洋生物制药、海水综合利用等新兴产业也成为新亮点。从产业结构来看，辽宁省海洋产业中的第一、第二、第三产业结构已由 2005 年的 47.2∶22.3∶30.5 转变为 2010 年的 20∶35∶45。可见，第一产业比重下降了一半多，而第二产业和第三产业均增长了一半左

右，第三产业占将近一半。海洋结构的优化，必将带动辽宁省整个海洋产业的快速发展。

辽宁省海洋产业科技创新水平也不断提升。辽宁省从事海洋与渔业科研工作的机构和大专院校超过 50 个，科研人员接近万人，同时还组建了一批国家级和省级重点实验室及工程技术中心。"十一五"、"十二五"期间，辽宁省完成了与海洋开发和产业发展相关的国家海洋局 "908" 专项，以及国家 "863"、"973"、科技攻关、自然科学基金与省部级重大和攻关项目数百项，为促进全省及全国海洋经济健康可持续发展提供了科学依据和技术支撑。

四、海洋经济存在的问题

虽然辽宁省海洋经济取得了上述成就，但在发展过程中仍然存在着一些问题。主要表现如下：一是全省海洋经济总量尚小，在全国 11 个沿海省市中排名靠后；二是海洋新兴产业发展力不足，海洋生物制药、海水综合利用及海洋发电、潮汐能利用等产业在海洋产业总值中的比重不足 1%；三是海洋生态环境压力仍然较大，如何在开发中保护、在保护中开发仍是突出问题；四是地区发展不够平衡，除大连外，受基础条件及腹地经济制约，其他沿海城市海洋经济发展幅度不大；五是海洋技术装备相对落后，海洋油气资源开发、海洋预报和信息服务、海洋矿产资源勘探、海洋渔业资源开发和海洋农牧化等领域的技术装备大部分依赖进口。

专栏 5-1

辽宁省海洋经济总体布局及发展重点

根据沿海自然资源条件和区域的比较优势，结合国家战略部署及各地经济社会发展水平，全省海洋经济将按照围绕"一带"发展、壮大"二海"建设、统筹"双区"功能、建设十大海洋产业基地的基本思路，深入开发建设，充分发掘区域特色，调整优化区域空间结构，加强资源整合和产业互动，构建优势互补、协调发展的区域海洋经济新格局。

一、围绕"一带"发展

"一带"即辽宁沿海经济带。应发展沿海经济带区域海洋经济增长点，进一步提升大连核心地位，强化大连—营口—盘锦主轴，壮大渤海翼（盘锦—锦州—葫芦岛渤海沿岸）和黄海翼（大连—丹东黄海沿岸及主要岛屿），发展成突出的重点区域和产业集群。具体来看，一是提升大连核心枢纽和龙头拉动作用，带动区域加快发展。加快构建东北亚国际航运中心和物流中心，改造升级传统优势产业，建设先进装备制造业基地、造船及海洋工程基地、大型石化产业基地、电子信息及软件和服务外包基地；大力发展集成电路、海洋与生物工程等高新技术产业。二是强化大连—营口—盘锦主轴。加快大连长兴岛临港工业区建设，重点发展船舶制造、石油化工、机床、精密仪器仪表等，配套发展航运、物流、商贸等现代服务业，形成临港产业集群。加快营口沿海产业基地建设，重点发展先进装备制造、电子信息、精细化工、现代物流等产业，逐步建成大型临港生态产业区。加快盘锦辽滨沿海经济区建设，重点发展石油装备制造与配件、石油高新技术、工程技术服务等相关产业。依托沈大交通走廊和大连、营口、盘锦等重点城市，建设好各类国家级、省级开发区。三是扩张两翼。渤海翼：建设锦州滨海新区，重点发展石油化工、新材料、制造业、船舶修造等产业，完成锦州湾国家炼化基地和国家石油储备基地建设；加快葫芦岛北港工业区建设，重点发展石油化工、船舶制造与配套、有色金属、机械加工、医药化工和现代物流等产业；突出培育基础好、潜力大的海洋园区并形成规模。黄海翼：积极建设庄河辽宁现代海洋产业区和工业园区、花园口经济区、登沙河临港工业区、长山群岛经济区、皮杨陆岛经济区，重点发展沿海临港装备制造、新材料、石化、能源、家居制造、服装服饰、水产品增养殖和加工、旅游、现代物流等产业；发展丹东产业园区，打造以造纸产业为主导的产业集群，发展仪器仪表、物流、汽车、电子信息、纺织服装、农副产品深加工、旅游等临港产业。

二、强化"二海"开发

辽宁横跨渤海与黄海，"二海"资源的合理开发利用是发展海洋经济的重点。应根据沿海经济发展布局、海洋自然地理区位、区域生态保护、海洋交通安全和国防安全等因素，确定区域发展方向和开发重点。其中，黄海翼和北黄海沿岸是东北地区的重要出海门户，是环黄海经济圈国际合作开发的重要组成部分，在东北亚区域大系统中和东北地区次级系统中，北黄海沿岸经济带具有不可替代的区域价值。目前，沿黄海一线的庄河、普兰店、长海县、花园口经济区以及丹东市下辖的沿海区域发展态势较慢，在一定程度上制约了东北作为国家战略区域的发展进程，削弱了我国在东北亚经济圈中的影响力，不利于区域经济的协调发展。对北黄海沿岸经济带进行战略布局，努力为参与环黄海经济圈国际合作开发奠定基础，有利于迅速壮大成长为东北地区的新增长极，进而强化其在环黄海经济圈的竞争优势。

（1）丹东海域。区域滩涂资源丰富，物种资源繁多，湿地生态系统多样，是海洋经济贝类的重要生产基地和鸟类栖息的迁徙停歇地。区域内有北黄海的重要港址丹东港和鸭绿江口滨海湿地国家级自然保护区，重点发展精品渔业养殖、渔业加工、滨海旅游、海洋生物制药、港口物流等产业。

（2）大连海域。重点围绕北部黄海海域、长山群岛海域、中南部海域、北部渤海海域四个区域发展。

● 北部黄海海域，包括庄河市、花园口经济区、普兰店市、金州区的黄海海域，是我国向日韩等国际市场开放的前沿和重要支撑点，也是大连产业转移的重要方向和新兴区域增长中心，在巩固、壮大、发展现有海洋产业的同时，重点培育庄河辽宁现代海洋产业区建设，形成北部黄海海洋产业集聚群。

● 长山群岛海域，包括大长山、小长山、广鹿岛、獐子岛和海洋岛等海岛周边海域。坚持一岛一品、各具特色的原则，重点建设小长山岛国际海钓中心区、广鹿岛国际休闲会议中心、獐子岛国家海洋公园保护区、大长山岛旅游度假中心区，形成旅游避暑休闲综合区和国际旅游度假区。围绕发展现代渔业，重点建设国家现代渔业基地，大力推进海洋牧场建设，形成海岛生态旅游和休闲渔业链。合理安排海岛渔港、码头、跨海引水工程、跨海大桥、海底管线、海上交通等海岛基础设施建设用海需求，形成海岛现代化服务体系。

● 中南部海域，包括大连市直、开发区、保税区、旅顺口区和甘井子区。区内主要发展港口物流业、临海装备制造业，大连南部、旅顺沿岸以及甘井子渤海海域发展滨海旅游，羊头洼海域发展港口航运，老铁山沿岸发展海流能利用。

● 北部渤海海域，包括金州区渤海海域、普兰店渤海海域、瓦房店海域、长兴岛临港经济区。重点发展临港加工、船舶工业、海洋装备制造、海洋化工、旅游度假、盐业等产业。东岗海域发展核电工业，驼山、仙浴湾、西庙山和白沙湾海域发展海洋风能、滨海旅游、现代渔业等产业。

（3）营口海域。岸线由白沙湾至辽河口，重点发展现代物流、船舶修造、生物工程等产业，白沙湾、盖州北海海域发展滨海旅游。

（4）盘锦、锦州海域。包括盘锦和锦州沿海。辽滨、娘娘宫和锦州湾北部海域主要发展港口物流、石油装备制造、中小型船舶制造、石油化工、城镇建设等产业。锦州白沙湾海域发展滨海旅游，小凌河河口发展盐业，近海海域发展现代渔业、海上油气。

（5）葫芦岛海域。岸线由锦州湾至绥中万家辽冀海域分界线。规划

"一线八区"开发开放格局，东起打渔山园区，中经北港工业区、船舶产业区、高新技术产业园区、龙湾中央商务区、兴城临海产业区、觉华岛经济区，西至绥中滨海经济区。打造集石化、船舶、有色金属、机械加工、泵业、输配电、高新技术、仓储物流和旅游等产业于一体的沿海经济带，以利于在东北老工业基地全面振兴进程中实施辽西北突破战略。

三、统筹"双区"功能

（1）海岸基本功能区：根据沿海自然环境和自然资源特征、海域开发利用现状、环境保护及社会发展需求，划分7个类别128个海岸基本功能区。

（2）近海基本功能区：根据沿海自然环境和自然资源特征、海域开发利用现状、环境保护及社会发展需求，划分6个类别31个海岸基本功能区。

资料来源：《辽宁省海洋经济发展"十二五"规划》。

第三节　交通运输和物流业

一、概况

辽宁省交通十分发达，已形成了以铁路为骨干，港口为门户，公路四通八达，民航、海上、内河相配套的综合交通网。辽宁省拥有由铁路、公路、水运、航空和管道等多种现代化运输方式组成的发达的交通运输网。它以铁路为骨干，港口为门户，公路、水运、航空、管道为支柱，形成了综合化运输体系，对辽宁经济发展、密切省内外经济联系、促进地域分工协作和对外开放等发挥了重大作用。

表5-13反映了辽宁省货运量和客运量发展状况，除了水运客运量，绝大部分指标都有不同程度的增长。具体到2014年，各种运输方式完成货运量231743万吨，比2013年增长7.6%。其中，铁路货运量（含地方铁路）19103万吨，下降6.7%；公路货运量189174万吨，增长9.4%；水路货运量13810万吨，增长3.2%；航空货运量12万吨，增长25%。全年货物周转量12353.5亿吨公里，比上年增长2.2%。全年各种运输方式完成客运量95364万人，比上年增长2.8%。其中，铁路客运量12820万人，下降1.5%；公路客运量80789万人，增长3.4%；水路客运量542万人，增长1.5%；航空客运量1213万人，增长32.6%。全年旅客周转量1181.5亿人公里，比上年增长5.8%。全年港口货物吞吐量103675万吨，比上年增长5.4%。全年港口集装箱吞吐量1860万

标箱，比上年增长 3.4%。

2014 年末全省铁路营运里程 4899 公里，比上年末增加 24 公里，其中高速铁路 1040 公里；公路里程（不含城管路段）114504 公里，增加 4432 公里，其中高速公路 4172 公里，增加 129 公里。2014 年末民用汽车拥有量 539 万辆，比上年末增长 11.6%，其中载客汽车 437 万辆，载货汽车 80 万辆。在民用汽车拥有量中，2014 年末个人汽车拥有量 434 万辆，比上年末增长 14.8%。

表 5-13 辽宁省货运量和客运量

单位：万吨，万人

年份	2008	2009	2010	2011	2012	2013	2014
货运量合计	126939	139541	163303	190329	212957	215375	231743
铁路	17400	18262	18622	18716	17388	20484	19103
公路	92938	105088	127361	151773	174355	172923	189174
水运	9267	9651	10434	11632	12631	13379	13810
空运	10.4	9.5	10.2	8.9	9.6	9.6	12.0
管道	7323	6531	6876	8199	8573	8177	9644
客运量合计	90729	96172	102241	99328.4	104113	92629	95364
铁路	11958	13336	13298	12016.4	12018	13012	12820
公路	77510	81585	87699	86013	90650	78168	80789
水运	597	543	490	549	588	534	542
空运	664	708	754	750	857	915	1213
沿海主要港口货物吞吐量	48768	55513	67952	78374	88502	98354	103675

资料来源：《辽宁省统计年鉴》（2015）。

从 2008~2010 年和 2009~2013 年两个时间段看货运量和客运量的增长速度，可以看出，在货运量方面，总量上两个时期基本持平，铁路货运量在前一时期有一定增长，但在后一时期增长很慢，只有 0.5%。公路货运量增长较快，且后期比前期增长稍快。水运货运量也有部分增长，但后期略有下降。空运货运量前期有小幅增长，而后期有小幅下降。管道运输前期增长较快，后期虽有增长，但增长速度下降很多。在客运量方面，前期增长率较高，但后期增长率下降很快。铁路客运量后期的增长速度不敌前期。公路增长速度下降很快。水运均为负增长。空运变化稍少，增长率较高。沿海主要港口货物吞吐量在两个时期均增长较高。

二、交通运输设施发展

（一）铁路

辽宁铁路密度位居全国首位，有哈大、沈山、沈丹、沈吉、锦承、魏塔、大郑等铁路干、支线 57 条，以沈阳、锦州为枢纽向四周辐射。2001 年建成秦沈客运专线，2012 年 12 月开通哈大客运专线。至 2014 年末，辽宁铁路营运里程达到 4899 公里，密度居全国第一。

专栏 5-2

哈大客运专线

哈大客运专线是指在中国黑龙江省哈尔滨市与辽宁省大连市之间建设的高速客运专用铁路，又称哈大高速铁路，是国家"十一五"规划的重点工程，是国家《中长期铁路网规划》"四纵四横"客运专线网中京哈客运专线的重要组成部分，是中国目前在最北段的严寒地区设计建设标准最高的一条高速铁路。哈大客运专线北起黑龙江省哈尔滨市，南抵辽宁省大连市，线路纵贯东北三省，途径哈尔滨、长春、沈阳、大连 4 个副省级城市和 6 个地级市、10 个县级市和 1 个县，全长 904 公里，为双线电气化铁路，其中黑龙江省境内 81 公里，吉林省境内 270 公里，辽宁省境内 553 公里，沿途共设 23 个车站。哈大客运专线由国家发改委在 2005 年末批复立项，2007 年 8 月 23 日正式开工建设，2012 年 10 月 8 日全线试运行，2012 年 12 月 1 日正式开通运营，开通运营初期，哈大客运专线实行冬季和夏季"两张列车运行图"，分别按时速 200 公里和 300 公里两个速度等级开行动车组列车。2015 年 12 月 1 日起，哈大、盘营高铁将实行冬夏一张运行图，全年按照时速 300 公里运营。哈大客运专线正式运营后，从大连至哈尔滨将用时 3 个多小时，至沈阳仅用时 1 个多小时，它的开通将会大大缓解东北三省的春运压力。

（二）公路

2008 年 10 月，辽宁省内高速公路以沈阳为中心枢纽，向四周辐射，通车里程达到 2800 公里。目前已通车的高速有京沈高速、沈海高速、辽中环线高速、沈丹高速、沈吉高速、沈彰高速、沈四高速、阜营高速、丹大高速、丹海高速、丹通高速、桓永高速、庄盖高速、抚通高速、新铁高速、土羊高速、锦朝高速、锦阜公路、铁朝高速、本辽高速、大窑湾疏港路。在建高速公路有阜营高速、沈阳绕城高速（三环）改扩建工程、阜新—盘锦—营口高速北延伸线、建昌至兴城高速和鸭绿江界河公路大桥等。2014 年末全省公路总里程达到 114504 公里（不含城管路段），比 2013 年末增加 4432 公里。全省公路总里程中，国道 6692 公里、省道 9095 公里、县道 12538 公里、乡道 31286 公里、专用公路 908 公里、村道 53986 公里，分别占公路总里程的 5.8%、7.9%、10.9%、27.3%、0.8% 和 47.1%，农村公路比重达到 86.2%。全省等级公路里程 99928 公里，比上年末增加 4847 公里。其中，二级及以上等级公路里程 24792 公里，占公路总里程的 21.7%。按公路技术等级分，高速公路 4172 公里、一级 2930 公里、二级 17690 公里、三级 31648 公里、四级 43489 公里、等外 14576 公里。按公路路面等级分，全省有铺装路面和简易铺装路面公路里程 72382 公里，占总里程的 63.2%。截至 2014 年底，全省公路密度为 77.81 公里/百平方公里，公路桥梁达 44086 座、1833342 延米，公路晴雨通车里程达 105673 公里，占公路总里程的 92.3%，全省公路绿化里程达 67926 公里，占可绿化里程的 72.5%，比上年末增加 1687 公里，增长 2.5%。

（三）水路

辽宁历史上水路运输比较发达，境内有大小河流 360 多条，共长约 16 万公里，其中辽河为境内第一大河，是古代中原通吉林、黑龙江的水陆联运渠道；鸭绿江是辽宁第二大河，为中朝两国的天然界河；大凌河是辽宁第三大河，大凌河谷是古代中原与东北地区交往见诸史籍的最早通道。全省海岸线长而曲折，东起鸭绿江口，南绕辽东半岛，西至绥中万家屯，长达 2178 公里（不含岛屿岸线），约占全国的 12%，旅顺、营口是古代海上交通的重要停泊点。主要港口有大连、营口、丹东、庄河、锦州、旅顺羊头洼，国家级港口有大连港、营口港（均位列全国十大港口）。2014 年底，全省拥有水上运输船舶 535 艘，比上年末增长 0.2%；净载重量 807.1 万吨，下降 0.3%；载客量 30306 客位，增长 1.3%；集装箱箱位 7464TEU，增长 29.5%；船舶功率 131.1 万千瓦，下降 1.7%。2014 年底，全省内河航道通航里程 413 公里。各等级内河航道通航里程分别为：三级航道 56 公里，五级航道 140 公里，六级航道 217 公里，分别占总里程的 13.6%、33.9% 和 52.5%。

（四）航空运输

辽宁航空业较为发达，拥有沈阳桃仙国际机场（SHE）、国家一级干线机场大连周水子国际机场（DLC）、国家一级民用国际机场鞍山腾鳌机场（AOG）、丹东浪头机场（DDG）、锦州小岭子机场（JNZ）、朝阳机场（CHG）。另外，有沈阳东塔机场、沈阳于洪全胜机场、沈阳新民农用机场、沈阳苏家屯红宝山机场、沈阳辽中机场、大连长海大长山岛机场等。

（五）港口

2014 年底，全省港口拥有生产用码头泊位 397 个，比上年末增加 15 个。

其中，沿海港口生产用码头泊位 391 个，比上年末增加 15 个；内河港口生产用码头泊位 6 个。全省港口拥有万吨级及以上泊位 205 个，比上年末增加 11 个。全省万吨级及以上泊位中，专业化泊位 97 个，通用散货泊位 53 个，通用件杂货泊位 53 个，多用途泊位 1 个，其他泊位 1 个。其中，专业化泊位比上年末增加 5 个，通用散货泊位比上年末增加 2 个，通用件杂货泊位比上年末增加 4 个。

第四节　能源和生态环保产业

一、能源产业

（一）能源矿产资源的空间分布

辽宁省石油主要分布在辽河中下游平原地区的盘锦市，沈阳市、辽阳市也有少量分布。全省石油累计探明地质储量 23.7 亿吨，剩余技术可采储量 1.9 亿吨。天然气主要分布在盘锦市，全省天然气累计探明地质储量 2126 亿立方米，剩余技术可采储量 209.4 亿立方米。煤层气多产于各大煤田的上部与煤层中，已发现资源主要产于阜新市和铁岭市调兵山地区，据估计阜新煤田煤层气资源储量为 100 亿立方米，铁法煤田累计探明的地质储量为 77.3 亿立方米。煤炭保有资源储量为 79.3 亿吨，煤炭资源主要分布在沈阳、铁岭、阜新、抚顺和辽阳，本溪、朝阳、锦州和葫芦岛也有一定的资源分布。辽宁省煤炭企业所属矿井多数经过了较长时间的开采，除沈阳煤业集团成立于 1978 年，铁法煤业集团、阜新矿业集团、抚顺矿业集团、北票煤业集团的开采历史都接近或超过 50 年，北票煤田、阜新煤田、抚顺煤田已采了 100 年以上，经过长时间高强度的开采，这些煤业集团的煤炭资源几近枯竭，寻找后备资源工作已十分紧要。

（二）能源生产情况

从辽宁省能源生产总量来看，总体趋势是前期稳步上升，后期波动较大。共分为以下几个阶段：

（1）稳步上升期。1985~1997 年，能源生产总量稳步上升，只有 1995 年是下降的。

（2）快速下降期。1998~2000 年受金融危机的影响，辽宁的能源生产也受到影响，这几年能源生产总量快速下降。

（3）快速恢复期。2001~2004 年，能源生产总量快速恢复。

（4）慢速下降期。2005~2009 年，能源生产总量缓慢下降。

（5）短期上升期为 2009~2011 年。

（6）新一轮的快速下降期为 2011 年以后。

从各类能源生产占能源生产总量的比例来看（见表 5-14），各个时期原煤生产均占有绝对的优势地位。其次是原油生产，基本上是原煤的一半。而天然气和水电占比相差不多，都在 10%以下。

表 5-14　辽宁省能源生产情况

单位：万吨标准煤，%

年份	能源生产	能源生产构成			
		原煤	原油	天然气	水电、核电、其他能发电
1980	3765.8	70.8	20.2	6.3	2.7
1985	4953.2	66.2	26.6	4.1	3.1
1990	5958.9	61.1	32.8	3.9	2.2
1995	6239.3	59.5	35.6	4.1	0.8
2000	5380.5	59.1	37.2	3.3	0.3
2005	6219.8	67.4	29.0	2.5	1.1
2010	6769.5	73.9	22.2	1.6	1.9
2014	5147.7	62.1	28.4	2.1	6.4

资料来源：《辽宁省统计年鉴》（2015）。

从原煤占比来看，绝大部分时期的占比基本在 60%以上。1985~1987 年快速下降。除了在 1995 年有下滑外，之后一直到 1998 年均较平稳。1998~2000年出现短期下滑。2001~2004 年快速上升。之后即处在平稳上升期，一直持续到 2011 年，此后快速下降。

从原油占比来看，绝大部分时期的占比基本在 20%~40%，而且与原煤生产基本呈互补的态势。从阶段来看，1985~1988 年快速上升。之后一直比较平稳地持续到 1998 年，1998~2000 年缓慢上升，之后基本呈下降态势到 2011 年，此后又缓慢上升。

天然气占比和水电占比各年份都比较平稳，而且占比较低，均在 10%以下。

近年来，辽宁新能源呈现持续快速发展态势，新能源装机和发电量逐年大幅增长，为辽宁能源结构调整发挥了显著作用。自 2012 年第一座光伏电站投产以来，截至 2015 年 11 月末，辽宁风电装机增长 30.45 万千瓦，装机规模位于国内第六位；光伏装机增长 7.24 万千瓦。2015 年全年风电发电量增长 12%，生物质发电增长 9%，光伏发电增长 100%，核电发电增长 21%。但新能源在整个能源消费中所占的比例还不大。[①]

（三）各地区能源利用效率

以辽宁省 14 个地级市的生产总值代表产出，全社会固定资产投资额、年末从业人数和全社会能源消费总量分别代表资本、劳动力与能源投入来进行能源效率测度。选择基于产出导向的生产规模报酬可变的 DEA 模型，得出各地区能源效率值。

从测度结果可以看出，辽宁省 14 个地级市中，沈阳、大连、鞍山、本溪、锦州五市的能源综合效率、技术效率、规模效率均为 DEA 有效，这五市构成了全省能源效率的前沿面，属于高能效地区。对其他非 DEA 有效的九市，以下分别从能源综合效率、能源纯技术效率与能源规模效率来进行分析。从能源综合效率看，阜新、朝阳、营口、铁岭四市能源综合效率都在 0.7 以下，远远落后于全省能源综合效率的平均水平值 0.836，这四市属于相对低能效地区；丹东、辽阳、盘锦、葫芦岛、抚顺属于相对中能效地区。从能源纯技术效率看，丹东、阜新和辽阳是纯技术效率有效而规模效率非有效，说明这三个市在现有的产出量下其投入要素不可以再减少；盘锦和葫芦岛两市虽没有达到全省技术效率均值，但已相当接近，属于技术效率中能效地区；铁岭、抚顺、朝阳、营口远远低于均值水平，属于低技术能效地区。从能源规模效率看，九市均为规模效率非有效地区，即与理想规模相比较，这些地区存在投入要素冗余或产出不足的情况，即使改变部分投入，也不会影响当前的产出水平；葫芦岛、铁岭、阜新三市属规模效率低能效地区，其他城市为中能效地区。

整体上看，经济发展水平较高的城市能源综合效率也较高。多数城市都处于规模报酬递增阶段，表明通过扩大规模可以提高经济收益。全省综合能源效率平均值 0.836 低于规模效率平均值 0.884 与纯技术效率平均值 0.947，规模效率低于纯技术效率。

将辽宁省各市按能源综合效率划分为高中低三类。沈阳、大连、鞍山、本溪、锦州为高能源综合效率地域类型；丹东、辽阳、盘锦、葫芦岛、抚顺为中能源综合效率地域类型；阜新、朝阳、营口、铁岭为低能源综合效率地域类型。[②]

---

① 中国科技网. 辽宁多举措利用新能源 [EB/OL]. http://www.wokeji.com/qypd/qydt/qydtquxw/201512/ t20151231_2106677.shtml.

② 许淑婷. 辽宁省能源效率与产业结构高级化相关性研究 [D]. 辽宁师范大学硕士学位论文，2013.

二、生态环保产业

辽宁的环保产业经过 30 年的发展，目前已经成为门类基本齐全并具有一定经济规模的产业体系，近年来保持了产值年均 30%的增长率。2010 年全省环保产业收入将近 1000 亿元，环保产业已经成为辽宁经济发展新的增长点。

环保产业发展呈现如下特点：总产值增长速度明显，占全省 GDP 比重逐年上升。企业数量增加，2014 年全省人员素质不断提高。领域不断扩大，环保及相关产业全面发展：辽宁省环保产业已涵盖环境保护产品生产、洁净产品生产、资源综合利用、环境保护服务、自然生态保护五大领域，门类基本齐全，并具有一定经济规模。示范性环保产业园区和环保基地迅速发展，产业规模化、集约化发展已取得一定成效。截至 2011 年，全省已有 13 个市规划了 20个环保类产业园区（5 个综合类环保产业园、14 个静脉环保产业园），辐射全省各区域。重点产业园包括：沈阳再生资源产业园，辽宁静脉环保产业园，辽宁环保产业园（铁岭），大连市庄河再生资源产业园，葫芦岛再生资源产业园，盘锦再生资源产业园，丹东环保产业园。

通过环保产业园的建设，辽宁省环保产业已呈现如下格局：以沈阳经济区为中心，形成了废旧资源综合利用、固体废弃物（包括危险废弃物）处置和环境服务环保产业集聚区，大连、丹东沿海经济带形成了环保装备（产品）制造业集聚区。

第六章　战略性产业及其布局

从产业经济学的角度看，战略产业包括主导产业和战略性新兴产业。其中，前者多指主导产业和支柱产业；后者多指高新技术产业，是区域发展的未来希望。

辽宁省战略性产业包括战略性主导产业——装备制造业，战略性新兴产业——高新技术产业和休闲旅游业等。

第一节　装备制造业及主要产业集聚区

辽宁省是"共和国装备部"，正在用中国装备武装中国制造。

装备制造业是指为国民经济各部门简单再生产和扩大再生产提供技术装备的各类制造工业的总称。按照国民经济行业划分，其范围具体包括七个行业大类中的重工业，分别是金属制品业、通用设备制造业、专用设备制造业、交通运输设备制造业、电气机械及器材制造业、通信设备计算机及其他电子设备制造业、仪器仪表及文化办公用机械制造业。辽宁装备制造业主要是以机床和轴承为代表，其中的数控机床、高精度机床、大型机床享誉全国，如大连机床集团有限责任公司、沈阳机床集团有限责任公司等重大工程专用类装备主要以重型矿山设备、化工设备以及输变电设备等为代表，大连重工、起重集团有限公司、瓦房店轴承集团有限责任公司等交通运输设备制造业类装备主要以船舶、汽车、机车及工业机器人等为代表。这一群大型骨干的装备制造企业不管是在历史上还是在目前，都撑起了辽宁省乃至全国的工业脊梁。[①]

辽宁省的装备制造业主要分布在沈阳市和大连市。

---

① 刘伟. 辽宁省装备制造业产业集群培育研究——兼述辽宁省装备制造业现存问题 [D]. 东北财经大学博士学位论文，2011.

一、沈阳装备制造业的现状及典型集聚区发展

（一）沈阳市装备制造业现状

辽宁省曾经是共和国装备制造部，而沈阳则是重中之重。目前，沈阳经过战略性调整，确定机械装备制造业、汽车及零部件、航空、电子信息四大优势产业为重点，基本形成了新型产业体系框架。沈西工业走廊（指以沈阳铁西老工业基地为基础，向西南经于洪区、辽中县建设一条工业带）将建设成为新型重工业基地，浑南地区将成为航空制造业及高新技术产业基地，沈北新区将成为光电通信产业基地，大东区将成为汽车及零部件产业基地。目前，机械装备、汽车和航空三大集聚区建设已初见成效。

同时，大型骨干企业体系开始发育，形成以沈阳机床、沈阳鼓风机、北方重工、特色电工沈变、远大、三一重工、北方交通为骨干，以铸造园、机床零部件园、输变电配套园为依托的新型机械装备体系；以华晨金杯、华晨宝马、上通北盛、沈飞日野、中顺汽车为骨干，三菱发动机汽车零部件为集群的新型汽车产业体系；以沈飞、一航黎明为骨干，航空经济区为依托的新型民用航空制造体系；以德信手机、新邮通讯、晨讯科技为骨干，以光电信息产业区为依托的新型通信产业体系；以清华同方、北大 LED 绿色照明产业园为骨干的新型电子信息产业体系。

（二）典型集聚区发展剖析

"一五"期间，沈阳作为一个以机械制造业为主的工业城市，成为新中国建设的重点，而企业高度集中的铁西区是重中之重。苏联援建的 156 项国家重点工程中有 3 项在铁西。投资超过百万元进行企业改造的 40 多个，新建大中型企业 12 个。虽然在从计划经济向市场经济的变革发展中，曾经步履维艰，但在各方面的共同努力下，铁西区终于走出了一条调整改造的路子，已经由当初"东北现象"的典型代表，一跃成为充满活力的"示范区"，对东北老工业基地振兴起到了引领作用，对国内其他老工业城市调整改造具有重要的借鉴作用。2013 年全年实现地区生产总值 1198.9 亿元，增长 8.7%；规模以上工业总产值 2882 亿元，增长 11.7%；规模以上工业增加值 740.4 亿元，增长 9.7%；公共财政预算收入 120.1 亿元，增长 13%；固定资产投资 734.9 亿元，增长 8.1%；社会消费品零售总额 489.2 亿元，增长 11%；实际利用外资 11.4 亿美元，增长 16.2%；出口总额 20.5 亿美元，增长 15.3%；城市居民人均可支配收入达到 28703 元，增长 10.6%；农民人均纯收入达到 15010 元，增长 12.3%。全面完成了节能减排任务。2015 年铁西区装备制造业聚集区拓展到 65 平方公里，完成工业总产值 1862 亿元，同比增长 20.5%。重点产业园区建设取得新

突破，中国有色装备产业园、罕王轴承、泰豪科技园、重大数控机床生产基地等优势项目建设全面铺开，产业丰厚度有效增强。铁西的装备制造业发展状况是沈阳装备制造业的一个缩影。

改革开放初期，沈阳老工业基地因企业负债沉重、技术设备落后、研发投入不足以及企业改革等原因陷入了困境，中央振兴东北地区老工业基地领导委员会为了扭转这一不利局面，审时度势提出坚持体制创新，深化改革，推进开放，加快调整，实现经济和社会的和谐发展的基本方针。

为更好地推进沈西工业走廊建设，铁西新区加快了软硬条件建设，为企业集群发展创造了良好的环境。一是继续扩大开放，加强装备制造业聚集区建设。依托区域内优势企业和已引进的外资企业，实施以企招商，积极引进国外装备制造企业的资金、先进技术和管理机制。二是进一步推进装备制造业体制创新。探索和实践利用外资方式，吸纳国外资本，以并购、参股等方式参与装备制造企业的改组改造。三是发展为装备制造业配套的特色产业园区。依托现有装备制造产业集群，加快特色园区建设，重点做好铸锻、发电设备、模具、轨道交通、仪器仪表、机器人等大特色园区建设，加大对园区项目用地和建设的支持力度，提高产业集聚度，为装备制造业发展提供配套服务。四是打造良好的投资发展环境。统筹做好发展规划，扩大装备制造业发展空间。

2009 年 12 月 24 日，国家发展改革委员会批复了《沈阳铁西装备制造业聚集区产业发展规划》，提出要认真贯彻落实科学发展观，坚持以改革开放为动力，按照走新型工业化道路的要求，加快推进产业结构升级和发展方式转变，加快推进信息化与工业化融合，加强资源节约和环境保护，不断提高自主创新能力、重大装备成套能力、基础产业配套能力和生产性服务业支撑能力，努力将铁西建设成为具有国际竞争力的先进装备制造业基地，更好地为东北地区等老工业基地全面振兴、为我国装备制造业实现由大到强的转变发挥示范引领作用。产业发展重点和空间的布局目标是：依托骨干企业，做优做强数控机床、通用石化装备、重矿装备、输变电装备、工程机械和汽车及零部件等优势产业；要提升专业化水平，大力发展铸锻件、模具、仪器仪表、传动装置、液压气动密封装置和特种材料等基础产业；要围绕产业转型升级，加快发展金融服务、现代物流、信息服务、职业培训和科技服务等生产性服务业；要及时跟踪国际装备制造业升级转型的新趋势，力争在高新技术装备领域取得重大突破。

铁西工业区发展的难点和关键是进一步深化国有企业改革，建立健全现代企业制度，推进企业股权多元化，进一步增强沈阳铁西经济活力。要坚持市场主导和政府引导相结合，打破地区、行业、所有制界限，推动企业兼并重组，加快培育具有工程总承包、系统集成、国际贸易、融资能力的大型装备制造企业集团。①

二、大连装备制造业的现状、问题及对策

（一）概况

东北振兴以来，大连一些重点装备制造企业纷纷抓住政府赋予的各项优惠政策，有效利用自身的有利条件，大力发展优势产业，打造名牌产品，争取国内外市场，扩大生产规模，提高生产效益，大连装备制造业得到快速发展。重点发展了六大系列产业链，即基础机械产业链、重型装备产业链、发动机产业链、船舶产业链、机车产业链、石化通用机械产业链。

2013 年，大连市规模以上装备制造业完成工业增加值 1361.33 亿元，同比增长 3.8%。其中，通用设备和专用设备制造完成工业增加值已超过 500 亿元和 200 亿元，分别占全行业的 37.4%和 16.4%；金属制品业完成 102.35 亿元，同比增长 12.7%；通用设备制造业完成 508.59 亿元，同比增长 7.8%；专用设备制造业完成 223.91 亿元，同比增长 17.5%；汽车制造业完成 110.84 亿元，同比增长 11.6%；铁路、船舶、航空航天和其他运输制造业完成 166.13 亿元，同比下降 16.9%；电气机械及器材制造业完成 115.64 亿元，同比增长 6.6%；计算机、通信和其他电子设备制造业完成 120.51 亿元，同比下降 9.0%；仪器仪表制造业完成 13.36 亿元，同比增长 7.2%。②

（二）大连市装备制造业存在的问题

1. 产业布局不合理，产业集中度不高，产业链条相对较短

传统的大连工业企业布局，由于受到当时经济思路的影响，缺少统筹规划与长远打算，而且地域、行业和所有制等影响因素也存在，例如，大型企业大连精密铸造厂坐落在大连南部城区，东部主要以大连油脂化学厂为主，西部解放广场附近有大连重型机械厂，最严重的北部甘井子区工业企业数量多、规模大，如机床集团铸造厂、冰山集团保温瓶厂、盛道红旗机械厂、鞍钢集团天轧厂等，通过以上对大连传统工业企业的厂址布局研究，可以发现大连的制造行业分布十分零乱，分别散落在各区市县和先导区，并没有形成一整套企业聚集性强、产品关联度大、生产衔接程度高、设备管理机制完善、成套配备能力强

---

① 国家发展改革委批复，铁西装备制造业聚集区产业发展规划，沈阳市发展和改革委员会（物价局），2009 年 12 月 24 日。

② 2013 年大连市装备制造业经济运行情况［EB/OL］. http://www.jxlh.org.cn/news/? 122_9761.html.

的先进装备制造基地，使得大连装备制造业缺乏强劲的国内和国际竞争能力。大连装备制造业虽然拥有一批实力强、规模大的大型主机制造企业，如大连重工·起重集团有限公司和大连船舶重工集团等，但企业布局没有规划，生产各自为政，企业之间缺乏必然的联系，同时大连装备制造产业个别环节基础薄弱，缺乏成套能力，服务不发达，竞争意识差，没有形成以主机制造厂为核心、上下延伸的强大产业链，致使这些产业的总体规模、经济效益和国内外市场竞争力很难提高，这就在很大程度上影响着大连装备制造业的进一步发展，使大连不能形成真正意义上的先进装备制造业中心。

2. 结构性产能过剩问题突出

大连市装备制造业中，体现综合科技创新能力和制造实力的重大技术装备产品与国外相比仍存在较大差距，许多重大技术装备以及重要领域发展所需要的大量高技术、高附加值的成套装备，大连尚不具备研究开发与制造能力，不得不依靠进口解决，而且依存度还不断提高。例如，集成电路的95%要进口，轿车制造装备、数控机床、纺织机械等的70%依赖进口。大连出口的是中低端产品，即使少数高新技术产品也是劳动密集型或者来料加工型，而进口的是高新技术产品。

形成结构性产能过剩局面的原因有很多，其中主要的原因是目前大连市就业人口压力较大这一现状。为了解决这一问题，在生产要素的选择上，大连市采取的是用劳动生产力替代科学技术的原则，即用制造业来解决就业问题。例如，"全市城镇单位从业人员中，第一产业从业人员为1.5万人，继续保持减少趋势；第二产业从业人员为46.9万人，增加1.1万人；第三产业从业人员为41.4万人，增加0.9万人。从三次产业构成看，三次产业的就业比重分别为1.7%、52.3%和46%。作为本市经济发展的基础，制造业从业人员在全市各行业中仍然是人数最多的。

3. 企业自主技术创新能力低

从国际上具有较强自主研发能力的后进企业的发展经验来看，如果要在短时间内达到国际先进水平的具备自主知识产权的技术水平，一般以技术引进、技术吸收、技术再创新的方针为技术产业发展的指导路线，这是一项非常重要的技术跨越战略。我国在特定时期许多产业通过引进、吸收和技术上的再创新使产业水平上了一个比较大的台阶。在这个过程中，技术的吸收能力是一个关键点。技术吸收能力的概念源于约瑟夫·熊彼特的创新理论，最终由克恩和莱温特提出，技术吸收能力是指识别新的、外部的技术信息的价值，予以吸收，并使其商业化的能力。因此，一旦技术吸收能力低下，那么极有可能陷入"引进→落后→再引进→再落后"的"技术追赶陷阱"。大连市就存在因技术引进得多，消化吸收能力不足而形成的技术追赶陷阱。[①]

辽宁省装备制造业在技术创新方面取得了一定的成绩，如表6-1所示。但总体上来说，还很不足。例如，2006年大连市技术引进经费支出和吸收经费支出的比值为9.61%，其中内资企业在技术引进的支出方面为唯一企业类型，在技术吸收的支出方面也是主体企业类型，内资企业的技术引进经费支出和吸收经费支出比值为9.432%。

2007年技术引进经费支出和吸收经费支出比值为23.85%，其中内资企业在技术引进的支出方面和技术吸收的支出方面是主体企业类型，分别达到1.107亿元和0.2539亿元，内资企业的技术引进经费支出和吸收经费支出比值为26.80%。

2008年技术引进经费支出和吸收经费支出比值为27.57%，其中内资企业在技术引进的支出方面和技术吸收的支出方面是主体企业类型，分别达到1.16亿元和0.3109亿元，外商投资企业在技术引进的支出方面和技术吸收的支出方面分别是0.03亿元和0.017亿元，内资企业的技术引进经费支出和吸收经费支出比值为26.80%，外商投资企业的技术引进经费支出和吸收经费支出比值为56.97%。说明大连市存在明显的技术引进多、吸收能力不足的特点。

专利申请和发明专利件数是自主创新的研究指标，大连市的申请专利件数一直不高：2006年制造业申请专利232件，其中发明专利只有90件；2007年则分别为243件和88件；2008年分别为252件和94件[②]。

表6-1　辽宁省装备制造业主要创新业绩

高端装备制造业领域	代表企业	主要成绩
智能装备制造	沈阳机床	2011年实现销售收入27.83亿美元，列世界机床行业第1位
	大连机床	与沈阳机床成功研制一批高档数控机床，填补国内空白
	沈鼓集团	研制成功百万吨级乙烯、丙烯和裂解气压缩机
	特变电工沈变集团	是我国变压器行业历史最长、规模最大、技术实力最强的制造企业之一，掌握特高压交流1000kV、直流正负800kV等行业最高技术水平产品研制的核心技术
航空装备	沈飞集团	参与具有自主知识产权的国产ARJ21新支线飞机研制，承担了近1/4的工作量，拥有各类近百条飞机制造特种工艺专业生产线，在钛合金机械加工、大型复合结构件数控加工、复合材料加工等方面处于国内领先地位

① 《大连统计年鉴》（2007）。
② 刘伟.辽宁省装备制造业产业集群培育研究——兼述辽宁省装备制造业现存问题 [D].东北财经大学博士学位论文，2011.

续表

高端装备制造业领域	代表企业	主要成绩
航空装备	沈阳黎明	是我国第一家航空发动机生产企业，创下中国航空发动机领域的多项第一，是大中型航空发动机科研生产基地，承担多个重点型号的新机和系列发动机的生产和修理任务
海洋工程	大连船舶重工	是目前国内规模最大、建造产品最齐全、最具有国际竞争力的现代化船舶总装企业，进入世界造船企业前五强，拥有军工、造船、海洋工程、修船和重工五大产业，2011年销售收入达280亿元，实现利润约29亿元
	中远造船	中远船务、船舶重工积极引进海外研发团队
轨道交通设备	大连机车	是我国最大的内燃机车设计制造和出口基地，电力机车生产技术处于国内领先水平。多年来设计制造了50多种不同类型机车，多数成为我国铁路客货运输的主型机车。总产量占全国同类产品保有量的50%以上，机车产量规模在国内具有绝对优势，在国际上也处于前列。内燃机车出口占全国总量的80%以上。2011年完成新造机车约700台，全年营业收入达到115亿元

资料来源：金仲，宋青瑾，郭琼，李锦鑫. 辽宁高端装备制造业技术创新能力提升策略研究 [J]. 沈阳工业大学学报（社会科学版），2013，4（6）.

三、辽宁省装备制造业发展战略

为了扎实推进制造强省建设，力争到2020年辽宁的新型工业化水平基本达到《中国制造2025》提出的第一阶段目标，迈入制造强省的行列，省委、省政府制定了《中国制造2025辽宁行动纲要》。实施这一行动纲要，是提升辽宁工业竞争实力的战略举措，是实现老工业基地振兴发展的紧迫任务，是促进稳增长、转方式、调结构的重要抓手。全省上下正抢抓新一轮东北振兴等重大机遇，进一步提高认识，增强责任感和紧迫感，采取有力措施，加快实施推进。

实施好该行动纲要，要突出重点，突破难点。一要突出创新能力、质量效益、结构优化、两化融合、绿色发展五个方面指标，围绕高档数控机床、机器人、航空航天、新材料等15个重点领域，集聚创新要素和资源，突破关键核心技术，推进制造业向中高端迈进。二要着力实施创新能力提升工程，加快创新体系建设，大力推进科技成果转化，加大科技创新投入，完善人才培养机制，争取到2020年，全省高新技术企业达到2000户。三要深入实施工业强基工程、智能制造工程、质量品牌提升工程和制造服务协同发展工程，大力实施"互联网+"行动计划，促进产业优化升级。四要以改革开放为动力，着力简政放权、转变职能，全面深化国资国企改革，大力发展民营经济，激发制造业创新发展活力。五要抓好150个重大工业项目建设，同时发挥产业投资引导基金的政策带动效应，促进更多的重大项目落地开工，提升辽宁制造业的整体实力。[①]

第二节　高新技术产业发展及布局

辽宁在东北老工业基地振兴中承担着重要角色，发展高新技术产业是促进产业结构优化升级的关键。近年来，辽宁高新技术产业发展快速，但在产业规模、结构、技术创新的投入与转化、创新模式、体制机制等方面仍存在一定问题。辽宁高新技术产业未来发展的重点要从产业重组、创新主体、资源配置、协同创新和园区建设等方面入手。[②]

一、总体情况

据统计，2013 年，全省共有高新技术企业 1247 家。从地区分布来看，沈阳为 322 家、大连 441 家、鞍山 95 家，居全省前三位。从技术领域来看，1247 家企业分布于电子与信息、生物医药、新材料、光机电一体化、新能源、环境保护、航空航天、地球空间与海洋工程、核应用技术及其他高技术领域。其中，光机电一体化领域有企业 347 家，新材料领域有 237 家，生物医药领域有 95 家，数量居行业前三。2013 年，全省规模以上工业企业实现高新技术产品增加值 5970.8 亿元，占 GDP 的比重为 22%。[③] 如果严格按照《高技术产业（制造业）分类（2013）》进行统计，2013 年辽宁的高新技术企业数为 735 个，实现主营业务收入 2362.4 亿元，占东北三省的 53.64%，占全国的 2.04%。[④] 辽宁、吉林、黑龙江三省高新技术产业分行业主营业务收入如表 6-2 所示。

辽宁现有 14 个地级以上城市，每个城市都有省级以上高新技术产业园区。其中，沈阳、大连、鞍山、辽阳、本溪、阜新、营口（以下简称沈大七市）的高新区属于国家级，在辽宁高新技术产业发展中承担主力军作用。

① 明绍庚. 落实好《中国制造 2025 辽宁行动纲要》　扎实推进辽宁老工业基地制造强省建设 [N]. 辽宁日报，2015-09-03.

② 单丽娟，李大庆，李庆满. 东北振兴背景下辽宁高新技术产业发展研究 [J]. 渤海大学学报（哲学社会科学版），2016（2）.

③ 国家统计局. 2014 中国高技术产业统计年鉴 [M]. 北京：中国统计出版社，2014.

④ 国家统计局. 2013 中国科技统计年鉴 [M]. 北京：中国统计出版社，2013.

表 6-2　东北三省高新技术产业主营业务收入

单位：亿元

省份 ＼ 行业	医药制造业	航空、航天及设备制造业	电子及通信设备制造业	计算机及办公设备制造业	医疗仪器设备及仪器仪表制造业	合计
辽宁	782.7	253.2	893.6	101.1	331.9	2362.5
吉林	1247.5	0	77.1	17.3	89.4	1431.3
黑龙江	417.3	124.0	34.9	10.9	23.6	610.7
合计	2447.5	377.2	1005.6	129.3	444.9	4404.5

资料来源：参见国家统计局.2013 中国科技统计年鉴［M］.北京：中国统计出版社，2013；辽宁省统计局.2014 辽宁统计年鉴［M］.北京：中国统计出版社，2014.

二、基础和优势

2013 年，沈大七市地区生产总值达到 21834.5 亿元，占全省生产总值的 80.6%，占东北三省生产总值的 40.1%，三次产业增加值比例为 6.0：52.5：41.4，已初步构建了具有一定规模和较强竞争力的现代产业结构体系。

(一) 产业基础丰厚

辽宁的工业体系门类齐全，积聚了全国很大一部分工业资产存量，拥有众多关系到国民经济命脉的战略产业和骨干企业，是我国重化工业的重要基地。辽宁的装备制造、冶金、石化、船舶制造、汽车等产业发展位居全国前列。沈大七市的数控机床、机器人、IC 装备等高端装备制造业和先进材料、信息技术、海洋工程等战略性新兴产业在全国具有一定的比较优势。

(二) 科技资源丰富

沈大七市共有高等院校 71 所，占全省的 62%，占东北三省的 30% 左右；科研机构 548 所，占全省的 74.7%；国家级高新区 7 个，占东北三省的 47%；国家级孵化器 31 个，占东北三省的 55%；国家重点实验室 10 个，占东北三省的 40%；国家工程技术中心 10 个，占东北三省的 56%；共有研发人员 11 万人，占辽宁省的 78%、东北三省的 36%。沈大七市的创新成果众多。2013 年，沈大七市共申请专利 32200 项，占全省的 70%、东北三省的 36%；授权专利 15955 项，占全省的 74%、东北三省的 33%。沈大七市的创新成果主要来自于各城市重点产业集群中的创新型企业，创新成果具有明显的区域产业特征，初步形成了以企业为主体、市场为导向、产学研结合的技术创新体系，能够为高新技术产业发展提供有效支撑。

三、态势与特征

（一）产业发展的政策环境不断优化

2003 年 10 月，中共中央、国务院发布《关于实施东北地区等老工业基地振兴战略的若干意见》，东北地区加大体制、机制创新和开放步伐。辽宁沿海经济带和沈阳经济区先后于 2009 年 7 月和 2010 年 4 月上升为国家发展战略，极大地促进了辽宁经济社会的发展，成为推动辽宁老工业基地创新发展的新动力。2010 年，沈阳、大连被国家批准开展国家创新型城市试点。2012 年，辽宁省委、省政府出台的《关于加快推进科技创新的若干意见》提出"促进高新区转型升级"，明确了今后一个时期高新区的发展方向。在第三届中国自主创新年会上，沈阳、大连双双入选"国家十大创新城市"。

2013 年，辽宁省政府出台了《关于加快高新技术产业开发区发展的意见》，提出了创新体制机制、发展创新型产业集群、促进科技金融相结合等指导性意见，通过激活高新区发展内生动力，整合各类创新资源等措施，全面、系统地推进省内高新区的发展。2014 年，《国务院关于近期支持东北振兴若干重大政策举措的意见》提出，紧紧依靠创新驱动发展，全面提升产业竞争力，并研究在东北地区设立国家自主创新示范区。国家和省两个层面的政策支持，促进了辽宁高新技术产业的进一步发展。

（二）沈大产业带高新技术产业聚集效应开始显现

沈大七市紧密围绕自身优势产业，打造省内一流、国内领先的高科技产业集群，为带动区域经济发展起到了示范和引领作用。据统计，2013 年，沈大七市高新区实现生产总值 1273.4 亿元，同比增长了 9.8%，高新技术产品增加值 660 亿元，同比增长了 23.1%，引领上下游企业呈集聚发展。本溪制药产业集群、鞍山激光产业集群、大连信息技术及服务产业集群获批科技部创新型产业集群试点及培育单位。2013 年，沈大七市高新区正在全力建设的特色产业集群有 26 个，2013 年实现销售收入超 103 亿元的有 17 个，超 500 亿元的有 3 个，超 1000 亿元的有 1 个。

（三）电子信息产业增长强劲，装备制造产业优势明显

沈阳高新区大力推进软件、集成电路设计、电子商务、互联通信等重点产业和项目，建设电子商务示范基地，推进两化融合步伐，构建新的产业优势，2013 年软件和电子信息产业集群实现销售收入 257.5 亿元。大连高新区软件和信息技术产业平稳较快发展，2013 年实现销售收入 241.3 亿元。阜新高新区、营口高新区、大连金普新区也把信息技术产业作为高新区发展的一个重点产业。同时，拥有传统优势的装备制造业一直是辽宁发展的重点。2013 年，

辽宁省装备制造业在面对诸多困难的条件下，通过加快产品结构调整和转型升级，在高端制造和智能化装备等领域不断实现突破。2013 年，辽宁省装备制造业规模以上企业 5943 家，资产总计 12856.7 亿元，同比增长了 9.7%。例如，沈阳的数控机床、汽车零部件、鞍山的柔性输配电及冶金自动化、激光和装备制造产业、阜新的液压装备、大连船舶制造等相关产业发展迅速，在国内形成一定的比较优势。

（四）高新技术产业增加值占工业增加值比重呈增长态势

近年来，沈大七市高新技术产业依托高新区迅猛发展，产业集聚规模不断扩大，各城市高新技术产业增加值逐年增加。据统计，2013 年，沈大七市高新技术产业增加值总计 4825 亿元，占同年七市工业增加值的比例为38.6%，同比增长了 11.6%。这一态势是辽宁推动产业结构优化和升级的重要成果。

（五）各市创新投入持续增长，科技与金融结合效果初显

据统计，2013 年，沈大七市高新区固定资产投入共计 1502 亿元，同比增长了 14.5%。高新区管委会财政科技投入金额 10.70 亿元，同比增长了 9.8%。所在市本级财政科技资金支持高新区金额 21322 万元，同比增长了 15.8%。沈大七市全力打造科技金融全产业链，建立科技金融服务平台，正在构建以政府投入为引导，企业投入为主体，社会资金、股权融资与债权融资、直接融资与间接融资为辅助的多元投融资体系。

四、辽宁高新技术产业发展中存在的问题

（一）产业整体规模偏小，产业结构有待于进一步优化

1. 主导产业规模偏小

沈大七市主导产业规模偏小。据统计，2013 年，大连市只有软件与信息服务业销售收入超过 1000 亿元；沈阳市只有装备制造业实现增加值1743.7 亿元，汽车及零部件、建筑产品、农副产品加工、化工产品制造业、钢铁及有色金属冶炼及压延业五大优势产业合计实现增加值 1807 亿元；鞍山、营口、本溪、辽阳、阜新等市主导产业规模则更小，相对于国内领先地区差距较大。以深圳为例，2013 年，深圳市先进制造业增加值为4162.87 亿元，高技术制造业增加值为 3370.67 亿元，六大战略新兴产业增加值合计达 5002.5 亿元。

2. 产业同构问题突出，产业结构有待进一步优化

沈大七市产业同构问题突出。在生物制药、电子信息、新能源等产业均有产业规划并投入实际建设，在一定程度上造成了相互竞争和产能过剩等不利于

区域协调发展的后果。而且各地高新技术产业发展不均衡，沈阳和大连最强，其他五市发展较弱。沈阳和大连作为省内核心城市，占据地域和政策优势，集中了省内大部分的创新资源，若不能发挥引领、示范和辐射效应，则对全省高新技术产业发展不利。

（二）创新投入相对不足，创新成果转化缓慢

1. 创新投入相对不足

具体来看，沈大七市中，阜新、辽阳、鞍山和营口每万人拥有 R&D 人员数低于全省均值和全国均值，人员投入不足；阜新、辽阳、鞍山、营口、大连的 R&D 强度低于全省均值和全国均值，资金投入不足；辽阳、本溪、鞍山、营口的每万人拥有科研机构数低于全省均值和全国均值，科研平台条件不足。

2. 创新成果转化缓慢

阜新、辽阳、本溪、营口每位 R&D 人员申请专利数低于全省均值；除鞍山外，其余六市每位 R&D 人员申请专利数低于全国均值；辽阳、本溪、鞍山、营口的每亿元 R&D 经费转化为专利数低于全省均值，全部七市的每亿元 R&D 经费转化为专利数均远低于全国均值，阜新、辽阳、鞍山低于全省均值，只有本溪和营口略高于全国均值；沈阳、阜新、辽阳、鞍山的每项专利转化为亿元新产品销售收入低于全国均值，除本溪和营口外，其余五市远低于全省均值。

（三）产业集群化培育滞后，产业集中度不高

长期以来，我国产业发展坚持政府导向，在一定程度上制约了各地产业集群的市场化进程。一方面，各地招商引资工作以"量"为先，缺乏对企业之间技术关联的考量，园区内企业之间的关联度不高；另一方面，由于对落地项目扶持力度不足，企业成长缓慢，缺乏能够起到带动和辐射作用的核心企业，在一定程度上限制了配套和互补企业的进驻，延缓了产业的集聚和产业链优化。辽宁无论是具有传统优势的高新装备制造业，还是近年来发展迅速的软件与信息服务产业，产业集群发展并不完善，市场份额分散，产业集中程度不高，在一定程度上影响了产业结构的优化和产业集聚的速度。

（四）产学研协同创新没有完全落实到位

当前，产业技术创新联盟已经成为国内外产学研联合的主要形式。在我国广东、山东和浙江等地，产业技术创新（标准）联盟正在发挥越来越重要的作用。国务院办公厅《关于强化企业技术创新主体地位　全面提升企业创新能力的意见》（国办发〔2013〕8 号）指出，目前我国企业创新能力依然薄弱，许多领域缺乏具有自主知识产权的核心技术，企业尚未真正成

为创新决策、研发投入、科研组织和成果应用的主体，制约企业创新的体制机制障碍仍然存在。从实际来看，辽宁的产学研联盟虽然已达 34 个，但由于大多数联盟的组织形式和运行机制不健全，联盟目标不明确，产学研之间联合的动力不足，在投资上缺乏相互信任，在研发上没有合理分工，在知识产权管理、收益分配方面未建立科学的机制，创新效率低下，有些联盟有名无实。与国内其他地区相比较，辽宁的产学研技术创新联盟数量偏少、创新效率低，要想实现由"辽宁制造"向"辽宁创造"转变，还有相当长的路要走。

（五）产业管理体制机制有待完善

全省各地产业园区目前存在的一个普遍问题就是没有建立起园区之间协同管理的体制机制。具体表现为：缺少刚性的指导高新技术产业协同发展的政策，缺乏协同的决策机构，产业管理部门之间缺少定期的沟通与交流，各管理部门在数据统计上存在差异，在某种程度上导致了各市、各园区在产业定位上缺少协同性，在招商引资上各自为政，部分产业结构趋同，影响了产业结构优化和升级的进程。

五、辽宁省发展壮大战略性新兴产业的对策和措施

（一）总体思路和主要目标

1. 总体思路

以培育形成新的经济增长点，带动产业结构调整和传统产业转型升级为核心，围绕国家战略性新兴产业发展方向，立足辽宁省经济基础和产业优势，按照市场主导、创新驱动、政策支持、重点突破的工作思路，引导鼓励战略性新兴产业上水平、上规模，形成经济发展新支柱，为稳增长、促改革、调结构、惠民生、防风险提供强有力的支撑。

2. 主要目标

围绕国家战略性新兴产业发展工作总目标，结合辽宁省产业基础和特点，发挥科技资源丰富、创新能力较强的优势，通过实施创新驱动发展战略，推进大众创业、万众创新，发展"互联网+"产业；在高端装备制造、新一代信息技术、生物、新材料、新能源、节能环保、新能源汽车等重点发展领域，努力建设一批拥有关键核心技术、达到国际先进水平的创新平台，发展一批创新型小微企业，壮大一批具有较强自主创新能力、能够全面参与国际竞争的旗舰企业；培育一批特色鲜明、在全国具有重要影响的新兴产业集群，形成新兴产业小企业"铺天盖地"、大企业"顶天立地"的发展格局，使高端装备制造、新一代信息技术、新材料、生物医药等产业

发展成为在全国乃至全球具有较强竞争力的优势产业。力争到 2020 年，全省战略性新兴产业主营业务收入占规模以上工业企业主营业务收入的比重达到 20%以上。

（二）重点发展领域

1. 高端装备制造

智能制造装备产业。加快高档数控系统及成套技术的工程化和产业化研究，掌握高档数控系统关键和共性技术，提升高档数控技术的自主创新和系统集成能力，为用户设计制造智能加工生产线和提供系统解决方案。

机器人等智能制造。推进机器人骨干企业加快工业机器人、洁净机器人、移动机器人、特种机器人的开发和产业化进程，鼓励特色智能装备企业开发生产智能磨削装备及智能清洗装备，加快机器人数字化车间、机器人智能制造体验中心和国家级机器人检测中心建设，打造全球化的机器人智能制造装备产业集群。

重大成套装备。加快石化装备、核岛关键装备、大气污染治理装备、输变电装备的技术升级和成套化发展。建设百万千瓦级核泵研发实验基地和大型压缩机产品测试实验基地，建设国内产业链完整、技术实力领先的核岛关键设备生产基地，形成融合工程设计与国际物流的输变电成套装备产业链条。以成套化、专业化为目标，打造国内一流的重大成套装备产业基地。

航空装备。以沈阳、大连为重点，加强沈阳浑南航空产业园、沈北航空航天产业园、法库通用航空产业基地、大连登沙河通用航空产业基地基础设施和公共服务平台建设，打造具有较强竞争力的航空产业集群。

海洋工程装备。大力发展新型海洋工程装备，集中优势资源，重点突破海洋深水勘探装备、钻井装备、生产作业和辅助船舶的设计制造核心技术，全面提升自主研发设计、专业化制造、工程总包及设备配套能力，促进海洋工程装备产业快速发展。

先进轨道交通装备。跟踪和对接国内外铁路建设和城市轨道交通发展需求，加快发展高速、重载牵引机车，重点发展轻量化、低耗能、大运力地铁车辆和城轨车辆。加强与 GE、西门子、庞巴迪、安塞尔多等企业合作，推进 BT（建设—移交）等开拓市场新方式。加快产业集聚和协作配套，建设轨道交通装备全产业链的世界级研发制造基地。

"互联网+"协同制造。鼓励制造业骨干企业通过互联网与产业链各环节紧密协同，促进生产制造、质量控制和运营管理系统全面互联，推行众包设计研发和网络化制造等新模式。加速制造业服务化转型，鼓励制造企业利用物联网、云计算、大数据等技术，整合产品全生命周期数据，形成面向生产组织全过程的决策服务信息，为产品优化升级提供数据支撑。鼓励企业基于互联网开展故障预警、远程维护、质量诊断、远程过程优化等在线增值服务，拓展产品价值空间，实现从制造向"制造+服务"的转型升级。

2. 新一代信息技术

集成电路。以沈阳、大连两市为重点，扶持集成电路设计业，支持集成电路封装测试业，逐步提升集成电路设备产品档次，带动硅材料业和特种气体等关键材料快速发展，不断完善集成电路产业链，力争实现辽宁集成电路产业重点突破和整体提升。掌握智能化感知终端设备和新型电力电子器件及系统的核心技术，发展片式化、微型化、绿色化的新型元器件。

数字视听。以大连"国家级数字家庭应用示范基地"为依托，加快数字视听终端新产品研制，鼓励数字多媒体、数字娱乐、数字教育、数字健康等智能数字家庭产品推广，支持发展多业务网关和机顶盒等配套产品，完善产业链。

现代通信。以沈阳市国家级互联网骨干网直联点建设、国家级两化融合试验区建设为契机，重点发展通信整机产品，提高智能终端产品配套能力，支持通信网络设备发展，提高移动终端入网检测服务能力。

高端软件和新兴信息服务产业。以东软集团股份有限公司、易讯科技股份有限公司、大连华信计算机技术股份有限公司、大连文思海辉信息技术有限公司、大连环宇移动科技有限公司、大连现代高技术集团有限公司等企业为依托，重点推动以大连为主的软件外包业向高端发展，鼓励企业承接需求分析、基本设计、综合测试等高端软件外包业务订单。围绕沈阳东软熙康医疗系统有限公司智能健康平台、东网科技有限公司东北区域超算中心、沈北位置服务基地等平台建设，突破海量数据分析与处理关键技术，发展新一代信息技术服务产业。

"互联网+"益民服务。发展基于互联网的医疗卫生服务，支持第三方机构构建医学影像、健康档案、检验报告、电子病历等医疗信息共享服务平台，逐步建立跨医院的医疗数据共享交换标准体系。鼓励互联网企业与医疗机构合作建立医疗网络信息平台，加强区域医疗卫生服务资源整合，鼓励有资质的医学检验机构、医疗服务机构联合互联网企业，发展基因检测、疾病预防等健康服务模式。支持智能健康产品创新和应用，鼓励健康服务机构利用云计算、大数据等技术搭建公共信息平台，提供长期跟踪、预测预警的个性化健康管理服务。

3. 生物

生物技术药物。鼓励发展单克隆抗体、生物芯片等新型生物制剂，开发预防和诊断重大传染病的新型疫苗和创新药物，研发对治疗常见病和重大疾病有显著疗效的生物技术药物和小分子药物。

化学药品。提高原创、仿创药物研发能力，研发满足我国疾病谱的重大、多发性疾病防治需求的创新药物，加强对传统药物的剂型改造和二次开发，开展具有自主知识产权及国内首次开发药物的产业化研究。

现代中药。重点发展疗效确切、安全性高、有效组分明确、作用机理清晰的 1~6 类中药新药，对疗效确切和市场占有率较高的中成药品种进行扩能及二次开发，推动民族用药的新品种开发及二次开发，实现现代中药关键技术突破。

生物医学工程产业。重点发展高性能医学影像设备，突破和掌握核心技术，开发分子生物学诊断试剂、免疫诊断试剂等产品，开展医用可吸收材料和血管支架等植（介）入高端生物医用材料的技术开发和产业化，鼓励企业积极研发可穿戴、远程诊疗等移动医疗产品。

4. 节能环保

节能环保技术与装备。加快发展煤粉洁净气化燃煤锅炉、窑炉余能回收利用设备、高效换热器、大气污染治理、水污染治理、固体废弃物处理、噪声与振动控制、资源综合利用等节能环保装备，以及促进辽宁特有资源高效综合利用技术装备的研发与产业化。

资源综合利用。重点推广应用一批具有自主知识产权的资源综合利用技术，提高资源综合利用产品的技术含量和附加值，大力推广激光修复再制造技术，全面提升再制造产业创新能力。

"互联网+"绿色生态。完善废旧资源回收利用体系，利用电子标签、二维码等物联网技术跟踪电子废物流向，鼓励互联网企业参与搭建城市废弃物回收平台，创新再生资源回收模式。建立废弃物在线交易系统，推动现有骨干再生资源交易市场向线上线下结合转型升级，完善线上信用评价和供应链融资体系，开展在线竞价等业务。

5. 新能源

太阳能光伏。鼓励开发并网电站及分布式光伏电站应用产品，以应用带动产业规模提升和技术进步，努力打造辽宁太阳能光伏产业基地。

"互联网+"智慧能源。建设以太阳能、风能等可再生能源为主体的多能源协调互补的能源互联网，构建智能化电力运行监测、管理技术平台，使电力设备和用电终端基于互联网进行双向通信和智能调控，实现分布式电源及时有效接入，逐步建成开放共享的能源网络。探索能源消费新模式，推进电动汽车、港口岸电等电能替代技术的应用。发展基于电网的通信设施和新型业务，完善能源互联网信息通信系统，统筹部署电网和通信网深度融合的网络基础设施，实现同缆传输、共建共享，避免重复建设。

6. 新材料

高品质特殊钢。以满足装备制造和重大工程需求为目标，发展高性能和专用特种优质钢材，逐步实现自主化。

新型轻合金材料。以轻质、高强、大规格、耐高温、耐腐蚀为发展方向，发展高性能铝合金、镁合金和钛合金，重点满足航空航天、高速铁路等交通运输装备需求。大力开展镁合金在汽车零部件、轨道列车等领域的应用。

稀土功能材料。大力发展超高性能稀土永磁材料、稀土发光材料，积极开发高比容量、低自放电、长寿命的新型储氢材料，提高研磨抛光材料产品档次。

稀有金属材料。积极发展高纯稀有金属，加快促进超细纳米晶、特粗晶粒等高性能硬质合金产业化。

先进高分子材料。重点发展特种合成橡胶、高性能合成树脂与工程塑料、高性能纤维及复合材料、高端含氟材料等产品。

先进陶瓷和特种玻璃。重点突破陶瓷粉体及先驱体制备、配方开发、烧制成型和精密加工等关键技术，扩大耐高温、耐磨和高稳定性结构功能一体化陶瓷生产规模。重点发展平板显示玻璃（TFT/PDP/OLED），鼓励发展应用低辐射（Low-E）镀膜玻璃、涂膜玻璃、真空节能玻璃及光伏电池透明导电氧化物镀膜（TCO）超白玻璃。

7. 新能源汽车

以华晨汽车集团、辽宁曙光汽车集团、沈阳华龙客车制造有限公司、辽宁凯信新能源技术有限公司等企业为依托，适应市场需求，不断提高产品质量和技术性能，降低能源消耗，研究和开发 A0 级纯电动轿车、插电式混合动力轿车和新能源公交车，争取在电池能量密度、安全、寿命、质量、价格等方面取得突破。积极探索汽车租赁等运营模式，加快新能源汽车的推广应用。

（三）保障措施

1. 强化规划引领

根据国家战略性新兴产业发展规划和工作部署，结合辽宁省实际，在"十三五"规划中突出战略性新兴产业发展，研究编制辽宁省高端装备制造业布局优化及产品升级计划，出台辽宁省推进机器人产业发展实施意见，以及其他产业发展实施意见，进一步明晰产业布局和发展重点，推动辽宁省战略性新兴产业健康发展。

2. 统筹推进创新驱动和创业创新

结合沈阳市推动全面创新改革试验区建设工作，落实《中共中央、国务院关于深化体制机制改革加快实施创新驱动发展战略的若干意见》和《国务院关于大力推进大众创业万众创新若干政策措施的意见》等文件中的各项任务，为全省战略性新兴产业提供良好的发展环境。

3. 成立新兴产业创业投资基金

设立省产业（创业）投资引导基金，吸引募集社会资本共同成立一批新兴产业创业投资基金，重点投向具备原始创新、集成创新或消化吸收再创新等属性，且处于初创期、早中期的创新型企业。激活全省创业投资潜能，推动创新资源集聚，通过资金链引导创业创新链、创业创新链支持产业链、产业链带动就业链，形成大众创业、万众创新的良好发展环境，促进战略性新兴产业加快发展。

4. 加大财税政策支持

财政专项资金向战略性新兴产业倾斜，重点支持战略性新兴产业企业发展，通过财政资金引导带动企业加大科技投入。全面落实企业研发费用税前加计扣除、高新技术企业所得税优惠、进口设备减免税等国家促进战略性新兴产业发展的税收政策。

5. 提高科技成果本地转化率

充分发挥高等院校和科研院所创新能力强、科技成果多的优势，以改革科技成果转化激励机制为核心，完善促进科技成果本地转化和产业化的政策措施，提高科技成果本地转化率。建立科技成果信息发布和共享平台，健全以技术交易市场为核心的技术转移和产业化服务体系。加快国防科技成果转化和产业化进程，推进军民技术双向转移转化。

6. 推进创新体系建设

推进工程实验室、工程研究中心、重点实验室、工程技术研究中心、企业技术中心等创新平台建设，吸纳企业和科研院所参与省重大科技专项计划的决策和实施。建立一批跨区域产业创新联盟，开展产学研用协同创新。建设一批促进新兴产业与传统产业协同创新的公共服务平台，促进科技成果转化和推广应用。建设重点领域工程数据中心，为企业提供创新知识和工程数据的开放共享服务。

7. 发展壮大产业集群

积极推进生物技术产业、电子信息产业、机器人、通用航空、海工装备等产业集群的发展和壮大，发挥产业集群辐射带动作用，引导生产要素向产业集群和优势企业集聚。

8. 加强人才培养和引进

引导和支持高等院校和科研机构围绕战略性新兴产业发展的人才需求调整、新设学科和专业，加快培养战略性新兴产业发展所需的各类人才。继续实施海外学子辽宁创业计划、海外研发团队引进工程、十百千高端人才引进工程等，引进一批创新型人才。

9. 加大知识产权支持力度

加强辽宁省战略性新兴产业企业的知识产权创造、运用、保护和管理能力，对新兴产业知识产权的申请和保护按现行政策规定给予财政扶持。支持战略性新兴产业企业发展名牌产品和创品牌活动。①

第三节　旅游业及其布局

国务院文件《关于加快旅游业发展的若干意见》提出，要把旅游业建设成为战略性支柱产业。辽宁省旅游资源丰富——自然山水秀丽壮观，人文历史光辉灿烂，旅游业在国民经济发展中作用巨大，在增加社会就业、调整产业结构、提高居民生活和居住质量等方面，都将发挥越来越大的作用。

一、辽宁旅游发展概况

（一）总体情况

改革开放以来，辽宁省旅游业的发展经历了从无到有、从小到大、从弱到强的过程，旅游业的发展规模不断壮大，产业形象愈加鲜明，旅游业在全省的产业地位和作用不断增强，全省可持续性旅游业的发展成绩斐然，谱写了辽宁省旅游业又好又快发展的华彩篇章。旅游业的快速发展使其自身逐渐成长为辽宁省新的经济增长点，并确立了其在第三产业中的重要地位，旅游业成为辽宁省最具活力和发展潜力的服务行业之一。今天的辽宁省正逐步由旅游资源大省向旅游经济强省发展，可持续发展的旅游业也逐渐由朝阳产业发展为全省的支柱性产业。② 2015 年，全省接待国内外旅游者39974.7 万人次，其中接待国内旅游者 39710.7 万人次，接待入境过夜旅游

---

① 辽宁省人民政府.辽宁省壮大战略性新兴产业实施方案［EB/OL］.2015-07-28.
② 王霞.辽宁省旅游业可持续发展研究［D］.大连海事大学硕士学位论文，2011.

者 264.0 万人次。在入境过夜旅游者中，外国人 203.4 万人次，港澳台同胞 60.6 万人次。全年旅游总收入 3722.7 亿元，其中国内旅游收入 3622.7 亿元，旅游外汇收入 16.4 亿美元。表 6-3 为 2000~2014 年辽宁省旅游业发展情况。

表 6-3　辽宁省旅游业发展情况

单位：万人次，亿元，亿美元，%

年份 指标	2000	2005	2010	2011	2012	2013	2014
入境旅游人数	61.22	130.20	361.80	410.33	473.13	503.13	260.70
外国人	50.05	111.11	307.01	344.41	388.59	401.70	200.62
港澳台同胞	11.17	19.09	54.79	65.92	84.55	101.43	60.08
国内居民出境人数	10.52	21.30	146.90	132.40	141.60	203.50	250.31
国内旅游人数	4263	9860	28278	32564	36282	40427	45925
国际旅游收入	3.40	7.38	22.59	27.13	31.83	34.77	16.18
国内旅游收入	224	675	2533	3159	3742	4433	5190
美元兑人民币	8.2784	8.1013	6.622	6.483	6.369	6.131	6.247
国内生产总值	4669.1	8047.3	18457.3	22226.7	24846.4	27213.2	28626.6
旅游业总收入与 GDP 的比	5.40	9.13	14.53	15.00	15.88	17.07	18.48

资料来源：辽宁省各有关年份统计年鉴。

（二）布局情况

辽宁省各地旅游发展很不平衡，大连、沈阳最好，各项指标都名列前茅；铁岭、阜新、朝阳等辽北、辽西最差。这是由旅游资源、沿海区位和经济实力综合决定的。具体如图 6-1~图 6-4 所示。

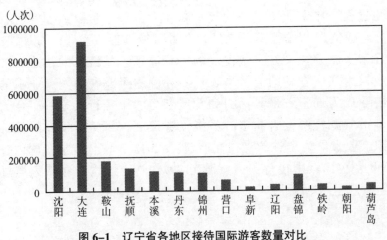

图 6-1　辽宁省各地区接待国际游客数量对比

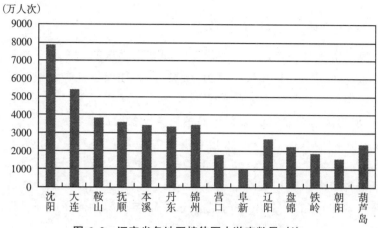

图6-2　辽宁省各地区接待国内游客数量对比

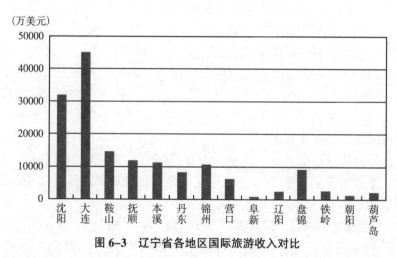

图6-3　辽宁省各地区国际旅游收入对比

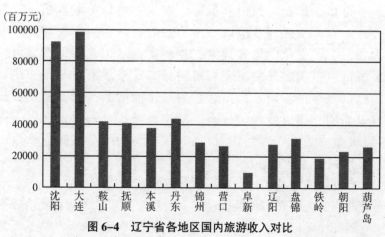

图6-4　辽宁省各地区国内旅游收入对比

二、辽宁旅游开发战略策略

辽宁旅游资源分布广泛，自然旅游资源和人文旅游资源相互映衬，互补性较强，区域特色明显，有些旅游资源品位较高。如何更加合理地开发利用旅游资源，是辽宁旅游业战略规划的重要内容之一。

（一）加强海滨风景带的规划和保护，突出各段海滨特色

辽宁省岸线漫长，有2178公里长的沿海地带。海滨风景带城市较多，以丹东、大连、营口、盘锦、锦州、葫芦岛、兴城市为依托，开发条件好。辽宁海滨风景带各段海岸类型不同，风景各异：辽东是淤泥质海岸，在海积平原和潮间带分布着残丘和形态各异的孤岛，形成别有情趣的海岸风光；辽南属于山地丘陵海岸，山丘临海每见悬崖峭立，海岸蜿蜒时有奇礁怪石，形成山、海、礁、岛等海滨风光；辽西海岸多为低谷地剥蚀岩岸，海水清澈，沙滩平展，浴场开阔，自然景观与人文景观融合较好。辽宁海滨风景带的开发应该制定总体规划，确定开发目标、层次和内容，使海滨各段得到合理的开发利用，体现出各段海滨的特色。对已开发利用的海滨要进行微观规划和深层次的开发，对未被开发利用的海滨开发时，应注意补别人之所缺、补己之所短，突出特色，避免重复建设。人工构景及设施应注意突出北方特色，不能把"热带风光"构景强拉硬搬过来，显得不伦不类。

开发海滨风景带应注意：一是保护海滨环境，减少污染和破坏。二是控制对海滨风景带的不合理占用。三是开发建设不能破坏景观的整体美与自然美。规划和保护是旅游开发中的重大问题，应给予高度重视。

（二）以城市为中心向四周辐射，以"点"带"面"

旅游业发展应以城市为依托。辽宁省城市密集，城市间交通便利，沈阳、大连、丹东、锦州、鞍山、抚顺、本溪、营口等城市相对较集中，景点相距较近。旅游资源开发应以城市为中心，向四周辐射开发。市内开发以文化为主，突出文化内涵和气氛，逐步实现城市建筑景观化。鞍山、抚顺等工矿城市可以增加开发工业旅游项目，辽宁还可以开发一些农业旅游项目，进而以每个中心城市为主进行各城市间的连线开发建设。开发应突出中心建设周围、建设沿线的原则。对重点城市、重点景点应实行"孔雀开屏"（以城市或景点向四周辐射）和"众星拱月"（从四周景点向此城市或景点汇聚）式开发建设。

对离城市较远的地域实行点状开发，逐步连接成线、成片。选点设计路线要注意巧配时空，力争有多种组合连线，达到景点聚散各领风光的效果。

辽宁旅游开发要以大连、沈阳、丹东、锦州等重点城市为龙头，以接待能

力较强，交通方便的城市为重点，搞好统一规划和开发建设，形成全方位、开放式的大旅游网络。

（三）在"海"和"山"字上做文章，发挥旅游资源优势

辽宁省是我国最北的沿海省份，横跨黄海、渤海两个海域。辽宁又是个多山地的省份，山地海拔适中。把海和山作为开发重点是辽宁旅游资源特点所决定的，同时也是旅游发展趋势所决定的。旅游自产生之日起就以"游山玩水"为基本内容，现代旅游虽不满足于游山玩水，但是山地海滨仍是游客重点流向地，仍为旅游的一个重要内容，只是游玩的内容更加丰富，内涵加深了，回归大自然成为当今旅游的一种时尚。

在"海"字上做文章，主要是在增强吸引力及功能上下功夫。根据海岸线不同特点及各段海滨与人文景观结合的情况，分别规划建设海上娱乐区、海上运动区、海上垂钓区、海滨度假区、海滨疗养区、海滨文化区、水族展览区等，使每段各具特色，丰富海滨旅游内容，增强吸引力，提高吸引层次和内涵。

在"山"字上做文章，主要是对东部山地的千山、凤凰山、九顶铁刹山、药山等名山要通过借用或深加工的办法，修葺旧景，增添新景、新内容，尤其是冬季旅游项目，同时要突出各山特色。对冰峪沟、青山沟等风景优美、空气清新的山地，应在保护环境、突出自然风貌、增强野趣上下功夫，人工构景不宜过多、过显、过大，应就地取材、点景引入，要与自然环境相融合，切忌模仿照搬。对西部山地开发应在增加文化内涵上下功夫，辽西旅游资源以文化为主，山地与人文景观组合较好，辽宁推出的"中华五千年文明史迹线"、"秦始皇东巡史迹线"、"佛教东传之路线"等以文化内容为主的重点旅游线都经过西部山地，所以开发导向应注意文化内涵，使之具有自己的特色。[①]

（四）辽宁旅游开发中应注意的问题

旅游资源开发的目的在于利用，开发是以规划为依据的，规划是在资源调查、评价的基础上提出的。这就需要对辽宁旅游资源进行细致的调查、科学的分析和评价，进行横向对比，找出特色，同时要注意以下问题。

1. 突出特色，增强吸引力

特色是旅游区（点）的"特殊本质"，有特色才有生命力和竞争力，也才有吸引力。特色有以下两种：一是旅游资源本身固有，需要通过开发而进一步加强的；二是人工创造与创新的。辽宁旅游资源开发要在突出特色上下功夫，应注意开发风格多样、特征各异的旅游产品，把全省旅游资源

---

① 夏学英. 辽宁旅游资源区域特色及开发战略 [J]. 沈阳师范学院学报（社会科学版），2000，6（24）.

充分组合起来，设计出几条特色显著的专题旅游路线，力争做到唯我独有，人有我特。

2. 注意自然美与人工美的和谐统一

开发自然风光应注意突出"自然"二字，自然美是客观美、真实美，人工构景不宜过多、过大、过显，要巧妙选位和造型，依山就势，借物立意，高低错落有致，应注意与自然环境交织融合。开发人文历史景观应尽量保持原貌，因为历史遗迹除了具有审美、观赏价值外，还具有历史价值，新增设施和项目应注意突出景观的主题风格及意义。

3. 优化旅游产业布局

构建"一圈两带一区"的旅游产业布局：打造以沈阳为核心，鞍山、抚顺、本溪、辽阳、阜新和铁岭为支撑的都市旅游圈，建设东北亚地区具有重要影响力的都市购物休闲旅游区。打造以大连市为龙头，紧密连接丹东、锦州、营口、盘锦、葫芦岛的沿海旅游带，依托滨海大道，利用海洋、海岛、海滨资源，大力开发涉海旅游产品。同时，辐射东北腹地，形成海陆联动旅游发展新格局。打造辽沈文化旅游带，整合沈阳、抚顺、锦州、阜新、朝阳和葫芦岛等市的历史、宗教、民俗和古生物等丰富的文化资源，开发辽沈特色文化旅游产品。打造辽东生态旅游休闲度假区，依托丹东鸭绿江旅游风景区、赴朝旅游集散中心和抚顺、本溪山水林精品旅游区，开发"沿山林、沿江湖、沿边境"等特色生态旅游休闲度假产品。各级政府要根据旅游产业布局的要求，编制旅游产业发展中长期规划和专项规划，并认真组织落实。

4. 促进旅游产业融合发展

推动旅游产业与生态发展、现代农业融合，大力开发以乡村旅游、沟域森林旅游、温泉旅游、湿地旅游和海洋旅游为重点的生态旅游产品；紧密结合美丽乡村、森林抚育、流域治理、海洋海岛治理、湿地保护利用、特色农业聚集区、生态省建设等工作有机推动旅游产业发展。推动旅游产业与工业融合，一方面，发挥全省工业遗产丰富的优势，发展工业旅游，开发钢铁、飞机、机器人、机床、汽车、油田等工业旅游产品；另一方面，发挥全省工业基础雄厚的优势，大力发展旅游装备和旅游生活用品制造业，培育旅游装备产业集群。推动旅游产业与文化融合，打造具有国际影响力的红山文化、宗教文化、工业文化、海洋文化、东北民俗文化等主题鲜明的文化旅游示范区。以文化旅游资源特别是红色旅游资源为载体，创建国家级社会主义核心价值观培训基地和青少年学生夏令营、冬令营教育基地。推动旅游产业与新型城镇化融合，在旧城改造和新城建设中增加旅游元素，注重保护文化名城、街区，推动规划融合、功能融合、产城融合，提升城市的知名度和影响力。

推动旅游产业与信息化融合，积极发展"智慧旅游"，建设辽宁智慧旅游综合服务体系。

5. 创新旅游业态和产品

围绕休闲度假、研学、养老、健康等大众化旅游消费市场需求，整合创新旅游业态和旅游产品，延伸产业链条，培育旅游消费热点，扩展旅游消费空间。积极发展自驾游、体育赛事游、邮轮游艇、展会节庆游等新型旅游业态。开发疗养康复、特色医疗、体检保健、整形美容等健康旅游产品。大力发展购物旅游，培育大型旅游商品生产企业，鼓励特色商品购物街（区）和各类专业市场建设，支持旅游购物场所申报 A 级景区评定，探索在机场、港口以及重要旅游目的地设立免税店。

6. 打造精品旅游体系

整合"吃、住、行、游、购、娱"旅游要素，打造辽宁精品旅游体系。十大精品旅游景区：沈抚一宫三陵、大连金石滩国家旅游度假区、大连香洲田园城、鞍山千山玉佛苑风景名胜区、抚顺丰远热高乐园、本溪水洞风景名胜区、丹东鸭绿江国家风景名胜区、营口熊岳温泉旅游度假区、盘锦红海滩湿地风景名胜区、葫芦岛兴城绥中海滨风景名胜区。五大精品旅游线路：辽宁中部八市游、辽宁沿海六市游、辽沈历史文化游、辽东边境风情游和哈大高铁体验游。六大主题：冰雪温泉、海滨度假、历史文化、生态休闲、边境风情和欢乐体验。四季特色：北方春色游、消夏避暑游、赏枫采摘游、冰雪温泉游。

7. 深化旅游区域合作

加强与韩国、日本、俄罗斯、东南亚及中国港澳台等传统客源地旅游机构的合作；联合吉林、黑龙江和内蒙古，整合旅游资源，共同培育大东北旅游区域品牌；主动与北京等环渤海省市对接，积极推动与长三角、珠三角等重要客源地的游客互换，构建务实高效、互惠互利的省际、国际区域旅游一体化合作机制。推动全省旅游一体化发展模式，组建由"吃、住、行、游、购、娱"六要素相关企业构成的旅游产业联盟，构建利益共享、风险共担的合作机制，发挥资源、产品、价格和区域优势，提升综合竞争力。[①]

---

① 辽宁省人民政府. 关于促进旅游产业改革发展的实施意见［EB/OL］. 2014–12–19.

第七章　地域分异与分区建设

第一节　地域分异的总体特征与空间战略

从地域上看，辽宁省的城市主要分布在中部和南部，又由于自然地理、社会变迁和工业经济发展历程等原因，形成了明显的地域差异。

一、国土资源的空间分异

（一）地形

辽宁省地势自北向南、自东西向中部倾斜，山地和丘陵大致分列于东西两厢，中部是平原，山脉河流多呈东北—西南走向。地形地势、山脉河流、土壤植被在一定程度上体现了陆地和海洋过渡类型的自然地理特征。根据其地势特点和地貌组合，大致可分为三大区：辽东低山丘陵区、辽中平原区和辽西低山丘陵区。

辽东低山丘陵区的西部为长白山脉的延伸部分，东北—西南走向，东北部海拔 1000 米左右，向西南逐渐降到 200 米以下。区内气候湿润，山多林密，是辽宁主要林业基地。沈丹铁路以西以南为辽东半岛丘陵，辽东半岛的西北和东北濒临黄渤海，港湾、渔场等海洋资源丰富。

辽西低山丘陵区以彰武—新立屯—北镇—小凌河口一线为界，地势自西北向东南倾斜，海拔自 1000 米左右逐渐下降至 300~500 米的丘陵。西部地区资源枯竭、生态环境较差，东侧和辽河平原断层相接，相对高度很大。东缘的临海狭长平原，习惯上称为"辽西走廊"，是中国东北进出华北的主要陆上通道。

辽中平原区位于上述两个低山丘陵之间的长方形平原，自东北向西南倾斜。由辽河及其 30 余条支流冲击而成，属于东北平原的一部分，面积约占全省的 1/3，地势平坦，土壤肥沃，水源充足，是辽宁省主要农业区和商品粮基地。

图 7-1 为辽宁省地形结构。

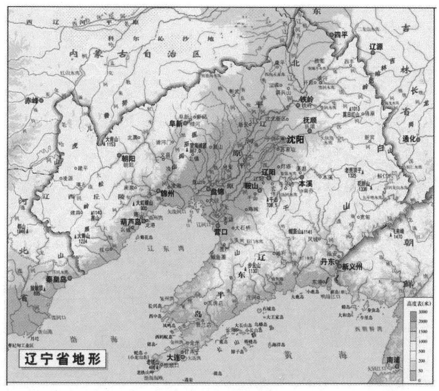

图 7-1 辽宁省地形结构

（二）气候

辽宁省地处欧亚大陆东岸，属于温带大陆型季风气候区，是东北地区降水量最多的省份，年降水量在 600~1100 毫米。总的气候特点是：境内雨热同季，日照丰富，积温较高，冬长夏暖，春秋季短，雨量不均，东湿西干。

由于全省各地的纬度不同、距离大陆和海洋的远近不同，尤其是受辽东半岛、辽东低山丘陵、辽西低山丘陵等夹峙的影响，境内气温、降水等气候条件由南向北、由东向西、由山地到平原，以及由冬到夏都有明显的差异，对农业生产与分布有直接影响。辽宁东西高、中部低的马鞍型地势对气流起重要作用，东部山地丘陵区年降水量在 1100 毫米以上，是辽宁省最为湿润的地区；西部山地丘陵区与内蒙古高原相连，年降水量在 400 毫米左右，是全省降水最少的地区，呈现半干旱特色；中部平原降水量比较适中，年平均在 600 毫米左右。全年平均气温在 5~10℃，受季风气候影响，各地温差较大，自西南向东北、自平原向山区递减。

（三）自然资源

辽宁中南部沿海地区紧靠黄、渤二海，海岸线及临海面积都较大，海岸线2100多公里，拥有丰富的水产资源、港口资源、矿产资源和旅游资源；在东西部山地丘陵区，拥有相对丰富的森林资源、野生动植物资源，特别是东部山地丘陵地区，有较丰富的野生食用植物、酿酒类植物、野生纤维植物、造纸类植物、野生油脂植物、橡胶类植物、野生药材类植物等，其他地区较少；煤矿资源主要集中在阜新、抚顺、鞍山等地区；辽宁省地表水资源缺乏，人均占有量仅为全国的1/3，而且水资源在地区分布上极不平衡，东部多，西部少，在季节分配上也极不均匀，年际间变化极大。

二、社会经济活动的空间分异

区域经济和社会的发展取决于区域产业的发展，而由于辽宁省各地的资源禀赋、区位特点、产业基础与发展潜力不同，其区域产业发展与产业布局也存在着较大的差异，传统上已经形成了辽中经济区、辽东南沿海经济区和辽西沿海经济区的空间分异格局。

（一）辽中经济区

辽中经济区以沈阳为中心，地处辽宁省的中部区域，范围包括沈阳、鞍山、抚顺、本溪、营口、辽阳和铁岭7个省级市及所辖的7个县级市、14个县和441个小城镇。该区聚集了辽宁省50%以上的人口、60%以上的经济总量，大中城市密集，产业发展具有较强的关联性和互补性。

本区按照地理特性和经济发展程度，又可分为中部平原地区和东部山区地区。辽中中部平原地区资源丰富、城市密集、科技发达、产业基础雄厚、基础设施完备，是重要的能源、原材料、重大装备制造业和重要国防战略产业基地，是东北地区的经济核心，目前已经形成了沈阳机械工业基地，鞍山、本溪著名的钢铁工业基地，营口轻纺工业基地和辽阳化纤工业基地；东部山区受区位条件和自然条件的限制，经济相对落后，但东部山区是辽宁省林业、柞蚕丝、烤烟生产基地；同时该区森林茂密、河流纵横，是中部平原的天然屏障和重要的水源涵养区。

（二）辽东南沿海经济区

辽东南沿海经济区位于辽宁省的东南部，以大连为龙头，营口和丹东为两翼，面临黄海和渤海，海岸线长2035公里，占全省海岸线的70%。该区海洋资源丰富，交通运输通畅，工业基础雄厚，农渔产品优良，城市功能完善，临港产业尤为发达，是辽宁三大经济区中经济最发达、开放度最高的地区，拥有石化、电子、装备业、船舶制造业和轻纺工业等支柱产业，加工贸易和金融等现代服务业也较为发达。此外，该区区位条件优越，是东北亚重要的对外贸易港口，同世界上众多国家和地区通航，是国际产业梯度转移的重要承接地。

（三）辽西沿海经济区

辽西沿海经济区由锦州、阜新、朝阳、盘锦和葫芦岛5个省辖市组成，下辖11个县、5个县级市。该区面积占辽宁省总面积的近40%，人口占总人口的30%。

从地理位置和经济发展水平上看，本区又可以分成两个经济带：朝阳、阜新形成了内陆经济带；锦州、葫芦岛、盘锦形成了沿海城市群经济带。

阜新和朝阳位于辽西内陆地区，区位条件较差，经济发展落后，同时阜新属于典型的经济结构单一、以煤炭生产为主导的资源枯竭型城市，是资源型城市发展接续产业工作的重点类型和区域；朝阳市位于辽宁省西部，以农业发展为主，生态环境较差，经济发展落后。

锦州、葫芦岛、盘锦等沿海城市群经济带自然地理条件优越、港口资源丰富，同时该区具有雄厚的物质技术基础和良好的社会基础。尤其是产业基础，炼油、造船、石化、有色加工、能源重化工产业优势突出，港口等交通设施比较齐全，物流支撑具备，临港工业较为发达。但相对辽中和辽东经济区而言，辽西地区在全省经济发展中相对落后，是今后辽宁省开发的重点和难点，同时该区也具有相对比较优势，是辽宁省新的经济增长区。

三、空间发展战略

深入实施辽宁沿海经济带、沈阳经济区、辽西北三大区域发展战略，推动辽中南城市群建设，形成优势互补、协同互动、竞相发展的区域发展新格局。

（一）高水平推进辽宁沿海经济带开发建设

推动港口资源整合，基本建成大连东北亚国际航运中心、国际物流中心和区域金融中心，支持锦州建设辽西区域中心城市。坚持陆海统筹，对接"俄蒙欧"，积极参与中韩自由贸易区建设，加快建成产业结构优化先导区、经济社会发展先行区。

（二）深入推动沈阳经济区协同发展

积极推进辽宁中部城市共同体建设。探索协同发展体制机制，实施八市规划编制衔接统筹，推动区域合作，拓展城际间互联互通和深度融合，以支持沈阳建设国家中心城市为核心，加快以沈抚同城为重点的沈本、沈铁、沈辽鞍营、沈阜同城化、一体化步伐，打造具有较强竞争力和影响力的城市群和新型工业化先导示范区。以建设沈阳国家全面创新改革试验区为引领，深入开展沈阳经济区国家新型工业化综合配套改革试验，创新政府与社会合作、政产学研用产业创新战略联盟等新机制、新方式，加快推进"两化"融合，探索建立促进传统产业转型升级的体制机制，提高传统产业核心竞争力，率先落实"中国制造 2025"战略。

（三）加大突破辽西北的力度

推进基础设施、现代农业和重点产业集群建设，加强生态环境保护，积极支持阜新等资源型城市转型发展，实施精准扶贫、精准脱贫，落实产业、财政、金融、科技、人才"五项转移"扶持政策，打造对接京津冀协同发展战略的先行区和辽宁经济发展新的增长极。

（四）充分发挥各市优势

扬长避短，由过去的两极发展向多极发展、多点支撑发展格局转变，在推进沈阳、大连第一方阵城市加快发展的同时，促进其他 12 个市在原有方阵中向前迈进、竞相发展，使全省经济三个方阵的梯次差距明显缩小。

（五）支持民族和边境地区发展

深入贯彻落实扶持民族地区、边境地区发展的政策，创造更多的条件，统筹推动民族和边境地区加快发展。加强城乡基础设施建设和社会事业发展，提高生产生活保障能力和基本公共服务水平。支持设施农业及特色资源加工业发展，扶持民族产业发展和民族特需商品生产，探索推进特色产业"互联网+"工程，大力发展生态旅游经济。加强少数民族语言文字、民族手工艺、传统医药等传统文化保护，抢救和保护少数民族濒危非物质文化遗产。扶持锡伯族等人口较少民族的发展。加强少数民族特色村镇保护与发展。加大少数民族聚居区文化发展的扶持力度。

（六）提高边境地区开发开放水平

积极推进丹东沿边重点开发开放试验区建设，支持设立跨境旅游合作区，在口岸通关、跨国通道、跨境物流、互市贸易、出境加工等方面取得突破。充分发挥区位优势，大力加强与东北东部地区的合作发展，加快东北东部经济带建设。实施兴边富民行动计划，提高边境地区发展水平和边民生活水平。做好边防、海防工作，确保边境地区和谐稳定。

（七）推动资源枯竭城市转型发展

以发展接续替代产业、加快地质灾害综合治理为重点，阜新市大力发展高端装备制造及配套、绿色食品及农产品加工、氟化工、皮革加工及制品、板材家居等产业，推进海州露天矿治理，建设新型煤化工产业基地和新能源示范城市；抚顺市积极发展精细化工、现代焊接等产业，开展采煤沉陷区综合治理，创建资源型城市可持续发展转型创新试验区；北票市发展粉末冶金、环保装备和能源建材；南票区大力发展循环经济；弓长岭区进一步发展温泉旅游业；杨家杖子加强民生基础设施建设。推动成熟型城市加快发展，以高效开发利用资源、提高资源型产业技术水平、延伸产业链条为重点，本溪市推动冶金和建材产业改造升级，加快发展现代医药、钢铁深加工、旅游和健康服务业；调兵山市积极发展煤炭深加工、煤机、高端精密医疗器械和农产品加工产业。

（八）推动再生型城市创新发展

以改造提升传统产业、培育发展新兴产业为重点，鞍山市发展钢铁深加工、装备制造、菱镁材料和精细化工四大产业集群，推动激光产业等新兴产业发展；盘锦市加快发展石化及精细化工、石油天然气装备制造、塑料新材料、海洋工程四大产业集群，积极发展农产品加工及以旅游、商贸和物流为重点的现代服务业；大石桥市加快发展以镁质材料为中心的新材料，积极发展现代农业、商贸物流业。

（九）大力发展蓝色经济

坚持陆海统筹，提高海洋资源开发能力，统筹协调海洋发展空间、陆海资源开发、产业布局、基础设施建设、生态环境保护等，构建陆海两大系统优势互补、良性互动、相容并济的可持续发展格局。①改造提升传统海洋经济。促进海洋渔业向水产健康养殖、现代海洋牧场、远洋捕捞业转型，推动水产品精深加工和外贸出口业发展，加快海洋渔业由规模数量型向质量效益型转变，全面构建现代渔业产业体系。推进海洋航运、港口物流、滨海旅游和临港产业等涉海产业优化升级，向循环经济发展方式转变。②发展海洋新兴产业。实施蓝色经济创新驱动战略，加快培育发展蓝色经济新业态。大力发展海洋工程装备、海洋生物医药、海洋功能食品、海水淡化利用、海洋能源等海洋新兴产业。增强海洋经济发展的科技创新支撑能力，加强海水综合利用、海洋油气资源勘探、高性能海上移动观测平台、新型深水钻井平台等领域的核心技术研发应用。提高海洋经济信息化水平，打造智慧海洋。

第二节　主体功能区建设

一、主体功能区划分

（一）主体功能区划分类型

根据国土空间综合评价，基于不同区域的资源环境承载能力、现有开发强度和未来发展潜力，统筹考虑国家和全省经济发展战略布局，以是否适宜大规模高强度工业化、城镇化开发为基准，将全省国土空间划分为以下主体功能区：按开发方式，分为优化开发区域、重点开发区域、限制开发区域和禁止开发区域；按开发内容，分为城市化地区、农产品主产区和重点生态功能区；按层级，分为国家级和省级两个层面。

（1）优化开发区域是指经济比较发达、人口比较密集、开发强度较高、资源环境问题更加突出，应该优化进行工业化、城镇化开发的城市化地区。

（2）重点开发区域是指有一定经济基础、资源环境承载能力较强、发展潜力较大、集聚人口较多，经济条件较好，应该重点进行工业化、城镇化开发的城市化地区。

（3）限制开发区域分为两类：一类是农产品主产区，即耕地较多、农业发展条件较好，尽管适宜工业化、城镇化开发，但从保障农产品安全的需要出发，必须把增强农业综合生产能力作为发展的首要任务，应该限制进行大规模高强度工业化、城镇化开发的地区；另一类是重点生态功能区，即生态系统脆弱或生态功能重要，资源环境承载能力较低，不具备大规模高强度工业化、城镇化开发的条件，必须把增强生态产品生产能力作为首要任务，应该限制进行大规模高强度工业化、城镇化开发的地区。

（4）禁止开发区域是指依法设立的各级各类自然文化资源保护区域，以及其他禁止进行工业化、城镇化开发，需要特殊保护的重点生态功能区。

（二）辽宁省主体功能区划分

辽宁省各类主体功能区划分如下：

优化开发区域 11324 平方公里，占全省的 7.65%。

重点开发区域 38861.4 平方公里，占全省的 26.26%。

农产品主产区 68411.6 平方公里，占全省的 46.22%。

重点生态功能区 29403 平方公里，占全省的 19.87%。

禁止开发区域为 221 处各类保护区域，点状分布在上述区域之中，总面积为 34268.03 平方公里。

辽宁省主体功能区规划如图 7-2 和表 7-1 所示。

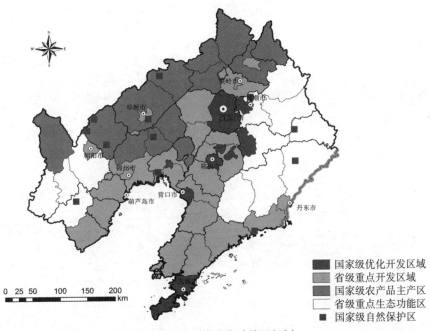

图 7-2 辽宁省主体功能区规划

资料来源：360 图片，http: //image.so.com/。

二、优化开发区域

(一) 功能定位和发展方向

1. 功能定位

全省国家级优化开发区域包括沈阳、大连、鞍山、抚顺、本溪、营口、辽阳、盘锦 8 个市的 36 个辖区，面积 11324 平方公里，占全省总面积的 7.65%。区域功能定位为：东北地区对外开放的重要门户和陆海交通走廊，全国先进装备制造业和新型原材料基地，重要的科技创新与技术研发基地，辐射带动东北地区发展的龙头。信息化和工业化深度融合、工业化和城镇化良性互动、城镇化和农业现代化相互协调的示范区，全省人口和经济密集区。

加快辽宁沿海经济带开发开放，统筹发展具有国际竞争力的临港产业，强

表 7–1　辽宁省主体功能区规划一览表

主体功能区类型	级别名称	区域范围
优化开发区域（11324平方公里，7.65%）	国家级优化开发区域（包括 8 个市的 36 个辖区）	沈阳市：和平区、沈河区、大东区、皇姑区、铁西区、东陵区（浑南新区）、苏家屯区、沈北新区、于洪区
		大连市：中山区、西岗区、沙河口区、甘井子区、旅顺口区、金州区
		鞍山市：铁东区、铁西区、立山区、千山区
		抚顺市：新抚区、东洲区、望花区、顺城区
		本溪市：平山区、溪湖区、明山区、南芬区
		营口市：站前区、西市区、老边区、鲅鱼圈区
		辽阳市：白塔区、弓长岭区、太子河区
		盘锦市：双台子区、兴隆台区
	省级优化开发区域	无
重点开发区域（38861.4平方公里，26.26%）	国家级重点开发区域	无
	省级重点开发区域（包括 38 个县市区及 76 个重点开发的城镇）	沈阳市：辽中县、新民市
		大连市：瓦房店市、普兰店市、庄河市
		鞍山市：海城市
		丹东市：元宝区、振兴区、振安区、东港市
		锦州市：古塔区、凌河区、太和区、凌海市
		营口市：盖州市、大石桥市
		阜新市：海州区、新邱区、太平区、细河区、清河门区
		辽阳市：文圣区、宏伟区、辽阳县、灯塔市
		盘锦市：大洼县、盘山县
		铁岭市：金州区、清河区、调兵山市、铁岭县
		朝阳市：双塔区、龙城区
		葫芦岛市：连山区、南票区、龙岗区、兴城市、绥中县
		76 个重点开发的城镇（面积 14896.3 平方公里，占全省总面积的 10%）

续表

主体功能区类型	级别名称			区域范围
限制开发区域（97814.6平方公里，66.09%）	农产品主产区（68411.6平方公里，46.22%）	国家级农产品主产区	县域整体的农产品主产区（包括13个县市，面积35980.6平方公里，占全省总面积的24.31%）	沈阳市：法库县、康平县
				鞍山市：台安县
				锦州市：北镇市、黑山县、义县
				阜新市：阜蒙县、彰武县
				铁岭市：开原县、西丰县、昌图县
				朝阳市：建平县、北票市
			点状分布的农产品主产区乡镇（分布在26个县市区，面积32431平方公里，占全省总面积的21.91%）	281个乡镇
		省级农产品主产区		无
	重点生态功能区（29403平方公里，19.87%）	国家级重点生态功能区		无
		省级重点生态功能区	水源涵养型（包括8个县市）	鞍山市：岫岩县
				抚顺市：抚顺县、新宾县、清苑县
				本溪市：本溪县、桓仁县
				丹东市：凤城市、宽甸县
			水土保持型（包括4个县）	朝阳市：凌源市、朝阳县、喀左县
				葫芦岛市：建昌县
			生物多样性维护型（包括1个县）	大连市：长海县
禁止开发区域（211处，面积34268.03平方公里）	国家级禁止开发区域（63处，15832.66平方公里）			国家级自然保护区（15处，9583.17平方公里）
				世界文化自然遗产（6处，1.09平方公里）
				国家级风景名胜区（9处，1863.92平方公里）
				国家森林公园（29处，1412.47平方公里）
				国家地质公园（4处，2972.01平方公里）
	省级禁止开发区域（158处，18435.37平方公里）			省级和市县级自然保护区（84处，9573.23平方公里）
				省级风景名胜区（14处，1267.31平方公里）
				省级森林公园（42处，839.49平方公里）
				重要湿地及湿地公园（12处，6611.88平方公里）
				水产种质资源保护区（6处，143.46平方公里）

注：因主管部门差别，表中的一些禁止开发区域之间存在重叠。
资料来源：辽宁省人民政府. 辽宁省主体功能区划［ED］. 辽政发〔2014〕11号.

化科技创新与技术研发功能，建设成为东北地区对外开放的重要平台、我国沿海地区新的经济增长极。

加快沈阳经济区新型工业化、城镇化一体化发展步伐，加强城市间分工协作和功能互补，促进产业转型升级；提升产业的整体竞争力，建设先进装备制造业、重要原材料和高新技术产业基地和东北亚地区重要的经济中心。

强化沈阳、大连中心城市功能，加强综合服务功能和辐射带动能力，增强节点城市综合实力。沈阳建设成为国家中心城市、东北亚商贸物流服务中心和东北区域金融中心，大连建设成为东北亚国际航运中心、国际物流中心和区域性金融中心。

2. 发展方向

区域发展方向和开发原则是：率先加快转变经济发展方式，调整优化经济结构，构建现代产业发展新体系，提升参与全球分工与竞争的层次。

优化空间结构。减少工矿建设空间和农村生活空间，适当扩大服务业、交通、城市居住、公共设施空间，扩大绿色生态空间。

优化城镇布局。进一步健全新型城镇体系，促进城市集约紧凑发展，围绕区域中心城市明确各城市的功能定位和产业分工，加强分工协作，提高区域的整体竞争力。

优化人口分布。合理控制沈阳、大连等特大城市主城区的人口规模，增强周边地区和其他城市吸纳外来人口的能力，引导人口均衡、集聚分布。

优化产业结构。推动产业结构向高端、高效、高附加值转变。积极发展节能、节地、环保的先进装备制造业和高加工度原材料工业，特别是精细化工产业。大力发展拥有自主知识产权的高技术产业。加快发展现代服务业，努力构建以服务经济为主的产业结构。积极发展科技含量和附加值高的海洋产业。大力发展都市型农业、节水农业、绿色有机农业和现代种植业。

优化发展方式。率先实现经济发展方式的根本性转变。提高清洁能源比重，推广天然气有效利用，壮大循环经济规模，广泛应用低碳技术，大幅度降低二氧化碳排放强度，实现垃圾无害化处理和污水达标排放。

优化基础设施布局。优化交通、能源、水利、通信、环保、防灾等基础设施的布局和建设，提高基础设施的区域一体化和同城化程度。

优化生态系统格局。把恢复生态、保护环境作为必须实现的约束性目标。严格控制开发强度，加大生态环境保护投入，加强环境治理和生态修复，净化水系、提高水质，切实严格保护耕地以及水面、湿地、林地和文化自然遗产，保护好城市之间的绿色开敞空间，改善人居环境。

（二）区域发展定位及重点

1. 沈阳市

沈阳市域优化开发区域包括和平区、沈河区、大东区、皇姑区、铁西区、东陵区（浑南新区）、苏家屯区、沈北新区、于洪区。

功能定位：国家中心城市，世界级先进装备制造业基地，国家级文化和科技融合示范基地，东北亚商贸物流服务中心，东北区域金融中心，沈阳经济区的核心城市。

重点发展战略性新兴产业、先进装备制造业、高加工度原材料工业、现代服务业、高技术产业、文化和科技融合产业、现代农业，建设具有较强国际竞争力的数控机床产业基地、国内最大的民用发动机研发制造基地、具有影响力的"中国软件名城"。

充分发挥沈阳市作为区域核心城市的辐射作用，以沈阳市为核心，以周边城市、城镇为支撑，打造辽宁省中部大都市圈，形成合理的人口和经济规模，实现沈阳经济区一体化发展。

建设城市生态区，依托高速公路、国道、铁路绿化带构建绿色生态廊道，沿浑河、蒲河构建水体生态廊道，增加城市内部绿色空间。加强细河等小流域综合治理。严格限制开采地下水。

2. 大连市

大连市域优化开发区域包括中山区、西岗区、沙河口区、甘井子区、旅顺口区、金州区。

功能定位：东北亚国际航运中心、国际物流中心和区域性金融中心，中国最佳旅游城市，生态宜居城市，辽宁沿海经济带核心城市。

以现代服务业、战略性新兴产业和先进制造业为重点，建设国家先进装备制造业基地、造船和海洋工程基地、国际一流的超大规模集成电路产业基地，着力打造软件与服务外包新领军城市。

以沿海防护林及海岸带为主构建沿海生态轴线，围绕铁路、快速交通线、绿地广场、公园构建城市生态区，以基本农田保护区、保护性园地为主构建绿色生态农业区。严格控制海水入侵范围。加强近岸海域水污染防治，保障海洋养殖业的健康发展。

3. 鞍山市

鞍山市域优化开发区域包括铁东区、铁西区、立山区、千山区。

功能定位：重要的冶金和装备制造基地，区域商贸物流中心，重要的工业、旅游城市。

做优精特钢和钢材深加工、先进装备制造业，做强纺织服装、菱镁新材料、化工新材料，培育激光、高端阀门等新兴产业。发展旅游、商贸、物流、健康养生等服务业。加快鞍海经济带、西部工业走廊、东部文化旅游走廊建设，推进汤岗子新城开发建设。加快高技术产业基地建设，发展电子信息、智能化设备等高端产业。

调整城市内部用地结构，增加绿色空间和居住空间，建立工业区和城市功能单元之间的生态走廊。加强大气、水污染防治工程建设，严格限采和减采地下水，做好万水河、杨柳河等河流的综合治理。

4. 抚顺市

抚顺市域优化开发区域包括新抚区、东洲区、望花区、顺城区。

功能定位：石化、有色冶金和装备制造业基地，重要的工业城市。

打造炼化一体化基地、先进能源装备制造业基地。大力发展冶金工业，推进油页岩综合利用。

建设沈抚新城、石化新城，打造南部循环经济产业带、浑河（城市段）生态景观带。

依靠北部、东部和南部的山地保护林以及中部浑河谷地构建区域生态格局，重点改善浑河流域生态环境，加强小流域治理，加快地表沉陷区生态环境恢复治理，开展地质灾害及污染源整治。

5. 本溪市

本溪市域优化开发区域包括平山区、溪湖区、明山区、南芬区。

功能定位：国内一流水平的钢铁及钢铁深加工基地，国家级生物医药产业基地，健康服务业集聚区，旅游度假胜地，美丽中国典范城市。

培育钢铁及钢铁深加工、生物医药、旅游三个支柱产业，建设以生物医药和健康服务业为支撑的沈本新城、以钢铁产业为支撑的本溪主城区、以生态宜居和现代服务业为支撑的东部城区。重点建设生物医药产业基地、钢铁深加工产业园、汽车零部件产业园、高新铸件产业园、资源综合利用产业园、循环经济产业园、健康服务业集聚区、汽车服务业产业园、现代商贸物流产业园、文化旅游集聚区。

保护主要交通通道两侧生态环境，建设太子河滨水风光带，加强沈本产业大道沿线生态环境综合治理。完善建设城市绿地，加大城区公园建设力度。加强地表沉陷区、尾矿库、煤矸石山、排土场的治理和生态恢复。

6. 营口市

营口市域优化开发区域包括站前区、西市区、老边区、鲅鱼圈区。

功能定位：环渤海地区重要的制造业基地，沿海物流基地和出口加工基地，东北地区重要的现代化港口城市。

建设轻纺、新型建材、冶金基地。在不断优化老城区服务功能的基础上，重点开发辽宁（营口）沿海产业基地，加快高技术产业开发区建设，发展装备制造、精细化工、新能源、新材料、电子信息、节能环保等产业。鲅鱼圈区要大力发展滨海温泉旅游业、港口商贸金融及港航服务业，建设与沈阳经济区出海大通道相适应的港口服务区。加快发展钢铁及深加工、船舶修造、输变电等产业。

科学划定围海填地控制线、入海河道控制线及生态间隔区，加强滨水生态绿化廊道建设，保护水源涵养区和饮用水源保护区，严格限采和减采地下水，推进沿海盐碱地改良绿化、沿海岸线海水侵蚀防护、近海生态恢复、沿海沿路绿化、生态湿地保护。

7. 辽阳市

辽阳市域优化开发区域包括白塔区、太子河区、弓长岭区。

功能定位：重要的服务业和装备制造业集聚区，农产品深加工基地，温泉旅游休闲度假区，历史文化名城。

建设温泉旅游和装备制造产业集群。白塔区重点发展现代服务业。太子河区重点发展装备制造和汽车配套产业，形成专业市场集聚区。弓长岭区重点发展以温泉旅游为主导的服务业、生态观光农业、铁矿采选、铁尾矿综合利用循环经济。

加强沿太子河两岸绿化风景带建设，构建城市生态轴，加快水资源保护开发利用和生态农业建设。

8. 盘锦市

盘锦市域优化开发区域包括双台子区、兴隆台区。

功能定位：生态宜居港口城市，重要的石化及精细化工产业基地，先进的能源装备制造基地、区域性商贸物流中心。

大力发展石化及精细化工、新材料产业，加快发展石油天然气装备制造等能源装备制造产业，优化发展商贸、会展、物流等现代服务业。

以辽河两岸绿地为主建设河流生态廊道，合理开发生态旅游区，构建基本生态空间格局。

三、重点开发区域

（一）功能定位和发展方向

1. 功能定位

全省省级重点开发区域包括沈阳、大连、鞍山、丹东、锦州、营口、阜新、辽阳、盘锦、铁岭、朝阳、葫芦岛12个市的38个县（市、区），以及76

个重点开发的城镇。面积 38861.4 平方公里,占全省总面积的 26.26%。

区域功能定位:全省经济发展的重要增长极,统筹城乡发展的重要支撑点,县域经济发展的核心区,全省重要的人口和经济密集区。

2. 发展方向

区域发展方向和开发原则:在优化结构、提高效益、降低消耗、保护环境的基础上,推动新型工业化进程,提高自主创新能力,聚集创新要素,增强产业集聚能力,积极承接优化开发区域产业转移,形成分工协作的现代产业体系;积极稳妥扎实推进新型城镇化,壮大城镇综合实力,改善人居环境,提高集聚人口的能力。

统筹规划国土空间。扩大先进制造业和服务业空间,增加交通和城市居住等空间,减少农村生活空间,扩大绿色生态空间。

健全城镇规模结构。优化城镇规模,提高城镇综合承载能力,尽快形成辐射带动力强的中心城镇,促进其他城镇集约发展,推动形成分工协作、优势互补、集约高效的新型城镇体系。

促进人口集聚。完善城镇基础设施和公共服务,进一步提高城镇的人口承载能力,城镇规划和建设应预留吸纳外来人口的空间。

形成现代产业体系。积极发展现代农业,稳定粮食生产能力。运用高新技术改造传统产业,全面加快发展服务业,促进产业集群发展。合理开发并有效保护矿产资源,将资源优势转化为经济优势。

保护生态环境。工业园区和开发区的规划建设应遵循循环经济的理念,发展清洁生产,减少主要污染物排放,降低资源消耗,减少工业化、城镇化对生态环境的影响,避免出现土地过多占用、水资源过度开发和生态环境压力过大等问题。

完善基础设施。统筹规划建设交通、能源、水利、通信、环保、防灾减灾等基础设施,构建完善、高效、城乡统筹的基础设施网络。

把握开发时序。区分近期、中期和远期,实施有序开发,近期重点建设好各级各类开发区、产业园区,对目前尚不需要开发的区域应作为预留发展空间予以保护。

(二)区域发展定位及重点

1. 沈阳市

沈阳市域重点开发区域包括辽中县、新民市。

(1)辽中县。

功能定位:承接沈阳市制造业转移的基地,区域性现代物流中心。

以沈(阳)营(口)通海产业大道为发展轴,重点发展先进装备制造及配套产业、新型材料研发及加工产业、农产品加工产业、现代物流业。建设商品粮基地和绿色果蔬基地。

以循环经济为基本理念，发展工业化和城镇化，发展生态农业。加强辽河干流湿地保护。

（2）新民市。

功能定位：沈阳市向西部拓展的重要承载区，沈西工业走廊的重要组成部分，农产品深加工及绿色食品生产基地。

以工业园区和新城新镇建设为载体，加快工业化、城镇化进程，重点发展医药、包装印刷、装备制造配套、农产品深加工、现代物流、温泉生态旅游等产业。

建设蒲河生态经济带及仙子湖生态经济区。

2. 大连市

大连市域重点开发区域包括普兰店市、瓦房店市、庄河市。

（1）普兰店市。

功能定位：大连未来建设金普新区的核心区域，生态宜居区，现代服务业、高端装备制造业和新兴产业基地。

加快发展服装服饰、电器设备、食品加工、精细化工、船舶配套、汽车部件等产业。

构建南部生态城市和工业区、中部生态农业区、北部水源生态保护区的发展格局。

（2）瓦房店市。

功能定位：辽宁沿海经济带新兴工业城市。

加快重点工业园区、特色园区基础设施建设。发展装备制造、新型化工和清洁能源产业。稳定粮食生产，发展特色种植业和畜牧业。发展远洋渔业，建设海洋牧场。发展现代商贸、现代物流、生态旅游等产业。长兴岛经济区重点发展石油化工、船舶和海洋工程、装备制造业和现代物流业。开发建设太平湾沿海经济区，重点发展临港物流，打造产业集聚区。

以基本农田保护区为主体构建生态农业空间，以永久山林保护地为主体构建森林生态空间，围绕海岸带和快速交通通道构建生态廊道。保护松树水库、东风水库上游水源涵养区。

（3）庄河市。

功能定位：辽宁沿海经济带生态型城市，大连市水源安全保障区，农产品生产加工基地。

发展装备制造、资源再生利用、海洋资源开发、家具制造、新能源、化纤新材料、海洋工程、海产品深加工、冷链物流、木材物流等产业。做大水产业，优化水果业。建设国家"城市矿产"示范基地。花园口经济区重点发展新材料和生物医药产业。

构建南部城市生态区、中部农业生态区、北部水源生态保护区的发展格局，保护好碧流河等水库的生态环境。加强青堆子湾自然生态建设。保护沿海养殖海域自然环境。

3. 鞍山市

鞍山市域重点开发区域包括海城市。

功能定位：菱镁新材料产业基地，轻纺服装生产集散地，区域商贸物流中心。

增强菱镁精深加工产业、纺织服装产业竞争力。大力发展现代农业。

构建西部生态农业区、中部生态城市区、东部水源涵养自然生态区的发展格局，控制城市和工业区的"三废"排放，改善生态环境。

4. 丹东市

丹东市域重点开发区域包括元宝区、振兴区、振安区、东港市。

功能定位：生态宜居港口旅游城市，东北东部出海新通道，区域性物流中心，临港产业基地，中国与朝鲜半岛开放合作的战略先导区。

建设丹东新区等沿海重点园区，形成多点带动、全域开放的发展格局。发展装备制造业、农产品深加工、纺织服装、旅游、物流等产业，培育新材料、节能环保、电子信息等产业。

实施天然林、沿海防护林、自然保护区、森林景观、绿色通道五大生态保护工程。

5. 锦州市

锦州市域重点开发区域包括古塔区、凌河区、太和区、凌海市。

功能定位：东北西部地区重要出海口，临港产业基地，区域中心城市。

发展化工、化纤纺织、新能源、汽车零部件及整车、航空航天新材料、电力电器、装备制造、矿山设备及农产品深加工产业集群，构建国内竞争力较强的精细化工基地、特种铁合金产业基地和新能源产业基地。发展现代服务业，打造区域商贸物流中心。

加强大凌河口湿地生态保护及锦州市城市水生态综合治理，进一步完善防洪体系，控制城市和工业区的"三废"排放，保护海洋环境，促进海水养殖业的健康发展。

6. 营口市

营口市域重点开发区域包括盖州市、大石桥市。

（1）盖州市。

功能定位：电机、能源基地，现代农业基地，温泉旅游基地，重要的水源涵养区。

发展电机、磁技术应用、冶金机械配套、精细化工、纺织服装、旅游、农产品深加工、港口物流等产业，建设北海新区、仙人岛能源化工区、盖州（西海）经济开发区、双台温泉旅游度假区。

构建东部水源自然生态保护区、中部生态工业城市区、沿海自然生态区的发展格局，加强对水源地、养殖海域的保护。

（2）大石桥市。

功能定位：国内镁矿、镁制品基地。

发展镁耐材、镁建材、镁化工及镁合金等产业。发展新型建材、有色金属、机械制造、纺织服装、农产品加工等行业。建设西部高效农业带、中部生态景观带、东部果畜林产业带。

在强化节水和做好水资源论证的基础上，建设城市水系景观，加强水源地保护建设，加强生态修复和环境保护。

7. 阜新市

阜新市域重点开发区域包括海州区、新邱区、太平区、细河区、清河门区。

功能定位：新型能源基地，煤化工基地，农产品加工基地。

建设煤化工、液压、皮革、新型材料等产业集群，推进国家新能源示范城市建设，建设海州中央商贸商务集聚区、阜新北方国际物流产业园区、孙家湾国际工业遗产旅游度假区。加快阜新国家高新区、开发区和玉龙新城建设，抓好主城区、新邱区一体化发展，打造以高新区为重点的农产品加工产业园区，构建主城区至清河门区之间的西部工业走廊。

建设以医巫闾山和细河谷地为轴线的自然生态区，加强环城绿化带、路网绿化带、环水绿化带和荒山绿化建设。搞好细河综合治理、矸石山治理、矿区废弃地复垦和海州矿地质灾害整治。

8. 辽阳市

辽阳市域重点开发区域包括文圣区、宏伟区、辽阳县、灯塔市。

（1）文圣区。

功能定位：辽阳市未来的文化，现代服务业中心，历史文化旅游中心，宜居生活中心，精细化工、铝合金精深加工产业基地。

重点发展精细化工、铝合金精深加工、现代服务业、旅游业等产业，打造物流集中区。加快建设河东新城，打造辽阳市核心区域，建设宜居城区。

（2）宏伟区。

功能定位：芳烃及精细化工产业基地，工业铝型材加工产业基地，生态高新区。

发展芳烃及精细化工和工业铝型材产业集群，形成特色产业基地，建设主导产业配套服务区。

推进产城一体化发展，完善城市功能，以龙石风景旅游区为依托，发展文化、旅游等现代服务业。

（3）辽阳县。

功能定位：装备制造业、钢铁精深加工和农产品深加工集聚区，水源涵养区。

发展大型施工机械和汽车配套产品等装备制造业。发展铜产品、异型型材、电梯导轨及铸锻件等精深加工业。发展优质高效农业。

加强东部山区森林生态区、西部农业生态区、中部城镇宜居景观区建设，恢复矿区生态。

（4）灯塔市。

功能定位：铝合金精深加工、日用化工、皮装裘皮及农产品生产基地。

重点发展铝板带箔、铝合金车厢等铝合金精深加工产业，脂肪醇、高效洗涤剂等日用化工产业，皮装裘皮加工及特种动物养殖业，农产品加工业。

加强东部山区森林生态区、西部生态农业区、中部城镇宜居景观区建设，恢复矿区生态。

9. 盘锦市

盘锦市域重点开发区域包括盘山县、大洼县。

（1）盘山县。

功能定位：新材料产业基地，装备制造基地，生态有机农产品生产加工基地，优质大米产区，辽河口湿地自然生态保障区。

重点发展塑料新材料、装备制造、新型防水材料产业。大力发展水稻、河蟹、芦苇等农产品生产，搞好精深加工，建设国家级现代农业综合示范区。辽河口生态经济区突出发展湿地旅游业。

以双台河口自然保护区为核心，强化天然苇田、滩涂湿地生态保护。

（2）大洼县。

功能定位：东北地区新兴港口，精细化工、装备制造临港产业基地，湿地温泉滨海旅游目的地，湿地自然生态保障区。

发展精细化工、海洋工程等装备制造业，发展特种合成橡胶等新兴产业。发展临港物流等现代服务业。加快开放建设辽东湾新区，打造东北及蒙东地区最近出海口；加快建设大洼临港经济区、红海滩湿地旅游度假区。

以双台河口自然保护区为核心，强化天然苇田、红海滩等的保护。

10.铁岭市

铁岭市域重点开发区域包括银州区、铁岭县、调兵山市、清河区。

（1）银州区、铁岭县。

功能定位：国内专用车生产基地，商贸物流中心。

加快建设新城区、改造提升老城区，推进沈铁城际连接带建设。

发展以专用车整车及零部件、工程机械等为重点的制造业，以新能源装备、节能环保设备等为重点的新兴产业。发展现代物流、休闲旅游、金融后台服务等服务业。稳定发展粮食、蔬菜、畜牧等农业生产。

加强辽河、柴河、凡河生态保护，保护莲花湖国家湿地公园生态系统，加强辽河流域水污染防治。

（2）调兵山市。

功能定位：煤炭基地，循环经济示范城市。

重点发展煤机装备制造产业、新型能源化工产业，建设再生资源产业园区。

坚持旧城改造与新区开发并举，增强城市综合承载能力。

巩固地表沉陷区综合治理成果。

（3）清河区。

功能定位：石油机械产业基地，生态旅游目的地。

发展石油机械制造业和铝型材、铸件、锻材等产业。

发展集休闲娱乐、民俗风情、影视文化于一体的旅游集聚区。

加强清河旅游度假区生态环境保护建设。

11.朝阳市

朝阳市域重点开发区域包括双塔区、龙城区。

功能定位是：东北地区重要交通枢纽，冶金、新型能源电器、绿色优质农产品加工基地，生态宜居和文化旅游城市。

建设西部工业园区和龙城物流产业集聚区，发展冶金及金属新材料、能源及新能源装备、建材机械装备、食品加工及包装产业集群。发展休闲娱乐业，把朝阳凤凰山打造成东北著名的传统文化景区。

沿大凌河构建绿色生态走廊，建设凤凰山、燕山湖自然生态区。

12.葫芦岛市

葫芦岛市域重点开发区域包括连山区、龙港区、南票区、兴城市、绥中县。

（1）连山区、龙港区、南票区。

功能定位：海洋工程产业基地和港口城市，环渤海重要的旅游目的地。

重点发展海洋工程装备制造、船舶制造和配套产业、泵阀产业。以龙港区为龙头，建设大型临港产业区和城市综合服务区，发展葫芦岛经济开发区、龙港海洋工程工业区、打渔山泵业产业园区和龙湾中央商务区。

从沿海到北部内陆构建海岸生态区、生态工业区和城市生态区、生态农业区、北部女儿河流域水源涵养区的生态空间格局。恢复矿区生态。

（2）兴城市。

功能定位：旅游休闲城市和历史文化名城。

依托古城历史风貌、温泉、海滨发展旅游业。发展泳装产业。加快兴城滨海经济区建设。

保护兴城海滨自然风景、海岸自然生态。加强觉华岛自然生态环境保护和开发利用。

（3）绥中县。

功能定位：高新数字技术产业基地，水果生产基地，辽宁西部临港产业重点发展区，旅游休闲目的地。

加快东戴河新区建设，重点发展高新数字技术产业、先进装备制造业、临港工业、休闲旅游产业和农产品加工业。发展优质水果生产，稳定粮食生产能力。

保护南部滨海和北部山地丘陵的自然生态环境。

四、限制开发区

限制开发区包括两种主要类型，即农产品主产区和重点生态功能区。

（一）农产品主产区

1. 功能定位和发展方向

全省农产品主产区包括康平县、法库县、台安县、北镇市、义县、黑山县、阜蒙县、彰武县、开原市、西丰县、昌图县、北票市和建平县 13 个产粮大县（市）及其他以点状分布的 218 个乡镇。区域面积 68411.6 平方公里，占全省总面积的 46.22%。

功能定位：保障粮食等农产品供给的重要区域，重要的农产品深加工区，全省重要的现代农业和新农村建设示范区。

区域发展方向和开发原则：着力保护耕地，尤其是基本农田，稳定粮食生产，发展现代农业，增强农业综合生产能力，增加农民收入，加强农村面源污染防治，加快社会主义新农村建设，保障农产品供给。

加强土地整治，搞好规划、统筹安排、连片推进，加快中低产田改造，推进高标准粮田建设。鼓励农民开展土壤改良。

加强水利设施建设，加快大中型灌区、排灌泵站配套改造以及水源工程建设。加强重点县涝区治理，完善灌排体系，鼓励和支持农民开展小型农田水利设施建设、小流域综合治理。建设节水农业，发展节水灌溉。

优化农业生产布局和品种结构，搞好农业布局规划，形成优势突出和特色鲜明的产业带。

加强农产品加工、流通、储运设施建设，引导农产品加工、流通、储运企业向主产区聚集。

加大对粮食主产区的扶持力度，集中力量建设一批基础条件好、生产水平高的粮食生产核心区。

发展以花生为主的油料生产，着力提高品质和单产。转变养殖业发展方式，推进规模化、标准化养殖和清洁养殖，促进畜牧和水产品稳定增产。

控制农产品主产区开发强度，优化开发方式，促进农业资源永续利用。鼓励和支持农产品、畜产品、水产品加工副产物的综合利用。加强农村和农业面源污染防治，保证农产品质量安全。

加快农业科技进步和创新，提高农业物质技术装备水平。强化农业防灾减灾能力建设，加强人工影响天气基础设施和科技能力建设。

积极推进农业规模化、产业化、专业化，提高农业生产效益。

加快县城和中心镇建设，适度集中、集约布局农村居民点，加强农村基础设施建设，强化基本公共服务功能，发展非农产业，拓展农村就业和增收空间。

2. 区域发展重点

发挥比较优势，构建以 13 个县（市）和 218 个乡镇为重点的全省农业发展"五区"战略格局，保障农产品供应安全。

中部平原地区建设粮食畜牧精品农业区，主要发展水稻、玉米、畜产品、蔬菜及淡水产品。

辽北地区建设粮油和畜牧业区，主要发展玉米、水稻、花生、畜产品及林果、蔬菜等产品。

辽西地区建设林草畜牧设施农业区，主要发展设施农业、林果、花生、花卉、畜产品。

辽东地区建设林业及特色农业区，主要发展中药材、食用菌、林特产品。

沿海地区建设水产粮食果蔬区，主要发展水产品、水稻、水果、蔬菜。

（二）重点生态功能区

1. 功能定位和类型

全省省级重点生态功能区包括 13 个县（市）。其中，岫岩县、抚顺县、新宾县、清原县、本溪县、桓仁县、凤城市、宽甸县 8 个县（市）为水源涵养型，凌源市、朝阳县、喀左县、建昌县 4 个县（市）为水土保持型，长海县为生物多样性维护型。区域面积 29403 平方公里，占全省总面积的19.87%。

区域功能定位：保障全省生态安全的重要区域，人与自然和谐相处的示范区。

2. 规划目标

生态服务功能增强，生态环境质量改善。地表水水质明显改善，主要河流径流量基本稳定并有所增加。水土流失得到有效控制。森林覆盖率提高，森林蓄积量增加。野生动植物物种得到恢复和增加。水源涵养型和生物多样性维护型重点生态功能区的水质达到Ⅰ类，空气质量达到一级；水土保持型重点生态功能区的水质达到Ⅱ类，空气质量达到二级。

形成点状开发、面上保护的空间结构。开发强度得到有效控制，保有大片开敞生态空间，水面、湿地、林地等绿色生态空间扩大，工业建设和城市发展主要集中在重点开发的城镇内。

形成环境友好型的产业结构。不影响生态系统功能的适宜产业、特色产业和服务业得到发展，占地区生产总值的比重提高，人均地区生产总值明显增加，污染物排放总量大幅度减少。

人口对生态环境的压力逐步减轻，部分人口转移到城市化地区，重点生态功能区总人口占全省的比重有所下降。

公共服务水平显著提高，人民生活水平明显改善。全面提高义务教育质量，人口受教育年限提高。人均公共服务支出高于全省平均水平。公共医疗卫生服务水平继续提高。城乡居民收入进一步增加。

3. 发展方向

以保护和修复生态环境、提供生态产品为首要任务，大力实施青山、碧水和蓝天工程，发展不影响主体功能定位的适宜产业，减轻人口对生态环境的压力。

（1）水源涵养型。

功能定位：全省重要的水源涵养区，林产品基地，旅游目的地。

推进天然林保护、退耕还林和围栏封育，治理水土流失，恢复和保护湿地、森林等生态系统。严格保护具有水源涵养功能的自然植被，严禁无序采矿、毁林开荒等行为。加强流域治理和植树造林，减少面源污染。拓宽农民增收渠道，解决农民长远生计。加强水土流失治理，提高生态修复型人工影响天气作业能力。

（2）水土保持型。

功能定位：全省重要的生态修复区，杂粮、花卉等特色农产品生产基地。

大力发展节水灌溉，发展节水农业。加强小流域综合治理，实行封山禁牧，恢复退化植被。加强对矿产资源开发的管理，加大矿山环境整治和生态修复力度。

（3）生物多样性维护型。

功能定位：全省维护生物多样性的重点区域，海岛旅游目的地。

严格控制海岸线的使用，保护自然海岸重要生态系统。加强对生态敏感区、珍稀物种、资源及其生境等的保护。贯彻海洋保护与开发并举、保护优先的方针，加强各级各类海洋自然保护区的建设和管理。加大海岛生态保护力度，开展海岛生态环境综合治理。以陆源防治为重点，严格控制污染物入海总量。

4. 开发管制原则

对各类开发活动进行严格管制，尽可能减少对自然生态系统的干扰，不得损害生态系统的稳定性和完整性。

开发矿产资源、发展适宜产业和建设基础设施，都要控制在尽可能小的空间范围之内，并做到天然林地、水库水面、河流水面等绿色生态空间面积不减少。在有条件的地区之间，要通过水系、绿化带等构建生态廊道。

严格控制开发强度，逐步减少农村居民点占用的空间，腾出更多的空间用于维系生态系统的良性循环。城镇建设与工业开发要依托现有资源环境承载能力相对较强的城镇集中布局、据点式开发，禁止成片蔓延式扩张。原则上不再新建各类开发区和扩大现有工业开发区的面积，已有的工业开发区要逐步改造成为低消耗、可循环、少排放、"零污染"的生态型工业区。

实行严格的产业准入环境标准，严把项目准入关。在不损害生态系统功能的前提下，因地制宜地发展温泉沟域乡村旅游、农林牧产品生产和加工、休闲农业等产业。

加强县城和中心镇的道路、供排水、垃圾污水处理等基础设施建设。在条件适宜的地区，积极推广天然气、沼气等清洁能源，努力解决农村的能源需求。健全公共服务体系，改善教育、医疗、文化等设施条件，提高公共服务供给能力和水平，引导一部分人口向区域内的县城和中心镇转移。

五、禁止开发区域

（一）功能定位

全省禁止开发区域共 221 处，总面积为 34268.03 平方公里。包括国家级禁止开发区域 63 处，其中国家级自然保护区 15 处，世界文化自然遗产 6 处，国家级风景名胜区 9 处，国家森林公园 29 处，国家地质公园 4 处。省级禁止开发区域 158 处，其中省级和市县级自然保护区 84 处，省级风景名胜区 14 处，省级森林公园 42 处，重要湿地及湿地公园 12 处，水产种质资源保护区 6 处。

今后新设立的各级各类自然保护区、世界文化自然遗产、风景名胜区、森林公园、地质公园、湿地和湿地公园、水产种质资源保护区，需报规划主管部门列入禁止开发区域名录。

区域功能定位：保护自然文化资源的重要区域，珍稀动植物基因资源保护地。

（二）管制原则

依据法律法规规定和相关规划，实施强制性保护，严格控制人为因素的干扰，严禁不符合主体功能定位的开发活动，引导人口逐步有序转移。具体管制原则如下：

1. 自然保护区

按核心区、缓冲区和实验区分类管理。核心区，严禁任何生产建设活动；缓冲区，除必要的科学实验活动外，严禁其他任何生产建设活动；实验区，除必要的科学实验以及符合自然保护区规划的旅游、种植业和畜牧业等活动外，严禁其他生产建设活动。

按核心区、缓冲区、实验区的顺序，逐步转移自然保护区的人口。绝大多数自然保护区核心区应逐步实现无人居住，缓冲区和实验区也应较大幅度减少人口。

根据自然保护区的实际情况，实行异地转移和就地转移两种转移方式，一部分人口转移到自然保护区以外，另一部分人口就地转为自然保护区管护人员。

在不影响自然保护区主体功能的前提下，对范围较大、目前核心区人口较多的，可以保持适量的人口规模和适度的农牧业活动，同时通过生活补助等途径，确保人民生活水平稳步提高。

交通、通信、电网等基础设施要慎重建设，能避则避，必须穿越的，要符合自然保护区规划，并进行保护区影响专题评价。新建公路、铁路和其他基础设施不得穿越自然保护区核心区，尽量避免穿越缓冲区。

2. 世界文化自然遗产

加强对遗产原真性的保护，保持遗产在艺术、历史、社会和科学方面的特殊价值。加强对遗产完整性的保护，保持遗产的原始状态。

3. 风景名胜区

严格保护风景名胜区内一切景物和自然环境，不得破坏或随意改变。严格控制人工景观建设。

禁止在风景名胜区内从事与风景名胜资源无关的生产建设活动，建设旅游设施及其他基础设施等必须符合风景名胜区规划。

根据资源状况和环境容量对旅游规模进行有效控制，不得对景物、水体、植被及其他野生动植物资源等造成损害。

4. 森林公园

除必要的保护设施和附属设施外，禁止从事与资源保护无关的任何生产建设活动。

在森林公园内以及可能对森林公园造成影响的周边地区，禁止进行采石、取土、开矿、放牧以及非抚育和更新性采伐等活动。

根据资源状况和环境容量对旅游规模进行有效控制，不得对森林及其他野生动植物资源等造成损害。

建设旅游设施及其他基础设施等必须符合森林公园规划，不得随意占用、征用和转让林地。

5. 地质公园

除必要的保护设施和附属设施外，禁止其他生产建设活动。

在地质公园及可能对地质公园造成影响的周边地区，禁止进行采石、取土、开矿、放牧、砍伐以及其他对保护对象有损害的活动。未经管理机构批准，不得在地质公园范围内采集标本和化石。

6. 湿地及湿地公园

不得开展影响湿地生态系统基本功能和超出湿地资源再生能力或者给湿地野生动植物物种造成破坏性伤害的活动。

在湿地开展生产经营和生态旅游活动，应向有关主管部门提交保护方案，并在适度范围内进行，遵守有关规定。

严格控制开发占用自然湿地，凡是列入国际重要湿地和国家重要湿地目录，以及位于自然保护区内的自然湿地，一律禁止开垦占用或随意改变用途。

禁止从事与保护湿地生态系统不符的生产活动。

7. 水产种质资源保护区

禁止在水产种质资源保护区内从事围海造地、围填海工程、新建排污口。

按核心区和实验区分类管理。核心区内严禁从事任何生产建设活动；在实验区内从事修建水利工程、建闸筑坝、港口建设等工程建设的，或者在水产种质资源保护区外从事可能损害保护区功能的工程建设活动的，应当按照国家有关规定编制建设项目对水产种质资源保护区的影响专题论证报告，并将其纳入环境影响评价报告书。

水产种质资源保护区特别保护期内不得从事捕捞、爆破作业以及其他可能对保护区内生物资源和生态环境造成损害的活动。

第三节 "五点一线"和金普新区建设

辽宁作为东北地区唯一的沿海省份，依托渤海、黄海的临海区位优势，辽宁省努力打造沿海经济带，构筑对外开放新格局。其中的重点就是"五点一线"（见图7-3）和金普新区。

图7-3 辽宁省"五点一线"建设示意图

资料来源：360图片，http://image.so.com。

一、"五点一线"建设

"五点一线"沿海经济带是辽宁"十一五"规划提出的发展战略，它由沿渤海一侧的大连长兴岛临港工业区、辽宁营口沿海产业基地、辽西锦州湾沿海经济区（包括锦州西海工业区和葫芦岛北港工业区）、沿黄海一侧的辽宁丹东产业园区、大连庄河花园口工业园区五大区域和一条贯通全省海岸线的滨海公路所组成。

（一）"五点一线"沿海经济带建设的主要任务

1. 以"五点"开发为重点，培育新的经济增长点

开发建设重点发展区域，逐步形成全省对外开放的平台、产业和劳动力转移的承载区、经济增长的新亮点。"十一五"期间，"五点"的地区生产总值年均增长 30%以上，实现五年翻两番；后十年再翻两番，年均增长 15%。

2. 以航运中心建设为龙头，提升整体服务功能

整合港口资源，加快港口建设，完善沿海港口布局，努力建设以大连港为中心，营口、丹东、锦州、葫芦岛等港口为两翼，布局合理、层次分明、结构优化、分工合作、优势互补的港口集群。建设现代化港口基础设施体系、立体化综合运输体系、综合性服务体系、产业支撑体系。

3. 以沿海临港产业为支柱，强化区域竞争能力

重点发展装备制造、船舶、石化、冶金等临港工业，电子信息、软件等高新技术产业，设施农业、生态农业、循环农业、休闲农业等现代农业，现代物流、金融、中介、旅游等现代服务业，促进产业结构优化升级，建设科技水平高、集聚能力强、资源节约、环境友好的现代沿海产业聚集带。

4. 以开发区建设为载体，构筑对外开放先导区

重点发展经济技术开发区、高新技术产业开发区、特色工业园区三种类型的开发区。加强规划引导，向主导产业明确、关联企业集聚、综合配套能力较为完备的方向发展；增强自主创新能力，集聚创新创业资源，向创新型工业园区方向发展；发展现代装备制造业、高加工度原材料工业、高新技术产业和高附加值服务业，向多功能产业园区方向发展。

5. 以和谐社会建设为保障，建设沿海宜居地带

加快发展各类社会事业，加强生态建设和环境保护，大力发展循环经济，加快沿海城镇体系建设，努力将沿海经济带建设成为教育优先发展、文化事业繁荣、卫生体系完善、社会保障体系健全、人民生活宽裕、生态环境良好、社会安定和谐的宜居地带。

6. 以基础设施建设为支撑，增强经济发展后劲

通过重点公路线、铁路线、机场等的建设，增强城市间的辐射强度和带动性。同时着力建设辽宁红沿河核电站等电力项目，大连、锦州两个国家石油储备基地，大连 LNG 接收站等油气项目，以及水利、供水项目，强化基础设施。

7. 以东北腹地优势为依托，构建良性互动格局

加快东北东部、中部、西部运输通道建设，促进沿海与腹地有效衔接。加强沿海与近海腹地及内陆腹地，特别是与中部城市群、辽西沿海经济区在装备制造、石化、冶金、农产品加工、旅游、金融、物流等领域的良性互动。鼓励东北腹地企业参与"五点一线"开发建设，加快大中型企业向沿海经济带集聚。

（二）大连长兴岛临港工业区

长兴岛是中国第五大岛，也是长江口以北第一大岛。它四面环海，东与大陆一桥相连，是中国海岛中最佳的小岛。长兴岛是一个美丽富饶的宝岛，这里有丰富的人文景观和自然资源，是镶嵌在渤海东岸的一颗璀璨明珠。长兴岛位于中国辽东半岛中西部，大连瓦房店市西侧。长兴岛属暖温带湿润大陆性季风气候区，温和湿润，四季分明。全年平均气温10℃，平均风速4.5米/秒，无霜期180天左右，年降雨量600毫米左右，日照率60%，相对湿度67.5%，年均雾日18.3天（能见度≤1000米）。长兴岛濒临渤海，具备发展海洋经济、走向国际市场的特殊地理位置。东与大陆仅一桥相连，距岸358米，东距沈大高速公路关屯出入口29.6公里，南距大连周水子国际机场120公里，北距省会沈阳312.6公里，西与秦皇岛、北戴河隔海相望，距韩国仁川港339海里，距日本长崎港646海里。

长兴岛位于辽东半岛大连渤海一侧岸线中段，陆域面积252.5平方公里，环岛岸线91.6公里；海上西距秦皇岛港84海里、天津港170海里，南距大连港85海里，北距营口港101海里；陆上北距沈阳292公里，南距大连市中心130公里，毗邻沈大高速公路及哈大铁路。长兴岛水深湾阔，腹地宽广，拥有渤海湾最优良的建港条件，其中可用于临港产业发展的岸线40公里，离岸400米即可达到20米等深线，离岸1公里即可达到30米等深线，是环渤海经济圈的最佳出海口。

长兴岛的开发将按照"整体规划，分期实施，基础先行，局部启动"的思路，将长兴岛规划为大型组合港区、临港工业区、城市及旅游区，中间以山丘和绿化区实现自然隔离。通过基础设施建设、产业引入开发和城市建设的同步进行，建设以港口为基础，以工业为带动的综合性港城。在长兴岛的开发建设中，港口开发是先导。先期确定的50平方公里的开发区域，就是为了满足港口开发的需求。根据长兴岛港口岸线的基本条件和未来需求，整个港区将从葫芦山湾东部起，向北延伸至长兴岛北侧，总岸线长度为40公里。港区发展近期以临港工业功能、装卸储运功能和工业物流功能为主，逐步扩大商业港的中转运输功能；远期接续大连港直至21世

中叶的港口发展重任，最终成为工业港与商业港相结合，商工贸并举的多功能、现代化的大型综合性国际深水港区。为确保临港工业区对码头的需要，规划一期工程在八岔沟区域建设 5 个 5 万~7 万吨级的多功能泊位，年通过能力 800 万吨；二期工程根据深水岸线资源及产业发展需要，将建设大型原油码头和矿石码头。近期将重点建设葫芦山湾港口的防波堤和深水航道等公用基础设施。

进行产业定位和布局时，充分考虑到长兴岛自身优势和外在环境，充分发挥其临港和区位优势，按照产业集群的发展思路，以承接欧盟、日韩、国内特别是东北产业转移为重点，形成以重大装备制造、船舶制造及配套、精品钢材为特色的装备制造产业链为主，以天然气化工、煤化工、精细化工为特色的化工产业链为辅，以仓储物流出口加工为补充的大型临港产业集中区。在产业选择上，将重点引进和发展大型成套装备制造企业群，大型电力设施、重大化工石化设备企业群，船舶等交通装备制造及其原材料精品钢材企业群，形成精品钢材—装备制造产业链，并有选择地发展精细化工产业链，配套发展仓储物流出口加工业，建设具有鲜明特色的临港装备制造工业园区。

长兴岛开发是大连东北亚国际航运中心的重要组成部分，是拉动东北腹地经济振兴的新平台。

（三）辽宁营口沿海产业基地

辽宁营口沿海产业基地区域位置：北起青花大街，南到大清河入海口的北支流（也是大旱河入海口），东起庄林公路，西至海岸线。开发建设辽宁营口沿海产业基地，充分利用营口的港口、区位、土地等综合优势和现有产业基础，吸引国内外各类生产要素进入东北市场，不仅促进营口沿海经济区自身的发展，加速实现沿海率先崛起，同时也为产业基地与大连长兴岛、辽西锦州湾、辽宁丹东产业园区、大连花园口工业园区的同生共赢和整体发展创造必要的条件，并且通过实施这种以点带线、以线带面的发展战略，对辽宁环渤海沿海经济带的发展和进一步促进东北老工业基地改革、开放和全面振兴提供重要的支撑保障作用，使辽宁营口沿海产业基地成为承接国内外产业转移的新平台。

辽宁营口沿海产业基地是由营口市内区域临近、沿海而立、未来产品链接密切的四个区域，按照产业集群发展理念，构筑的产品项目一体化、公用辅助一体化、物流运输一体化、环境保护一体化、管理服务一体化的临港生态产业区。

辽宁营口沿海产业基地按大的概念，由现有的营口高新技术产业开发区和正在规划建设的营口仙人岛能源化工区、营口冶金及重装备工业区和产业基地主体区域组成,总面积362平方公里(其中在庄林路以东,营柳路以南预留了约100平方公里的城市和产业发展备用地)。营口仙人岛能源化工区和营口冶金及重装备工业区是为产业基地提供石油化工、钢铁等原料的区域,营口高新技术产业开发区与沿海产业基地主体区域毗邻,未来几年开发完成后要变成与产业基地主体区域"合二为一"的区域。由于营口高新技术产业开发区、营口仙人岛能源化工区以及营口冶金和重装备制造工业区已经有专项规划,并且有专门机构正在组织实施,因此本规划只考虑120平方公里的沿海产业基地主体区域。

利用港口和区位优势,抓住东北振兴和沿海开放的双重机遇,以承接国内外新型产业为重点,按照产业集群的发展理念,形成以精细化工、先进装备制造等产业为主导,以电子信息、新材料、生物工程等高新技术产业为支撑,以纺织服装、塑料制品、现代服务业、出口加工贸易等产业为补充的大型临港生态产业集聚区。

沿海产业基地控制规划面积120平方公里,其中,工业用地78平方公里,商住用地18平方公里,道路交通设施、市政公用设施、绿地水面等其他用地24平方公里。拟分三期实施,其中一期规划面积40平方公里,二期规划面积40平方公里,三期规划面积40平方公里。产业区分为精细化工及塑料制品、装备制造、出口加工贸易、生物工程、纺织服装、新材料、自动化仪器仪表、微电子和创业园九个功能区。

(四)辽西锦州湾沿海经济区

辽西锦州湾沿海经济区包括锦州西海工业区和葫芦岛北港工业区。其中,锦州西海工业区位于锦州湾锦州一侧,北至昆山路,南至锦州港,西与葫芦岛市接壤,东至渤海大街,规划开发面积22.76平方公里。葫芦岛北港工业区位于葫支线铁路以北,连山河以东,沿海大通道沿线两侧,规划面积21.87平方公里,起步区面积16.87平方公里。

锦州是中国环渤海地区的重要开放城市,地处辽宁省西南部,北依松岭山脉,南临渤海辽东湾,扼"辽西走廊"东端,为古往今来南北通衢的重镇与商埠。

锦州现为辽宁省省辖市,下辖凌海市、北宁市、义县、黑山4个县(市)和古塔区、太和区、凌河区、经济技术开发区、凌南新区和南站新区6个区,共有建制镇48个、乡33个、村委会1637个。全市总面积10301平方公里,其中市区面积440平方公里,建成区面积52平方公里。海岸线总长97.7公里。总人口300多万人,其中城市人口80多万人。有汉、满、蒙古、回、朝鲜等 20 多个民族，其中汉族人口占 95%。锦州北部多低山丘陵，南部为滨海平原，有 97.7 公里海岸线。年平均气温 9.1℃，年平均降水量 600 毫米左右，无霜期达 180 天。

锦州是国务院批准的辽东半岛经济开放区，享有国家给予的吸引外资的投资政策。全市出口产品已有 200 多个品种，同世界上 60 多个国家和地区建立了经贸关系，为改善投资环境，先后建立了锦州经济技术开发区、锦州高新技术产业园区、锦州经济发展试验区，并加快了港口、公路、通信、水源、电力、供热等基础设施建设。

锦州是一座具有 2100 多年历史的古城，自然和人文景观众多。其中，有号称"东北三大名山之首"的医巫闾山，有被誉为"天下一绝"的笔架山海中天桥，有国家级文物保护单位辽代建筑奉国寺，北魏时期的万佛堂石窟、崇兴寺双塔、北镇庙等，省级文物保护单位广济寺塔、李成梁石坊等风景名胜一千余处，还有近年建成的辽沈战役纪念馆等。

锦州是中国环渤海地区重要的开放城市，是辽东半岛经济开放区的重要一翼，是辽宁省西部地区经济、文化、金融、商贸中心，是连接东北和华北的交通要冲和物资集散地，也是吉林、黑龙江两省西部及内蒙古自治区东部广大内陆地区通向海洋、走向世界的重要门户，在整个东北亚经济圈中具有极其重要的战略地位。锦州市个体私营经济发展迅速，现已成为锦州市经济新的增长点和重要组成部分。随着市场经济的深入发展，个体私营经济的产业结构、产品结构逐步得到调整和优化，初步形成了具有锦州地区特色的产业布局。

（五）辽宁丹东产业园区

辽宁丹东产业园区总规划面积 30 平方公里，起步区规划面积 18.6 平方公里。"五点一线"战略的实施，可以进一步促进丹东产业结构的优化和升级，建设具有特色的经济开发区或工业园区，大力发展临港经济，使特色优势得到充分发挥，加快经济增长方式转变，进一步提高经济增长质量和效益。同时，环黄海、环渤海滨海公路的建设，将进一步整合土地资源，推进小城镇建设，带动沿海地区种植养殖、农产品加工、海洋水产、观光旅游等涉农产业的发展，必将吸纳大批剩余劳动力就业，因而这也是一项惠及万千农民的发展战略。

（六）大连庄河花园口工业园区

大连庄河花园口工业园区于 2004 年初由庄河市人民政府兴建，位于庄河市城西 36 公里，距大连开发区 80 公里、大连大窑湾港 90 公里、庄河港 39 公里。大丹高速公路与园区的直线距离 800 米，设有专用出入口，国家铁路东边道沿边穿过,并配有专用铁路线。

园区占地 25 平方公里,全部为存量国有土地,庄河市政府可以直接办理国有土地出让手续。园区已基本完成 15 平方公里的"七通一平"工程,是大连市承接国内外产业转移的重点园区,已成为东北地区新的投资热点。庄河市政府计划用 3~5 年时间,建成一座"绿色"的现代化工业新城。园区自然环境优越,三面环山,一面环海,淡水资源丰富,区内有两条较大河流蜿蜒穿过,可谓青山绿水环抱,碧海蓝天映衬。

大连庄河花园口工业园区的定位是:

(1)中外产业转移的承载区。花园口工业园区是大连市承接国内外产业转移的重点园区。主要产业定位是:精细化工、新型建材、机械电子等。

(2)农村城市化的先导区。全力推进以明阳镇为中心的庄河西部城市化进程,以最优惠的政策帮助农民实现由务农到务工、由农民到市民的转变,让更多的农民过上城市化的生活。

(3)可持续发展的示范区。追求生态、经济、社会三位一体的协调发展。以生态持续发展为基础,充分利用园区坐北朝南、三面环山、南临黄海、有三条河流穿过、淡水资源十分丰富的优势,建设环保型、生态型园区。以经济持续发展为中心,实现全方位、深层次的对外开放,面向国际、国内两个市场,打造经济发展的"洼地",大力招商引资、招财引智,让人流、物流、信息流、资金流向园区涌入。以社会持续发展为目的,坚持以人为本,积极发展教育、科技、卫生、文化、体育等社会事业,构造和谐园区,推进社会进步。园区办园宗旨是:"一切为了企业,为了企业一切。"进区项目所需手续,由庄河市政府指派专人负责全程代办。

二、加快建设金普新区

大连金普新区(以下简称金普新区)区位条件优越,生态环境良好,产业基础雄厚,发展潜力巨大,辐射带动范围广阔,是东北地区参与东北亚合作的高地,战略地位十分重要。

(一)发展基础

1. 区位和交通条件优越

金普新区位于大连市中南部,东西两侧濒临黄、渤两海,海岸线总长431 公里,其中黄海一侧海岸线长 198 公里,渤海一侧海岸线长 233 公里,具有依托东北腹地、面向海洋的得天独厚的区位优势。区内综合交通运输体系和航运服务功能完善。对内是东北地区海陆联运中心,哈大、庄大铁路和沈大、丹大高速公路贯穿其中,是沟通大连与辽宁沿海经济带和东北内陆腹地的重要纽带。对外是东北亚国际航线的要冲，坐拥大连东北亚国际航运中心的大窑湾核心港区，与世界 160 多个国家和地区的 300 多个港口有贸易往来，承担着东北地区 56%以上的外贸货物运输和 90%以上的外贸集装箱运输，是我国东北地区走向世界的海上门户和参与东北亚经贸合作的重要枢纽。

2. 产业基础雄厚

金普新区是大连市新兴产业核心集聚区，已经形成门类齐全、基础雄厚的现代产业体系。工业集群化发展水平高，初步形成了以大连机床和光洋数控为代表的高端装备制造业集群，以东风日产、奇瑞汽车和一汽大众为代表的整车及核心零部件产业集群，以英特尔集成电路为代表的电子信息产业集群和港航物流产业集群。2013 年，金普新区规模以上工业增加值 1273 亿元，占大连市的 39.2%。现代服务业加快发展，汇集了韩国友利银行总部、辉瑞财务中心、黄海轴承、中远船务等一批总部企业，总部经济初具规模。2013 年，金普新区服务业增加值 959.4 亿元，占大连市服务业增加值的 29.2%。

3. 开放程度较高

金普新区拥有国家级经济技术开发区、保税区、出口加工区、国际旅游度假区等重要功能区，对外开放优势地位明显，已经成为大连、辽宁乃至东北地区对外开放的窗口和前沿。近年来，金普新区发挥对外开放的先行优势，引进英特尔、固特异、大众发动机、东风日产整车制造、欧力士金融集团等一批外资项目，世界 500 强企业达到 66 家。同时，加大"走出去"步伐，有效利用国际和国内两个市场、两种资源，在更高水平上参与国际竞争。2013 年，金普新区外贸进出口总额 427 亿美元，占大连市的 63.1%、辽宁省的 37.3%、东北三省的 23.8%；实际利用外资 63 亿美元，占大连市的 46.3%、辽宁省的 21.7%、东北三省的 15.6%。

4. 生态环境良好

金普新区自然条件优良，资源禀赋丰富，生态环境优美，具备建设生态园区和宜居城区的基础。2013 年，全区森林覆盖率 45.3%，建成区绿化覆盖率 43.5%。山海林河各类生态系统和自然景观丰富多样，拥有国家级自然保护区、风景名胜区、森林公园、地质公园 6 个，面积达 300 多平方公里；拥有河流 15 条，中小型水库 13 座，滨海湿地 120 多平方公里，水域生态资源种类多样。集中式生活饮用水源地水质良好，各项评价指标达标率为 100%，三类水质以上达到 85.7%；近海海域水质状况良好，以一类、二类海水水质为主。

同时，金普新区也存在着产业层次低、转型升级压力巨大、创新能力低、内生发展动力不足，体制机制不健全、经济发展活力欠缺、空间布局不够合理、辐射带动作用不强、资源集约利用和生态环保压力大、行政管理体制亟待完善等一系列突出矛盾和问题，需要在发展中不断加以解决。

（二）总体要求和发展目标

立足大连，依托辽中南，服务东北地区，面向东北亚，坚持科学的指导思想和基本原则，明确合理的战略定位和目标，把金普新区建设成为支撑大连市、带动辽宁省、辐射东北地区的新经济增长极。

1. 指导思想

全面贯彻党的十八大和十八届三中、四中、五中全会精神，以邓小平理论、"三个代表"重要思想、科学发展观和习近平总书记系列重要讲话精神为指导，深入贯彻实施"四个全面"战略布局，以转型发展为主线，以全面深化改革创新和扩大开放合作为动力，以产业提质增效、新型城镇化发展、生态文明建设、治理体系现代化为重点，强力推进"四化"深度融合和同步互动发展，加快构建高水平对外开放体系和现代产业体系，进一步激发市场活力，大幅增强区域经济总体实力和核心竞争力，着力促进社会公平正义和民生福祉，不断提升对东北地区的服务支撑能力，把金普新区建设成为经济繁荣、社会和谐、生态优美、生活富裕的国家老工业基地振兴发展先行区，促进大连和辽宁全面建成小康社会，引领东北地区全方位扩大对外开放和实现全面振兴，优化我国沿海地区全面深化改革、提升开放水平和率先现代化的战略布局。

2. 基本原则

（1）开放引领，合作发展。实施积极主动对外开放战略，着眼于更好地利用国际和国内两个市场、两种资源，进一步完善对外开放政策，加快构筑高标准开放体系，推动"引进来"和"走出去"相结合，提升国际竞争力，引领东北地区在更宽领域、更高层次参与东北亚区域合作。

（2）改革创新，转型发展。大胆先行先试，深化重点领域和关键环节改革，创新新区管理体制和运行机制，进一步完善市场经济体制和现代社会管理格局，优化发展环境。坚持政府主导和企业主体相结合，明确政府和企业责任，健全技术创新市场导向机制，增强市场主体创新能力，推动创新资源有机衔接、有序运行，增强自主创新能力建设，提升企业的核心竞争力，加快产业转型升级步伐。

（3）陆海统筹，联动发展。探索陆海统筹发展机制，把海洋资源和产业优势与陆域产业、科技、人才等优势有机结合，实现陆海发展规划统筹编制、资源统筹配置、产业统筹布局、基础设施统筹建设、生态环境统筹保护，促进陆海经济联动发展。

（4）集约高效，绿色发展。节约集约利用土地、海域、水、能源等资源，合理控制新区增长边界，优化新区空间布局，促进新区紧凑建设和精明增长，提高国土空间利用效率。把生态文明理念融入新区建设，着力推进绿色发展、循环发展、低碳发展，建设绿色低碳新区和生态文明先行示范区。

（5）以人为本，和谐发展。把保障和改善民生福祉作为出发点和落脚点，完善收入分配格局和调节机制，完善城乡统筹的就业和社会保障体系，加快发展社会事业，提高基本公共服务水平和均等化程度，加强和创新社会治理，使全体人民更广泛地参与发展过程、更公平地分享发展成果，实现社会和谐和包容性发展。

（6）统筹规划，有序发展。创新规划理念和方法，推动"多规合一"。从全局和长远出发，高起点规划、高标准建设、高水平管理，合理确定开发建设时序和步骤，统筹安排全域空间近中远期开发建设重点，积极有序推进新区发展。

（三）战略定位

1. 东北亚国际航运中心核心区及开放合作战略高地

发挥国家级深水大港优势，以大连大窑湾保税港区为核心，以东北腹地为依托，构建完善的基础设施体系、综合运输体系和航运服务体系，强化国际中转功能和航运服务功能，试行与国际接轨的海关特殊监管区政策，全面提升全球资源配置能力，着力打造港口布局合理、服务功能完备、比较优势突出、辐射带动作用强的东北亚国际航运中心核心区。进一步整合出口加工区、保税区、保税港区等对外开放平台功能，积极申报建设自由贸易试验区，高起点、高标准提升对外开放水平，探索并深化面向东北腹地和东北亚开放合作的新模式，抢占新兴产业发展制高点，打造先进制造业和高端服务业聚集区。

2. 引领东北地区全面振兴的重要增长极

发挥金普新区对提升大连城市核心功能的龙头作用，积极推进行政管理体制改革，进一步整合金州区、普兰店市、瓦房店市、保税区等区域功能，调整新区内部各功能区的范围和功能，明确各组团的发展定位和方向，率先探索港、产、城协调发展新模式，加快提升城市品位，突出发展特色优势产业，不断壮大新区经济实力。积极推动与辽宁沿海经济带、哈大经济走廊和长吉图地区的合作，明确产业分工协作重点，促进人流、物流、资金流、信息流在新区汇集，打造引领东北地区全面振兴的重要增长极。

3. 老工业基地转变发展方式的先导区

充分发挥金普新区产业基础雄厚、创新要素聚集度高的优势，依托大连经济技术开发区、保税区、出口加工区等重要平台，以产业结构调整升级为主线，以优势产业为支撑，以战略性新兴产业为引领，以高技术研发转化为核心，推动制造业向高端化、智能化、低碳化和集约化发展，用增量盘活存量，将金普新区建设成为引领东北老工业基地转型发展的先行示范基地。

4. 新型城镇化和城乡统筹的先行区

坚持以人为本、统筹兼顾的原则，合理控制开发强度，划定城市增长边界和生态保护红线，优化城市功能布局和形态，科学利用岸线和海洋资源，集约高效利用土地，完善城市治理结构，提升城乡人居环境，率先走出一条集约紧凑、精明智慧、绿色低碳、城乡一体的新型城镇化发展道路。发挥金普新区"城大乡小"的优势，率先打破城乡二元结构，积极推进农业转移人口市民化，加快推进城乡基础设施建设、基本公共服务、生态环境保护一体化进程，推动城乡要素平等交换和公共资源均衡配置，形成以工促农、以城带乡、工农互惠、城乡一体的新型城乡关系。

5. 体制机制创新与国家自主创新示范区

顺应政府职能转变的新要求，积极推行大部制，打造"小政府，大社会"服务格局，创新社会管理体制，推进治理体系和能力现代化。创新新区管理体制顶层设计，进一步理顺各功能区、行政区的关系，加快推进行政管理体制改革。深化国有企业改革，打破所有制、层级、产业、国别界限，加快发展混合所有制经济。充分发挥政府和市场双轮驱动作用，广聚创新资源、优化创新环境，大力提升原始创新、集成创新和引进消化吸收再创新能力，积极发展自主知识产权技术和品牌，为全国其他新区自主创新提供经验和示范。

（四）发展目标

1. 2020 年目标

到 2020 年，开发建设取得重大成效，各项事业实现突破性发展，面向东北亚区域开放合作的战略高地地位基本确立，东北亚国际航运中心和国际物流中心的功能显著增强，引领东北振兴重要增长极的地位基本形成，老工业基地转变发展方式先导区、新型城镇化和城乡统筹先行区、体制机制创新与国家自主创新示范区的引领作用开始显现，国际化、现代化、智慧化、生态化、法治化新区基本建成。高端产业得到较大发展，形成以先进制造业和现代服务业为主、海洋特色鲜明的现代产业体系。产品质量水平得到明显提升，质量竞争力逐步提高。培育一批具有国际竞争力的自有品牌，品牌价值和效益不断增加。综合经济实力显著增强。改革红利进一步释放，居民收入和生活水平明显改善。空间结构得到明显优化，新区城市主体框架得到拓展和完善。重点产业园区要素聚集能力显著增强。基础设施和生态体系格局基本成型。全方位对外开放成效显著，面向东北亚开放的门户地位进一步强化。自主创新能力和面向东北地区的综合服务功能显著增强。生态文明建设取得成效，生态环境质量进一步优化。

2. 2030 年目标

到 2030 年，金普新区经济社会发展实现重大跨越，基础设施体系更趋完善，建成以先进制造业和现代服务业为主导的产业高地和具有世界领先水平的科技创新中心，经商环境和服务体系与国际全面接轨，民生福祉水平和生态环境质量进一步提高，资源产出率达到国际先进水平，各类高级专业人才占比不断提高，国际竞争力和影响力显著提升，GDP 占大连市的比重达到 50%，研究与试验发展经费支出占 GDP 的比重达到 4%以上，建成面向东北亚开放合作、引领东北全面振兴的"平安金普"、"智慧金普"和"绿色金普"。

第四节　县域经济与百强县建设

县域经济是指在县级行政区划地域内，以县级政权为调控主体，以市场为导向，优化配置资源，具有地域特色的区域经济。县域经济是直接影响国民经济兴衰的关键因素。发展县域经济是全面建设小康社会的必经之路，也是摆在各级政府面前的紧迫任务。

一、辽宁省县域经济发展现状

（一）整体发展水平较好

目前，辽宁省共有 44 个县和县级市，其中包括县级市 17 个，少数民族自治县 8 个。县域土地面积占全省土地面积的 89.2%，人口占全省总人口的 57%。县域经济在全省国民经济中占有极其重要的地位。辽宁县域经济发展迅猛，已经由过去阻碍全省经济发展的"短板"变成全省经济发展的"长项"和支撑，县域经济已经成为辽宁经济多点拉动发展格局中的一个主要拉动力量。

2009 年以来，辽宁省在全国百强县评比中的地位曾有过戏剧性的变化

（见表 7-2）：从 2009 年的 5 个增加到 2011 年、2013 年的 10 个，形成了"辽宁现象"。主要原因在于：指导思想上，提出了以县域经济为重要载体，推进社会主义新农村建设的发展战略；组织上，领导重视，主要领导深入基层研究解决县域经济发展问题，推进重大项目建设，部门密切协作，积极配合；政策上，加大支持力度，出台了一系列支持政策，真金白银地支持，强力推进；执行上，明确目标和重点，制订两个县域经济三年倍增计划，突出工业化、城镇化和农业产业化"三化"工作重点，省市县三层联动，召开现场交流会，加强领导；监督上，加强考核和奖励，每季度召开协调会抓进度。

但从 2014 年开始，由于东北经济的再度衰退，辽宁省的县域经济也遇到了新的挑战。

表 7-2　辽宁省在全国百强县评比中的地位变化

	2009 年	2010 年	2011 年	2013 年	2015 年	2016 年	主要特色
瓦房店	46	18	13	12	11	9	轴承产业+新材料产业
海城	37	19	17	26	35	22	镁资源基地+专业服装市场
普兰店	69	58	46	41	48	26	机电制造+服装纺织+农产品
庄河	71	50	44	30	38	18	装备制造+食品加工+家具制造
大石桥	85	61	48	39	73	64	中国"镁都"+防火产业基地
东港市		83	75	59	58		海港+养殖海产品+再生资源产业
开原市		85	76	62		91	商品粮基地+石灰石+机械加工
凤城县			87	83			硼铁资源+机械制造业
大洼县			93	82	75		装备制造+石油化工+肉鸭养加
调兵山县			96				煤矿资源+矿山机械
新民				87		65	药业+装备制造
小计	5	7	10	10	7	6	

资料来源：根据中郡研究所网上资料整理。

（二）县域产业结构逐渐优化

2011 年，辽宁省围绕"一县一业"的农业产业化策略，逐步进行了农业产业化调整。如东港市的草莓产业、岫岩的食用蘑菇、铁岭的坚果、桓仁的冰葡萄产品等 10 余个产业的规模已跃居全国第一位，为农民增收探索出了一条好路子。辽宁省的农村产业生产方式有了很大的转变，连续五年农产品的出口居全国的前 5 位，农产品出口的国家和地区达到 149 个，出口额接近 200 亿美元。同时农业利用外资的水平和质量也在不断提高。

辽宁省的县城建设框架已经全面拉开。省内 44 个县的重点工业园区均达到了入驻条件，这无疑为县域经济发展提供了新的增长点；同时全省县域经济的生态建设也取得令人瞩目的成效。其中，对重点水域进行了综合的整治和生态恢复，并完成了湿地建设，在全省的 54 条主要河流中，有 53 条河流达到水质和环保的标准；辽西北地区的边界防护林和沙化治理也取得了可喜的成绩，全省 300 万亩 25 度以上坡地全部完成了退耕还林工作；到 2015 年末，全省完成村庄治理 900 余个，受益人口多达 160 多万余人；对农村近 700 个村镇的垃圾进行了综合整治，营造了整洁的村容村貌，同时在省委、省政府的大力支持下，将权力下放到县，减少了行政管理层级，使县域经济的发展更具有灵活性，也使各种优惠政策、资金、项目和人才等要素向县域倾斜。这一系列的重大举措为辽宁省县域经济发展带动新农村建设提供了重要的支撑和保障。

（三）县域经济发展存在的问题及原因

1. 地区经济发展不平衡

从辽宁省范围内看，辽宁省的经济发展体现了增长与不平衡的两方面共性，主要依靠沈阳及其经济区、大连及其沿海经济带拉动，辽西、辽北地区经济规模较小，只高于全国平均水平的 1% 左右，这就导致辽西、辽北与辽中、辽南的差距日益增大。非国有投资占社会投资的比例中，铁岭市比鞍山等几个城市高出 30%~60%。

从地区生产总值方面来看，大石桥市、海城市、瓦房店市等 10 个城市均已排在地区性生产总值的前列，而辽西、辽北地区的城市均排在后 10 位。从人均生产总值方面来看，也是辽东地区远远超过其他地区。

2. 落后县市农业产业化水平低

由于忽视农业发展，不重视农业结构的调整，各级政府对县域经济农业的投入少，特别是落后县市尚未形成专业化生产格局，以特色产品为核心的"一县一业"的生产专业化、区域化尚未形成。同时，农村特色工业少，工业布局结构零散，企业资产结构不合理，对农产品的深加工能力又不强，缺乏农产品市场流通体系和市场信息发布体系。农产品产销不平衡，市场价格低迷，农产品的种植、加工和销售还没有形成产业链条，配套的产业结构又特别落后，造成落后县市农业产业化水平极低，这不仅影响了农民对于农业生产的积极性，也阻碍了县域经济的发展。

3. 落后县市自主发展能力不强

由于城乡社会保障制度的差异，保障资金短缺的压力，城乡基础设施建设投资政策和城乡分割的户籍、就业、社保、医疗政策，县级财政保障能力差，县域利用财政政策调控经济发展的能力极为有限，造成落后县市本身生产力发展动力不足。同时，农村劳动力受教育程度普遍较低，农民普遍缺乏市场经济观念，接受新思想、新技术的能力弱，意识落后，缺乏科学的经营方法和管理手段，因此，生产效益低下，对科学技术推广的难度较大。

特色产业规模小，对区域经济带动作用不强。第二产业发展的兴衰不仅决定县域经济状况的好坏，而且能拓展第一产业的发展空间，成为第三产业发展的依托，解决县域经济发展的主要出路在于兴工强县，打造特色产业。但是辽宁特色产业的发育缓慢、规模小，还没有利用本地区的优势资源培育起适合本地的特色企业，对区域经济的带动作用不强。江浙一带区域经济的快速发展就得益于其在全国极具特色优势的"一乡一品"的块状经济发展，其特色优势产业的跨越式发展在县域经济发展中发挥了至关重要的作用。辽宁的县域经济产业集群多以资源型为主，生产加工型较少，且规模偏小，难以形成资源转移产业链，产品市场占有率不高，精品名牌产品少，产业集群整体竞争力不高，特色优势竞争力不明显，对县域经济的带动作用不是很强，对落后县市县域经济的辐射力也不足。

（四）资金与人才外流严重

一方面，县域经济发展不平衡是我国发展过程中的一个基本国情，就县域经济的总体状况来看，资金严重短缺已成事实，且呈现逐年扩大的趋势。与此同时，资金外流情况也越发严重，给县域经济的发展带来了一定的局限性，我国县域资金外流每年大约在 7.5 亿元，县域资金的外流导致县域地区经济发展滞后，不利于经济结构的调整，也加大了城乡的贫富差距。

另一方面，县域人才流失对县域经济发展具有很大的影响，专业技术人才主要集中在瓦房店、普兰店等发展水平较高的县市，专业技术人员的数量是最少技术人员地区的 5.4 倍，这就造成劳动力素质差异化，也反作用于县域经济发展。就农业技术来说，辽中县、辽阳县等县域的农业技术人员数量比普兰店等超出了约 106%，劳动力的差异直接影响着劳动生产率的高低，也直接影响了县域经济的发展。

二、县域经济发展对策

（一）加强农村产业融合，全面推进农业现代化

农业是县域经济的重要组成部分，农业产业化是县域经济发展的重要载体。农业产业化作为中国农业变革与经济发展进程中出现的一种新的经济现象，是在传统经济体制下形成的适合现今经济社会发展的一种新的农业生产经营模式。因此，推进农村产业革命，就要改变落后的观念，用工业的理念谋划农业的发展，用现代的科学技术改善农业经营模式，加快农业产业化和现代化

的发展。首先，各级政府牵头，联系当地企业或经济组织与广大农户建立起多种形式的联合与合作，与广大农户组成专业生产联合实体或大规模的农产品生产基地，利用企业提供的先进农业机械、农业技术和优良产品，进行农业的规模经营，提高农业的劳动生产率；其次，加快农业科技进步，用现代科学技术改造农业，用科学技术武装头脑，促进农业增长方式的转变，使农民增产增收；最后，通过农业的产业化经营，把现代工业、商业、运输等产业同农业的种植业、养殖业等紧密结合起来，实现农业的社会化、专业化和一体化，全面推进农村产业革命。

（二）完善财政支农政策，解决中小企业资金难题

财政支农结构不尽合理，资金管理弱化，使得辽宁在财政农业支出资金管理上普遍存在着中间环节多、资金在途时间长、资金到位率低、使用效率低等问题。同时，由于财政困难，资金调度无力就挤占支农资金，支农资金被挤占、挪用的现象比较普遍，财政支农资金的管理应该引起重视。各级政府要完善财政支农政策，完善农村金融体系，完善贷款利率定价机制，不断拓展县域经济的融资渠道。一方面，依托资源优势，各级政府要加大力度配置农业资金，提高农业资金的使用效率，瞄准市场调控机制，根据市场需求，大力发展优势农业，打造龙头农业；另一方面，各级政府要加大力度扶持弱县农业经济的发展，完善农村金融体系，建立激励性机制，对落后县市要从政策上减免农业税收，在不违反中央规定的前提下，增加经费进行农村基础设施建设。各级政府还要落实结构性农业减税政策，完善农业各项政策性专项补助，同时还要扶持县域小城镇中小企业的发展，要切实解决中小企业面临的融资难题，扶持中小企业的发展以带动村镇乃至整个县域经济的发展。

（三）发展特色产业，促进辽宁县域经济加快发展

特色经济是指从本地比较优势出发，根据本地在某一阶段的要素禀赋结构，即经济自然资源、劳动力和资本的相对份额，在某一产业或产品上构建经济增长极，提高区域经济增长的核心竞争力，最终促进区域经济全面发展。在"都市经济圈型、沿海型、辽东辽西山区型"等各具特色的县域经济区，大力发展特色产业，构建具有辽宁特色的县域经济区。例如，辽宁东南部沿海地区要发展水养殖业，辽南地区发展水果业，辽东山区发展林木生态产业，辽西发展林草牧业等。

（四）政府提供优惠政策，吸引中小企业的资金进行农村基础设施建设

县级政府过多地关注县城建设，漠视农村基础设施建设，农村基础设施建设的配套资金很难落实，因此县政府一方面应该提供优惠政策，适度放宽货币政策，效仿日本支持中小企业的经验，注重发挥地方性银行的作用，帮助中小企业贷款、融资，盘活中小企业，发挥中小企业在县域经济中的中流砥柱作用；另一方面通过盘活中小企业，政府部门提供优惠政策，吸引中小企业的资金流入，让中小企业帮助政府大力进行农村基础设施建设，从而推动县域经济的快速发展。

（五）加强网络建设，打造网络信息品牌

加强网站建设，完善农业信息系统，推进农产品流通的信息化建设，不断扩充市场信息量，对县域经济的发展起到至关重要的作用。通过搭建网络平台，建立从村镇到县域的信息采集发布更新快速通道，加强各地之间的经验交流，加强经济信息传播，了解全省区域经济的发展动态，不断推进农产品流通的信息化建设，实现网上农产品的交易和配送，通过信息化建设推动农业的产业化发展，把辽宁县域经济网打造成网络信息品牌，这对推进辽宁省县域经济发展起着不可替代的作用。

辽宁县域经济的发展空间很大，政府的决策和基层干部的贯彻执行是加快县域经济的关键。制定符合辽宁实际的县域经济发展战略，充分发挥资源优势；完善财政支持政策，因地制宜，科学安排，充分发挥辽宁人民的聪明才智，群策群力，扬长避短。

第八章 人口与城镇化建设

第一节 人口发展变化与预测

一、人口发展变化的特点与趋势

新中国成立 60 多年来，辽宁人口经历了曲折多变的发展历程，由于计划生育政策的深入实施，人口过快增长的势头得到了有效控制，人口再生产类型发生了根本性的改变，从而为全省人口与经济、社会的可持续发展创造了良好的条件，但也由此带来了人口老龄化提前到来，导致"未富先老"的矛盾。

（一）辽宁人口发展历程和现实特点

新中国成立 60 多年来，辽宁省的人口逐渐增加，1953 年全国第一次人口普查，总人口为 1855 万人，第二次人口普查（1964 年），总人口为 2695 万人，第三次人口普查（1982 年）为 3572 万人，第四次人口普查（1990 年）为 3946 万人，第五次人口普查（2000 年）为 4238 万人，第六次人口普查（2010 年）为 4375 万人。60 多年的发展历程，大体可以分为三个阶段：

1. 第一阶段：人口总量迅速增长时期（1949~1972 年）

新中国成立后，生产力水平迅速恢复和发展，人民的温饱有了可靠的保障，为人口的增长提供了物质基础，人口进入了补偿性增长阶段，总量迅速增长。

1953~1957 年的第一个五年计划时期，经济建设大规模展开，人民经过休养生息后，自然增长人口与省际间迁入人口同时增加，全省进入第一次人口增长高峰期。这五年，全省人口总量以年均 4.4% 的高速度增长，平均每年增加 90 多万人，其中 1953 年和 1954 年增加人口的规模均超过百万，为新中国成立以来辽宁人口总量增长第一个高峰期的峰值。1961 年国民经济出现暂时困难，辽宁省人口出现新中国成立后唯一的负增长，全年死亡人口超过出生人口0.7万人，同时省际间的迁出人口超过迁入人口39.5万人，从而导致全省人口总量减少401477人，比上年负增长1.57%。1962年全省人口总量虽然有所上升，但是仍未能恢复到1960年的总量水平。

1963~1969年，辽宁进入第二次人口增长高峰期。这段时期省际间的人口迁移呈现出减少趋势，但严重自然灾害过后带有补偿性质的人口强烈增殖，仍然导致辽宁省人口总量以年均2.60%的速度增长，平均每年增加708555人。1963~1969年，加上1953~1957年的人口高速增长，占1949~1985年增加人口总量的51.69%。

2. 第二阶段：人口总量控制增长期（1973~1989年）

根据国家的统一部署，辽宁省从20世纪70年代初开始积极推行计划生育政策，特别是党的十一届三中全会以后，把实行计划生育作为一项基本国策，制定和逐步完善生育政策，实施人口发展规划，抑制了人口过猛增长的势头。这一阶段，无论每年的增长人数还是年平均人口增长率都比第一阶段大幅度下降，并且人口发展总体态势比较稳定，人口总量的增长速度呈逐渐缩小的趋势。

1973年计划生育工作正式推行，自1974年开始，辽宁省的人口增长趋势迅速开始下降。1973~1989年的16年间，辽宁省人口增加了707.9万人，平均年增加44.24万人，年均人口增长率为1.20%。其间，辽宁省于1985年在全国率先推行农村独女户等情况可以生育二胎的政策，人口生育率略有回升，但是基本稳定了对人口总量的控制。辽宁省的人口发展也完成了从年轻型人口向成年型人口的转变，实现了"低出生、低死亡、低自然增长"的现代人口再生产模式。

3. 第三阶段：较低水平增长阶段（1990~2015年）

自1991年起，由第二次人口增长高峰出生的庞大人群而形成的第三次人口增长高峰，在计划生育工作进一步落实和婚育旺盛时期妇女人数缩减的双重影响下，逐渐退出峰顶，人口发展进入平稳下降期。育龄妇女总和生育率由1990年的1.61下降到2000年的1.20；1990~2005年的平均出生率为9.08‰，自然增长率为3.49‰，明显低于80年代15.72‰和10.43‰的平均水平。2005年全省总人口为4189.2万人，与1990年的3917.3万人相比，全省人口净增长271.9万人，增长6.9%，年均增长进一步降至0.46%。2010年第六次人口普查，全省总人口为43746323人，同第五次全国人口普查2000年11月1日零时的42384412人相比，10年共增加1361911人，增长3.21%，年平均增长率为0.32%。

2015 年以后，随着二孩政策的全面放开，以及辽宁省新型工业化、新型城镇化战略的实施，辽宁省的人口数量变化将会表现出一些新的特点。

（二）人口发展变化的特点和成因

新中国成立以来，辽宁人口发展经历了由前 20 余年的高速增长到近 30 年的减速增长，人口总量不断增加的过程。随着人口总量的持续增加，人口增长趋势和人口结构也发生了较大变化。

1. 出生率大幅度下降，人口增长速度明显减缓

如图 8-1 所示，在新中国成立后相当长的时间里，辽宁人口出生率一直保持较高水平，20 世纪五六十年代平均在 30‰以上，个别年份超过 40‰，而人口自然增长率在 25‰左右，人口再生产始终处于高出生、低死亡、高自然增长状态。

20 世纪 70 年代全省城乡普遍实行计划生育政策后，人口出生率迅速降低。进入 80 年代，人口发展被纳入社会经济发展的总体规划，计划生育作为一项基本国策纳入宪法条文，人口控制工作得到进一步加强。在第三次人口生育高峰来临、育龄妇女不断增加的情况下，人口增长速度继续缓慢下降。

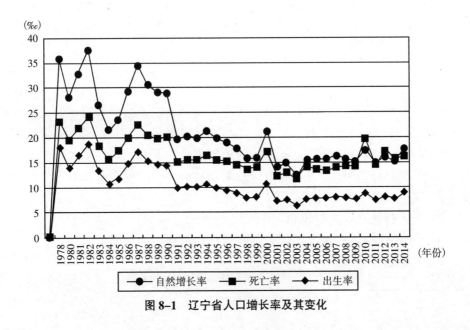

图 8-1　辽宁省人口增长率及其变化

2. 妇女生育率大幅度下降，人口发展进入低生育水平时期

新中国成立之初，辽宁妇女生育率处于较高水平。1950 年全省育龄妇女总和生育率为 5.8，1957 年为 7.3，1963 年达到高峰 8.3。20 世纪 70 年

代以后，由于计划生育政策的有效实施，育龄妇女总和生育率从 1970 年的 4.3 下降到 1980 年的 1.7。近 30 年来，计划生育的成功有力地促进了全省人口生命历程的转变，冲破了一代又一代的多育模式，减轻了女性人口的负担，使人口发展进入了一个低生育水平阶段。导致生育率下降的主要原因是，妇女婚育的年龄推迟，平均时代间隔延长以及生育周期缩短，生育数量减少。

3. 人口素质显著提高，每万人拥有的受教育程度人数成倍增加

根据第六次人口普查，全省人口中，具有大学（指大专以上）文化程度的人口为 5234081 人，具有高中（含中专）文化程度的人口为 6469305 人，具有初中文化程度的人口为 19829444 人，具有小学文化程度的人口为 9364681 人（以上各种受教育程度的人包括各类学校的毕业生、肄业生和在校生）。

同 2000 年第五次全国人口普查相比，每 10 万人中具有大学文化程度的人口由 6182 人上升为 11965 人，具有高中文化程度的人口由 13205 人上升为 14788 人，具有初中文化程度的人口由 40082 人上升为 45328 人，具有小学文化程度的人口由 29778 人下降为 21407 人。

全省人口中，文盲人口（15 岁及以上不识字的人）为 843695 人，同 2000 年第五次全国人口普查相比，文盲人口减少 1176305 人，文盲率由 4.76% 下降为 1.93%，下降 2.83 个百分点。

二、人口构成

性别和年龄是人口的自然属性，本身不受社会经济过程的影响。人口的性别和年龄结构与人口的出生、死亡、迁移变动密切相关，并且是人口再生产的决定性因素，对社会经济的发展影响较大。因此，研究人口性别和年龄结构的现状和未来发展趋势，对于制定人口政策和社会经济发展战略具有十分重要的意义。

（一）人口性别构成现状

表 8-1 为辽宁省历次普查总人口性别比构成情况。

表 8-1　辽宁省历次普查总人口性别比构成情况

年份	男性占总人口的比重（%）		女性占总人口的比重（%）	
	辽宁	全国	辽宁	全国
第一次（1953）	52.04	51.82	47.96	48.18
第二次（1964）	51.41	51.33	48.59	48.67
第三次（1982）	51.02	51.52	48.98	48.48
第四次（1990）	51.07	51.60	48.93	48.40

续表

年份	男性占总人口的比重（%）		女性占总人口的比重（%）	
	辽宁	全国	辽宁	全国
第五次（2000）	50.98	51.63	49.02	48.37
第六次（2010）	50.63	51.27	49.37	48.73

　　根据第六次人口普查，全省人口中，男性人口为 22147745 人，占 50.63%；女性人口为 21598578 人，占 49.37%。总人口性别比（以女性为 100，男性对女性的比例）由 2000 年第五次全国人口普查的 104.04 下降为 102.54。从总体上说，人口的性别比问题不大，但考虑到老龄人口中女性所占比例较大（2010年辽宁省男性平均预期寿命 76.53 岁，女性 87.08 岁），中青年的性别比问题还是不容忽视的。

　　（二）人口的年龄构成

　　根据第六次人口普查，全省人口中，0~14 岁人口为 4996977 人，占 11.42%；15~59 岁人口 31998594 人，占 73.15%；60 岁及以上人口为 6750752 人，占 15.43%，其中 65 岁及以上人口为 4509441 人，占 10.31%。同 2000 年第五次全国人口普查相比，0~14 岁人口的比重下降 6.26 个百分点，15~59 岁人口的比重上升 2.46 个百分点，60 岁及以上人口的比重上升 3.8 个百分点，65 岁及以上人口的比重上升 2.43 个百分点。

　　如表 8-2 所示，少儿负担系数在迅速下降，老年负担系数则逐渐上升，总负担系数 2010 年以前逐渐下降，2010 年以后由于老年负担系数的迅速攀升而上升。世界卫生组织制定了如表 8-3 所示的人口结构划分标准，考虑的指标更详尽，亦可作为确定人口结构状态的参考。由此可以断定，辽宁省已经进入严重的老年型社会。

表 8-2　辽宁省典型年份的负担系数

年份	总负担系数	少儿负担系数	老年负担系数
1990	40.65	32.66	7.99
1995	40.15	29.96	10.19
2000	34.34	23.75	10.59
2005	31.44	18.64	12.80
2010	27.76	14.59	13.17
2014	29.26	13.62	15.64

资料来源：《辽宁省统计年鉴》（2015）。

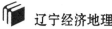

表 8-3　人口结构划分标准

单位：%

指标	年轻型人口	成年型人口	老年型人口	辽宁省 2014 年
老年人口系数（≥60 岁人口/总人口）	<5	5~10	>10	15.64
（≥65 岁人口/总人口）	<4	4~7	>7	12.1
少儿人口系数（≤14 岁人口/总人口）	>40	30~40	<30	13.2

资料来源：《辽宁省统计年鉴》（2015）。

人口年龄结构的变化是一个相当缓慢的渐变过程，需要几十年甚至上百年的努力。正因为如此，区域发展中要特别注意人口年龄结构的变化，防止出现不利于人口稳定的状态，努力创造向稳定人口目标转化的条件。

三、人口空间分布及其演变

（一）人口空间分布的格局

人口分布是指人口在地理空间上的表现形式及其发展演变情况，包括人口在地理空间由点及面的聚集、扩散与变动，各种人口现象在地理空间的集合与联系，它是由自然、经济、社会和政治诸多要素所决定的。一个地区的人口分布状况直接或间接地反映一个地区的经济和社会发展状况。

1. 人口地区分布状况

辽宁省的 14 个地级市中，人口超过 300 万的有沈阳、大连、鞍山、朝阳和锦州，人口在 200 万~300 万之间的有铁岭、葫芦岛、丹东、营口和抚顺，人口低于 200 万的有阜新、辽阳、本溪和盘锦。

空间分布的特点是：沿海、平原地区，人口密度大；山区、内陆半湿润地区人口密度小。即大连、沈阳、鞍山、营口等地人口较密集，朝阳、铁岭等地人口相对稀疏。

2. 人口的城乡分布

人口分布的地区差异性还表现在城乡人口分布上，辽宁省常住人口中，居住在城镇的人口 2477 万人，占总人口的 58.70%；居住在乡村的人口 1743 万人，占总人口的 41.30%。与第五次全国人口普查相比，城镇人口占总人口的比重上升了 3.80 个百分点。

（二）人口迁移和流动

人口迁移是指人口在地理位置上的变更，也称为人口移动。根据人口普查资料数据推算：1995~2000 年辽宁迁移人口 485 万人，其中省内迁移 405 万人，外省迁入 80 万人，迁往省外人口 40 万人，五年净迁入人口 40 万人，总迁移率 12.58%（含省内迁移）。

与同期全国其他 31 个省、自治区、直辖市相比，辽宁人口的净迁入率属于中间水平。辽宁属于净迁入省份，净迁移率仅为 0.96%。

1. 外省迁入人口状况

1995~2000 年，外省迁入辽宁人口为 80.2 万人，平均每年迁入 10.8 万人。其中，2/3 的外省迁入人口集中在沈阳、大连、鞍山这三个地区。外省迁入人口男性多于女性，而且年龄较轻。绝大部分为劳动适龄人口，特别是青壮年劳动力。迁入人口的受教育程度呈"两头高，中间低"的特征。其主要特点是：一是以小学和初中受教育程度为主；二是高中、中专和大专比例较小；三是高层次的大学本科和研究生比重较大。

从外省迁入的人口以体力型职业为主，这类人员 42.1 万人，占就业人口的 90.43%，而智力型的从业人员很少。同"四普"相比，智力型从业人员减少了 7.12 个百分点。省际迁移人口的数量逐年增加，1995~2000 年迁移人口的数量呈逐年增加的趋势。外省迁入人口主要来自于辽宁相邻省份和人口较为稠密的地区。其中，黑龙江省、吉林省和内蒙古自治区这三个省（区）共迁入人口 45.8 万人，占迁入人口的 57.23%。外省迁入妇女生育一孩比率高，由于外省迁入人口中 15~24 岁人口比重较大，因此一孩比率比全省育龄妇女的一孩比率高 6.40 个百分点。但同时，三孩及以上比率也高于全省育龄妇女三孩及以上的比率。说明外省迁入人口中还存在超生现象，应当引起有关部门的重视。

人口迁入的原因可以分为劳动型、社会型、学习型和搬迁型。属于劳动型的迁移无论是绝对数还是相对数都有所增加。属于婚姻迁入和投亲靠友等社会型原因的迁移人口比重下降，总量仍有所增加。属于学习型的人口迁入在总量和比重上都提高很小。从外省迁入人口中，属于搬迁型的差遣搬家很少。从迁移原因看，男性和女性呈现出很大的差异性。男性的劳动型迁入平均是女性的两倍，学习型迁入也将近女性的两倍。而社会型的迁入女性占优势，是男性的 1.8 倍，尤其是婚姻迁入，女性是男性的 6 倍。这说明外省迁入人口中男性是以工作、学习、生产和经营活动为主，而女性则主要是婚姻和其他社会型的迁入。

2. 省内迁移

1995 年 11 月 1 日到 2000 年 10 月 31 日，省内迁移人口 405 万人，迁移率为 9.68%，同"四普"相比，增加了 317 万人，增长了 360.02%。省内迁移人口总量是"四普"中（1985~1990 年）的 4.6 倍。从地区分布来看，迁移数量最多的是沈阳（104 万人），其次为大连（78 万人）、鞍山（34 万人）。从相对数量上看，迁移率较高的有沈阳、大连和辽阳。迁移率较低的有铁岭、朝阳和葫芦岛。

省内迁移的特征为：女性多于男性，年龄集中在 15~34 岁。女性迁移人口多于男性，是由于迁移人口中的婚姻迁入和随迁家属所占的比重较大。省内迁移人口的受教育程度较高，迁移人口的文化素质大大高于总人口的文化素质。国家机关党群组织企事业单位负责人、专业技术人员、办事人员和有关人员三种职业迁移者较多。其原因是：同 1990 年第四次全国普查相比，迁移人口的迁移原因发生了很大的变化。"四普"排在前五位的迁移原因依次为婚姻迁入、投亲靠友、学习培训、随迁家属和务工经商。经过 10 年时间，主要的迁移原因变为拆迁搬家、随迁家属、婚姻迁入、务工经商和学习培训。

3. 迁出人口状况

1995~2000 年辽宁迁出到外省的人口为 40 万人，从迁往地区来看，迁出的 40 万人主要集中在北京、山东、吉林、黑龙江、河北、内蒙古和广东 7 个省、区、直辖市。迁入北京的人口最多。从城市迁出的人口明显高于从农村迁出的人口。

4. 流动人口状况

人口流动是指人口由于各种原因离开户口登记地到外地寄居或暂住。其移动行为时间长短不一，但以不变更户籍登记为特征。这是市场经济发展的结果。①近 2/3 流动人口是本县（市）和本市市区内的人户分离。②流动人口中的 90% 以上出生地在省内。③流动人口呈逐年增加的趋势。

5. 因素分析

人口迁移流动是社会、经济和个人因素综合作用的必然结果，是社会发展变化的标志之一。人口普查数据显示，无论省外迁移还是省内迁移，经济因素是影响人口迁移的决定性因素。从外省迁入的人口分布看，是经济发展水平和距离两种因素共同作用的结果，迁入辽宁省人口较多的是距离辽宁省最近的黑龙江省、吉林省和内蒙古自治区。其他几个省份都是经济欠发达的人口大省。从辽宁省迁出人口分布也同样看到：一是迁入到经济较发达的地区，如北京和广东；二是迁入到经济发达的地区。城市建设的飞速发展，住宅小区的开发和改造，是省内人口迁移的主要因素。

6. 近年人口迁移的新动向

近年来，特别是 2014 年以来，东北经济遭遇新的下行压力，辽宁省更是雪上加霜，2014 年辽宁省 GDP 增长速度为 5.8%，全国倒数第三，远低于全国平均水平 7.4%。经济下滑导致就业压力大，人口外迁严重。仅 2014 年一年就外迁了 80 多万人。全国 14 个地级市中，只有鞍山和抚顺有少量人口迁入，其他 12 个地级市都是人口净流出。大连、沈阳、朝阳和葫芦岛净流出人口达 10 万之多，如表 8-4 所示。

表 8-4　辽宁省 2013~2014 年机械迁移人口分析

地区	2013 年人口	2014 年人口自然增长率	2014 年自然增长下的人口	2014 年实际人口	2014 年机械迁移人口
全省	4241.4	1.9	4321.99	4241.1	−80.89
沈阳	726.0	2.0	740.52	729.0	−11.52
大连	590.9	3.4	610.99	592.9	−18.09
鞍山	350.0	−0.9	346.85	349.0	2.15
抚顺	218.6	−0.9	216.63	217.6	0.97
本溪	152.7	0.5	153.46	152.2	−1.26
丹东	240.1	0.1	240.34	239.5	−0.84
锦州	306.9	0	306.90	305.6	−1.30
营口	233.8	2.9	240.58	232.9	−7.68
阜新	191.3	1.3	193.79	191.0	−2.79
辽阳	180.2	1.1	182.18	179.9	−2.28
盘锦	128.9	3.4	133.28	129.1	−4.18
铁岭	302.0	2.1	308.34	302.0	−6.34
朝阳	340.0	5.5	358.70	340.1	−18.60
葫芦岛	280.0	4.0	291.20	280.3	−10.90

资料来源：根据辽宁省相关年份统计年鉴计算整理。

第二节　辽宁省城镇化进程与特征

一、城镇化的发展历程

古代时辽宁省城镇化的起始动力主要来源于采矿业和冶铁业，鞍山、抚顺、北票、本溪等地区在明清甚至西汉时就开始了大规模的采矿。辽阳、新宾、沈阳、朝阳由于政治、军事、贸易等因素形成了传统的城镇。中日甲午战争以后，50 年的殖民统治使得辽宁在工业化和城镇化道路上先行了一步，但是殖民地经济也使产业严重畸形，只发展了重工业，轻工业和农业十分落后，市场经济竞争意识也没有发展起来，对以后的发展产生了很大的负面影响。

新中国成立以来，从 1949 年至 2014 年，城镇人口由 331 万人增加到 2844 万人，平均每年递增 3.33%；城镇化水平由 18.1%上升到 67.05%。2014 年底，辽宁省有城市 31 个，其中副省级城市 1 个（大连），省会城市 1 个（沈阳），地级市 12 个，县级市 17 个，另有建制镇 645 个。按人口规模，大于 200 万人的超大城市有沈阳（528 万人）、大连（304 万人）；人口规模在 100 万~300 万人的特大城市有鞍山（151 万人）、抚顺（143 万人）；人口在 50 万~100 万人的大城市有葫芦岛（99 万人）、本溪（93 万人）、营口（92 万人）、辽阳（88 万人）、阜新（77 万人）、盘锦（64 万人）、朝阳（61 万人）。铁岭和各县级市人口不到 50 万人。

新中国成立以来，辽宁省城镇化进程曲折反复，大体可分以下几个阶段：

表 8-5　辽宁省城镇化进程一览

年份	工业化率	服务业率	产业非农化率	辽宁省非农业人口比例①	辽宁省城镇化率②	全国城镇化率
1952	48.3	22.7	71.0	23.4	—	12.46
1957	59.3	20.4	79.7	36.9	—	15.39
1965	60.7	19.7	80.4	36.1	—	17.98
1970	62.4	16.8	79.2	30	—	17.38
1975	66.9	15	81.9	31.4	—	17.34
1980	65.0	15.2	83.6	35.5	25.3	19.39
1985	57.7	22.3	85.6	40.8	31.5	23.71
1990	45.5	33.2	84.1	42	33.7	26.41
1995	44.2	36.2	86.0	44.5	38.6	29.04
2000	45.3	39	89.2	46	56.39	36.22
2005	42.3	41	89.0	48.5	58.70③	42.99
2010	47.7	37.1	91.2	52.26④	62.1	49.95
2011	48.1	36.7	91.4	54.39	64.05	51.27
2014	44.21	41.77	92.02	—	67.05	54.77

资料来源：除特别声明外，均来自辽宁省各年份的统计年鉴。

---

① 此数据来源于辽宁省各年份的统计年鉴，但此比例不能直接作为辽宁省城镇化率，因为无法与近 10 年中国统计年鉴中的辽宁省城镇化率对接（偏低太多）。

② 根据《新中国城市 50 年》整理，此比例无法与近 10 年全国统计年鉴中的辽宁省城镇化率衔接（偏低）。

③ 2005~2011 年的城镇化率数据直接来源于中国各年份统计年鉴，这个数据可与全国及各地区比较，但序列太短。

④ 2010 年、2011 年的非农业人口比例是根据 2005~2009 年城镇化与非农业人口比例的线性回归模型反推的。

（一）城镇人口迅猛增长阶段（1949~1960 年）

新中国成立初期，国家建设东北重工业基地的战略推动了辽宁城市的迅猛发展，鞍山、抚顺、本溪和阜新等工矿城市尤其突出。1960 年全省城镇人口 1086 万人，净增 755 万人，年均递增 11.4%，城镇人口所占比重为 42.4%，比 1949 年增加 24 个百分点，年均增长 2.2 个百分点。这一时期城镇个数变化不大，但城镇规模明显扩大，如大连、鞍山、抚顺都上升为大城市。

（二）城镇化徘徊后退阶段（1961~1977 年）

城镇发展受政治经济形势和国家方针政策变化的影响，城市人口大量迁出，城镇人口比重从 1960 年的 42.4% 下降为 1965 年的 33.7%，再降至 1977 年的 27.7%，17 年中城镇人口比重减少 14.7 个百分点，年均减少 0.9 个百分点。这时期主要城市人口规模减小，小城镇变成人民公社。

（三）城镇振兴与急速发展阶段（1978~1990 年）

经济的发展和城市地位与作用备受重视，使城镇发展走上正常的轨道，城镇数量迅速增加，城市规模逐步扩大，城镇人口增长到 1990 年的 1794 万人，1990 年城镇化水平达到 51%，年均增长 1.9 个百分点。

这一时期城镇数量多、发展快、分布广、规模大、职能强，大城市、特大城市、超大城市先后出现，城市首尾相连，是中国城镇化发展最快的地区之一。

（四）城镇化缓慢稳定发展阶段（1991~2014 年）

资源型工业城市的发展进入工业转型、结构调整的重要时期，"九五"时期开始，辽宁省改革有了突破性发展，对老企业改革实行了择优扶强和优胜劣汰的原则，第三产业和高新技术产业有了明显的发展，经济的发展和改革都取得了一定的效果，2005 年城镇化水平为 58.70%，年均增长率为 0.51%，辽宁省城镇化缓慢稳定发展。

2014 年后，辽宁省的城镇化进入了新的发展阶段，即新型城镇化建设时期。

二、城镇化现状特点及存在问题

（一）城镇化水平高，但近年来城镇化水平增长速度缓慢

在各省区中辽宁省是我国最著名的老工业基地之一，城市数量多、规模大，城镇化水平一直处于领先地位。但辽宁城镇化质量不高，城镇人均国内生产总值、单位土地效益低于长江三角洲、珠江三角洲等发达地区。

辽宁省城镇化已经进入中后期，加上经济发展速度下降，城镇化率近年提高很慢。全国城镇化率从 2000 年的 36.22% 提高到 2014 年的 54.77%，平均

每年提高 1.33 个百分点，而辽宁省的城镇化率从 2000 年的 56.39% 提高到 2014 年的 67.05%，平均每年仅提高 0.76 个百分点，大体相当于全国的一半。按照这个趋势，未来 5~10 年，辽宁省城镇化领先的优势将大大弱化。

（二）主要城市的区域地位显著，是全国重要的工业基地和贸易中心

沈阳是东北地区最大的中心城市，传统的政治、经济、文化和信息中心，全国重要的综合性工业基地；大连是东北地区最大的贸易口岸城市，对外开放的窗口和门户，全国重要的机械、石油化工和轻纺工业基地；丹东是我国最大的边境口岸城市；锦州是东北西部地区对外联系的主要门户；鞍山、本溪是全国重要的钢铁工业基地；抚顺、辽阳是中国重要的石油化学、化纤工业基地；营口是东北地区重要的对外联系口岸；盘锦是全国重要的石油开采及加工基地；葫芦岛是全国重要的机械、有色金属冶炼和石油化工基地。

（三）城镇化发展水平和经济发展水平不匹配

以 2005 年为例。首先，与发达地区产业结构比较，由于北京、上海、天津、广东的城镇化水平比辽宁高，比较这四个城市的产业结构与辽宁的产业结构，发现辽宁第一产业比重过大，达到两位数，而四个城市农业比重均在个位数。除了北京以外，在第二产业上辽宁与其他三个城市的差距较大。

其次，辽宁的人均 GDP 和福建、山东差不多，但是辽宁的城镇化率比福建、山东高得多，这说明辽宁的城镇化发展水平和经济发展水平不一致，经济发展水平没有跟上城镇建设水平。

2014 年的情况有所变化，但和全国其他地区相比（见表 8-6），辽宁省经济发展水平仍滞后于城镇化：城镇化率 67.05%，居全国第五位，但人均 GDP 为 65201 元，居全国第七位。

表 8-6　全国各省的城镇化与经济发展水平的比较（2014 年）

单位：元，%

地区	人均生产总值	第一产业	第二产业	第三产业	城镇化率
天津	105231	1.3	49.2	49.6	82.27
北京	99995	0.7	21.3	77.9	86.35
上海	97370	0.5	34.7	64.8	89.60
江苏	81874	5.6	47.4	47.0	65.21
浙江	73002	4.4	47.7	47.8	64.87
内蒙古	71046	9.2	51.3	39.5	59.51
辽宁	65201	8.0	50.2	41.8	67.05
福建	63472	8.4	52.0	39.6	61.80
广东	63469	4.7	46.3	49.0	68.00

续表

地区	人均生产总值	第一产业	第二产业	第三产业	城镇化率
山东	60879	8.1	48.4	43.5	55.01
吉林	50160	11.0	52.8	36.2	54.81
重庆	47850	7.4	45.8	46.8	59.60
湖北	47145	11.6	46.9	41.5	55.67
陕西	46929	8.8	54.1	37.0	52.57
宁夏	41834	7.9	48.7	43.4	53.61
新疆	40648	16.6	42.6	40.8	46.07
湖南	40271	11.6	46.2	42.2	49.28
河北	39984	11.7	51.0	37.3	49.33
青海	39671	9.4	53.6	37.0	49.78
黑龙江	39226	17.4	36.9	45.8	58.01
海南	38924	23.1	25.0	51.9	53.76
河南	37072	11.9	51.0	37.1	45.20
四川	35128	12.4	48.9	38.7	46.30
山西	35070	6.2	49.3	44.5	53.79
江西	34674	10.7	52.5	36.8	50.22
安徽	34425	11.5	53.1	35.4	49.15
广西	33090	15.4	46.7	37.9	46.01
西藏	29252	10.0	36.6	53.5	25.75
云南	27264	15.5	41.2	43.3	41.73
贵州	26437	13.8	41.6	44.6	40.01
甘肃	26433	13.2	42.8	44.0	41.68

资料来源：《中国统计年鉴》（2015）。

表 8-7 为辽宁及沿海发达省份的三次产业就业结构比较。

表 8-7　辽宁及沿海发达省份的三次产业就业结构比较

	年份	辽宁	浙江	广东	全国
第一产业	1982	45.99	62.41	72.6	73.66
	1990	49.35	61.26	60.52	72.24
	2000	51.82	33.71	37.36	64.38
	变化	+5.83	−28.7	−35.24	−9.29
第二产业	1982	36.39	27.77	15.33	15.83
	1990	30.98	24.84	22.23	15.18
	2000	21.4	40.65	38.22	16.81
	变化	−14.99	12.88	22.89	0.98

续表

	年份	辽宁	浙江	广东	全国
第三产业	1982	17.47	9.77	12.03	10.45
	1990	19.63	13.88	17.25	12.56
	2000	26.55	25.53	24.3	18.56
	变化	9.08	15.76	12.27	8.12

资料来源：根据相关年份中国统计年鉴计算。

辽宁省第一产业所占比例在近几年逐渐上涨，与全国农业比例下降尤其是发达地区农业下降速度更快的事实相反。第二产业所占比例下降的趋势明显，而全国第二产业逐渐上升。第三产业所占比例有所上升，略高于全国平均增长速度。

即使第一产业在业人口所占比例持续上升，辽宁的第一产业在业人口比例依旧低于全国平均比例12.56个百分点，依旧保持着较高的城市化水平，但是辽宁城市化过程的停滞甚至后退确实是一个严峻的问题。

第二产业劳动者所占比例的变化一般表现为先上升、后下降的趋势。在产业革命中的在业人口比例不断上升、工业迅速发展的工业化过程，它能带来高速的经济发展，提高城市的生活水平，但是一般经过相当长时间的增长，达到40%~50%的高水平后又会开始第二个过程，这就是下降过程，随着工业有机构成的提高、先进技术的应用、传统工业部门的淘汰和新兴工业的兴起等，工业劳动生产率大幅度提高，工业物质产品数量增大，在工业部门就业的人数逐渐减少，工业就业比重的上升趋势逐步转变为下降，形成第二产业劳动者向第三产业转移的趋势。

第二产业的下降和第三产业的上升表现出具有后工业社会特点的经济转型，但是由于其独特的经济结构和社会历史积淀，第一产业在业人口比例的上升趋势又表现出辽宁产业结构变迁带有前工业社会的特点。

（四）城市功能不够完善，职能偏重，城市群体作用没有充分发挥

主要城市产业结构偏重，14个省辖市中，鞍山、抚顺、盘锦等市的工业增加值占全市国内生产总值的50%以上。13个城市以重工业为主，仅营口重工业比重略低于轻工业。鞍山、抚顺、本溪、锦州、辽阳、盘锦、朝阳、葫芦岛等市重工业产值占全市工业产值的80%以上。由于资源型工业城市已进入工业转型、结构调整的重要时期，需采取有力措施与对策解决城市职能偏重的问题。此外，多数城市的服务职能不完善，难以满足地区发展的需要。城乡二元结构严重，城市中存在大量失业者，农村有大量剩余劳动力；城市工业重型结构转型困难，农村非农产业不发达；城市居民中需要基本生活保障的群体大，农村中低收入农户多。城市之间功能特色不突出，城市群体作用没有充分发挥，制约地区经济的快速发展。

（五）城镇失业人数增多，居全国最高

辽宁第二产业结构萎缩的背后是巨大的失业问题。2002 年、2003 年、2004 年失业率都达到了 6.5%，是全国最高的。2002 年辽宁省有 75 万失业者没有得到安置，2003 年又增加失业人员 150 万，2004 年由于企业破产增加失业人员 141 万。造成失业率高的原因是很多城市属于传统资源型城市，而且这些资源型城市多是以一个或几个国家特大型企业为主体的。当资源开发到了难以为继的时候，表现出来的是企业停产、半停产，甚至破产，大量的职工只能下岗失业。这是东北老工业基地下岗失业问题突出的重要原因。

（六）城镇化地域分布差异大，辽东、辽西和辽北相对滞后

以沈阳为中心的中部地区以及以大连为中心的中南部沿海地区城镇化率很高，东部城镇化水平较高，西部城市化率很低。图 8-2 反映了辽宁省市县城镇化程度，是根据 Mapinfo 的 GRID 内插数据方法绘出的。已知数据是每个县、市的城镇化率数据，但是这些只是点数据，或者理解为一个县域内表现为一种城镇化率，但是实际上每个县内的城镇化率不一样，城市中心区域城市化率高，边缘区域城市化率低。GRID 内插方法得到两个县重心之间的城市化率变化过程，在图上表现出渐进变化的过程，比较清晰地反映出城市化率的变化范围。

锦州、阜新、铁岭、朝阳和葫芦岛等辽西北地区经济发展相对缓慢，又伴之以生态环境恶化、资源枯竭、矿山关井和采煤沉陷等诸多困难，是全省区域经济中的难点。辽西北地区农业比重大，农村人口多，第三产业发展滞后，导致发展困难较多，经济增长、结构转型所面临的压力增加，缩小区域间经济社会发展差距的难度将会增大。

辽西城市发育较差，辐射作用不显著。全区有大城市 2 座、中等城市 2 座、小城市 5 座、主要分布在沈山铁路和 102 国道、沈承铁路与 101 国道两条轴线上，经济实力较弱，各级中心城市的职能不明显，相互联系松散。本区经济实力弱，土地占全省的 34.26%，人口占 26.63%，国内生产总值、工业产值、第三产业产值等却只占 10.77%、8.06%、11.14%。人均指标只及全省的 1/2 左右，只及沈大城镇带的 1/3 左右。资源型城市和资源枯竭矿山产业转型任务十分紧迫，生态环境脆弱，北部丘陵地带生态失衡、水土流失较为严重。

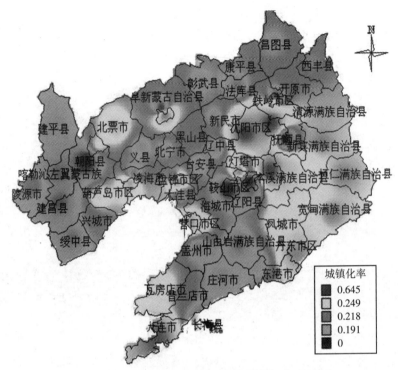

图 8-2 辽宁省城镇化率的地域变化（2005 年）

资料来源：吴殿廷．辽宁省国土规划（总体规划）报告［R］．辽宁省人民政府，2010.

辽东地区对外交通设施有待完善，本区与沈阳只有单线铁路相连，与大连没有铁路连接，与东北东部地区的联系也很不通畅，中心城市用地发展受到限制。

第三节 新型城镇化进程评价

党的十七大明确提出、十八大进一步强调走中国特色城镇化道路，即按照统筹城乡、布局合理、节约土地、功能完善、以大带小的原则，促进大中小城市和小城镇协调发展。加快新型工业化步伐，推进新型城镇化进程，也是辽宁省进一步实现振兴的关键。[1][2] 辽宁省委、省政府确定的全省"十二五"城镇化

---

① 王宝民，李劲为，田华．辽宁城镇化发展道路研究：判断、路径与政策［J］．社会科学辑刊，2010 (6).

② 孟翔飞，刘玉梅．城市发展理论与辽宁城镇化创新发展模式选择［J］．东北财经大学学报，2010 (5).

发展目标是：到 2015 年底，全省城镇化水平达到 70%左右，城镇人口达到 3000 万人以上，新增城镇人口 400 万人以上；全省城镇化质量全面提高，城镇规划建设管理水平全面提升，城镇基础设施和公共服务设施更加完善，城镇综合承载能力和社会保障能力明显增强。[①] 本节用多指标综合的方法对辽宁省新型城镇化的整体特征和地域分异现象进行评价，为省委、省政府实施全省新型城镇化战略提供决策依据。[②]

一、新型城镇化的内涵

新型城镇化是以城乡统筹、城乡一体、产城互动、节约集约、生态宜居、和谐发展为基本特征的城镇化，是大中小城市、小城镇、新型农村社区协调发展、互促共进的城镇化。新型城镇化的核心在于不以牺牲农业和粮食、生态和环境为代价[③]，着眼农民，涵盖农村，实现城乡基础设施一体化和基本公共服务均等化，促进经济社会发展，实现共同富裕。

新型城镇化就是坚持以人为本，以新型工业化为动力，以统筹兼顾为原则，以和谐社会为方向，以全面、协调、和谐、可持续发展为特征，推动城市现代化、城市集群化、城市生态化，全面提升城市化质量和水平，走科学发展、集约高效、功能完善、环境友好、社会和谐、个性鲜明、城乡一体、大中小城市和小城镇协调发展的新型城市化路子。

二、新型城镇化进程评价指标与数据处理

新型城镇化内涵丰富，表现多样，因此，不可能用一两个单独指标直接加以描述[④]，必须按照层次分析法的思路建立指标体系，用综合的方法进行评价。

新型城镇化是一个过程，单纯地说某一地区的城镇化特点是新或旧、科学或不科学，是难以做到客观、准确、全面的，只有在比较中才能识别，在动态变化过程中才能明了。为此，我们采用多指标综合和横向对比相结合的方法来评价辽宁省的新型城镇化特点。

考虑到我国正处在城镇化快速发展阶段，加快城镇化是党的十八大提出的一大战略，所以，提高城镇化率是推进新型城镇化的一个重要途径。为此，我

① 辽宁省人民政府关于推进全省城镇化建设工作的意见 [EB/OL]. 辽政〔2011〕3 号.
② 王素娟，赵林，吴殿廷. 辽宁省新型城镇化进程评价[J]. 城市发展研究，2014 (3).
③ 胡锦涛. 坚持走中国特色的城镇化道路，推动我国城镇化健康有序发展[J]. 城市规划通讯，2005 (19).
④ 牛文元. 中国新型城市化报告[M]. 北京：科学出版社，2012.

们首先把城镇化率（X_1）纳入进来。

城镇化不仅是人的城镇化，还要有产业支撑，特别是非农产业的发展。[①]为此，必须把非农产业比重或（和）非农就业比重作为重要考察指标（X_2）。

新型城镇化与传统城镇化的一个重要方面，就是注重城镇化的质量。为此，有必要把城镇居民的恩格尔系数（X_3）、城镇登记失业率（X_4）、建成区绿化覆盖率（X_5）等纳入。

新型城镇化还特别强调统筹城乡协调发展，因此，在提高城镇居民人均收入（X_6）的前提下，缩小城乡居民之间生活水平差距、坚持基本公共服务均等化等，也要纳入考察范围。这里，我们用城乡居民收入比（X_7）来反映。该比值越小，越与新型城镇化的要求相悖。

新型城镇化也强调生态文明和环境改善。因数据限制，我们用城区人均建设用地（X_8）、单位 GDP 能耗降低率（X_9）和工业固体废弃物综合利用率（X_{10}）来反映各地区在此方面的努力。

这些指标有的是正指标，即数值越大，越能体现新型城镇化的要求，如城镇化率、非农产业比率、工业固体废弃物综合利用率等；有的是逆指标，如城镇居民恩格尔系数、登记失业率等，需要进行正向化处理；有的是以某一特定值为标准的指标，超过或低于该指标都不好，如城区人均建设用地、建成区绿化率，需要用恰当的转换模型将其正向一致化。

三、新型城镇化综合评价模型选择

对指标综合评价的模型很多，诸如层次分析法、模糊综合评价方法、主成分分析方法等。为避免人为性，应尽量采取客观评价的方法。

四、新型城镇化进程的整体评价

单纯地讨论一个地区的城镇化质量或新型城镇化进程是没有意义的，必须通过区域之间的比较才能看出这个地区城镇化的特点。为此，我们以全国 31 个省、市、自治区为比较对象，用这些省市区 2011 年的统计数据作为依据，分别计算各地区的综合得分，然后考察辽宁省和周边相关省份的情况，以此来说明辽宁省新型城镇化的业绩或问题。新型城镇化评价的指标体系设计如表 8-8 所示。

---

① 中国经济增长与宏观稳定课题组. 城市化、产业效率与经济增长 [J]. 经济研究，2009（10）.

表 8-8 新型城镇化评价的指标体系设计

目标层：新型城镇化要求	操作层：具体指标	含义及意义
社会进步，转型发展	城镇化率	辽宁省正处在城镇化快速发展阶段，提高城镇化很有意义
	非农产业增加值比例	非农产业是城镇化和现代化的重要经济保障
以人为本，提高城镇化质量	城镇居民恩格尔系数	恩格尔系数降低是城市居民生活水平提高的标志
	城镇登记失业率	增加就业，避免拉美国家过度城镇化所带来的问题是中国城镇化的一大特色[①]
	建成区绿化覆盖率	提高建成区绿化覆盖率是保证城市生态质量的重要方面
统筹城乡协调发展	城镇人均可支配收入	提高城镇居民收入，是提高城镇化质量、落实以人为本的基本要求
	乡城人均收入比	统筹城乡协调发展，逐步缩小城乡居民收入差距是中国特色城镇化的基本要求
节能降耗，可持续发展	城区人均建设用地	节约土地是新型城镇化的重要标志，人均占有土地面积过大是土地不节约，太小是生态环境没保证
	单位 GDP 能耗降低	节能降耗是新型城镇化的重要任务
	固体废弃物综合利用率	发展循环经济、减少环境污染，是新型城镇化的基本要求

资料来源：作者自制。

（一）单项评价

1. 对各指标进行正向归一化

城镇化率、非农产业比、非农就业比、工业固体废弃物处理率等，都是正指标，以 100% 为最大值、0 为最小值进行极值归一化，实际上直接使用统计表的数字即可。

城镇居民家庭可支配收入也是正指标，用简单的理想值（40000 元）归一化进行数据处理，计算公式是：$y_{ij} = x_{ij}/40000 \times 100$。

城镇登记失业率、城镇居民恩格尔系数等是逆指标，需要做逆向归一化。其中失业率直接转化为就业率即可；恩格尔系数转化为非食品消费占生活总消费的百分比，计算公式是：$y_{ij} = (100 - x_{ij}) \times 100$。

城市人口密度（人均建设用地）、城市绿地覆盖率是中间取值最好的指标。其中城市人口密度，按照国标《城市规划》中城市建设用地人均 100~120 平方米的标准，取中间值即人均 110 平方米计算，相当于每平方公里 9091 人，太高或太低都不合适。全国各地区目前都未达到这个标准，因此，可以用这个值作为极大值进行简单的归一化：$y_{ij} = x_{ij}/9091 \times 100$。

建成区绿化覆盖率太小保证不了生态环境质量，太大则浪费了土地。以

---

① 仇保兴. 中国的新型城镇化之路 [J]. 中国发展观察，2010（4）.

50%为标准进行归一化。因为目前31个省市区都没有达到这个标准，所以，可以用50%作为最大值进行简单的归一化。

乡城收入比，即农民人均纯收入和城镇居民人均可支配收入之比，考虑到这两个指标不是通过同一核算体系计算出来的，而且城乡物价也有差异。我们认为，这个比值以1∶1.2为合理，即农民人均纯收入10000元，相当于城镇居民人均可支配收入12000元的生活水平。乡城收入比以1.2为最大值进行归一化。

2. 辽宁省单项指标的具体评价结果

人口城镇化排在全国第五位，除了三个老直辖市外，只有广东排在辽宁前面。

产业非农化排在第九位，除了四个直辖市外，还有浙江、广东、江苏和山西排在辽宁前面。

就业率实际上没有什么意义，全国的数据都是形式。

城镇居民恩格尔系数，辽宁省排在第25位，这方面确实很落后，辽宁城市副食品价格高，食品消费在整个生活消费中所占的比例也相对较高。

建成区绿化覆盖度方面，辽宁省的情况较好，排在全国的第10位。辽宁省在大力推进城镇化的过程中，努力提高建成区的生态质量，这一点是值得肯定的。

城镇居民人均可支配收入，辽宁省排在第9位，除了三个老直辖市外，排在辽宁前面的有浙江、广州、江苏、福建和山东。

城乡差距缩小方面，辽宁排在第8位，除了三个老直辖市外，排在辽宁省前面的是黑龙江、吉林、浙江和江苏。其中，黑龙江和吉林是因为城镇居民人均可支配收入太小；浙江和江苏是真正在这方面走在全国前列的。

城建用地节约方面，亦即城市人口密度，辽宁丢分更多，排在全国第26位，粗放型的城镇化、盲目圈地、占地比较严重。

节能降耗方面，辽宁省排在第19位，老工业基地的振兴和发展在节能降耗和产业结构调整方面任重而道远。

工业固体废弃物综合利用方面，辽宁省排在全国的第21位，要注意发展循环经济，促进新型工业化和新型城镇化的融合与互动。

（二）综合评价

首先用主成分分析法看能否通过降维的方式直接进行评价。主成分分析的结果是：超过1的特征根有三个，这三个特征根的累计贡献率刚过60%，说明全国各地区新型城镇化非常复杂，很难用一两个综合指标去描述。第四个特征根也接近（0.97）平均值1，前四个特征根的累计贡献率达到了 74.7%，我们就用前四个特征根所对应的特征向量来计算各地区新型城镇化的综合得分。据此测算的各地区新型城镇化进程评价的综合结果如表 8-9 所示。在全国 31 个省市区中，新型城镇化质量较高的是上海、天津、北京、浙江、广东、江苏和福建，辽宁省排在第九位，排在辽宁省前面的还有山西（具体数据略）。

和周边省份相比，辽宁省在新型城镇化进程方面还算不错。这就是说，辽宁省在新型城镇化的综合发展方面做出了巨大努力，其现实态势与其在全国经济社会中的地位大体相符。

表 8-9　辽宁省新型城镇化进程及其与周边省份的对比（单项得分和综合得分）

	城镇化率	非农产业比重	就业率	城镇恩格尔系数	城镇可支配收入	乡城收入比	建成区绿化覆盖率	城市人口密度	能耗降低	工业固体废弃物综合利用率	综合得分
辽宁	64.05	91.38	96.3	59.46	51.17	48.65	79.6	18.83	78.6	4.77	1.8842
吉林	53.4	87.91	96.3	57.8	44.49	50.64	68.4	26.08	79.8	6.88	-1.3832
黑龙江	56.5	86.48	95.9	51.64	39.24	58.04	72.6	56.61	79.2	5.08	-0.4468
内蒙古	56.62	90.9	96.2	67.46	51.02	39.06	68.2	8.40	73.2	6.96	0.7907
河北	45.6	88.15	96.2	61.08	45.73	46.71	84.2	25.98	80.4	3.03	0.0174
山东	50.95	91.24	96.6	63.4	56.98	43.92	83	15.28	80.8	2.3	-0.2307

资料来源：作者自制。

五、新型城镇化进程的地域差异

辽宁省很大，面积接近 15 万平方公里，人口较多，达 4300 多万人，和欧洲的一个国家差不多。内部差异大，14 个地级市及其所在地区在新型城镇化进程方面不尽相同。

辽宁省各地区近年不统计城镇人口和乡村人口，所以，各地区 2011 年城镇化率没有现成的数据支撑。但可以用 2009 年非农业人口比例、2011 年产业产值的非农化和就业的非农化来反映各地区 2011 年城镇化的差别。这样做的结果虽然不是很准确，但不会影响对各地区城镇化相对比率的判断。

辽宁省各地区的单位 GDP 能耗数据也不便获得，故改用市区人均占用土地指标描述其在资源节约方面的努力。

这样，我们设计的省内各地区新型城镇化评价指标体系及其基础数据如表 8-10 所示。

表8-10　辽宁省各地区新型城镇化进程评价原始数据

地区	城镇化率2009(%)	非农产业比例(%)	非农就业比例(%)	登记失业率(%)	城市居民恩格尔系数(%)	城镇居民家庭可支配收入(元/人)	农民家庭人均纯收入(元/人)	城市公园人均绿地面积（平方米/人）	城市人口密度(人/平方公里)	工业固体废弃物处理率（%）
沈阳	64.79	95.28	99.53	3.1	32.34	23326	11575	12.42	2076	93.8
大连	61.20	93.57	99.10	2.9	36.96	24276	14213	12.14	2466	96.1
鞍山	50.43	95.39	98.49	2.0	34.56	21297	11146	10.61	2532	24.6
抚顺	65.77	93.67	98.12	4.2	37.21	18069	8780	9.30	2148	40.6
本溪	66.88	94.91	99.17	4.2	38.92	19752	9524	9.11	911	15.6
丹东	42.00	86.53	98.86	4.2	43.50	17123	10033	10.66	2861	27.4
锦州	40.01	84.48	94.33	3.8	37.95	20171	9447	9.20	2239	69.5
营口	46.89	92.59	99.54	3.1	40.84	20894	10662	10.38	5280	88.5
阜新	44.62	77.09	98.18	3.9	37.31	14994	7615	11.20	1747	81.0
辽阳	43.60	93.65	97.72	2.6	37.60	19469	9844	8.88	1242	60.6
盘锦	82.15	91.58	62.58	2.9	30.88	24266	11437	8.05	2606	90.1
铁岭	32.05	80.27	91.89	3.6	34.03	16203	9271	9.78	2220	71.2
朝阳	28.93	79.01	98.40	3.8	35.45	14958	7536	8.66	1023	15.1
葫芦岛	31.21	87.00	98.68	3.7	33.42	20159	7901	14.42	783	58.2

资料来源：作者自制。

（一）单项评价

1. 对各指标进行正向归一化

具体做法与前述相同，但略有调整：

辽宁省城镇人均可支配收入以 30000 元为理想值。

辽宁省在全国属于人口密度不大的地区，城镇人均占有土地面积按上限 120 平方米计算，相当于 8333 人/平方公里，太高或太低都不合适。辽宁省各地区目前都未达到这个标准，因此，可以用这个值作为极大值进行简单的归一化：$y_{ij} = x_{ij}/8333 \times 100$。

人均绿地面积参照生态城市建设标准，取 15 平方米为最佳（太低保证不了生态质量，太高浪费土地）。目前辽宁省各地区都未达到，故采取极大值归一化，计算公式为：$y_{ij} = x_{ij}/15 \times 100$。

2. 单项指标的具体评价结果

城镇化率方面，盘锦、本溪、抚顺、沈阳和大连较高，朝阳和葫芦岛较低。

非农产业产值比例和就业比例较高的是鞍山、沈阳、本溪、抚顺、辽阳和大连，辽西、辽北的城市普遍较差。

就业率的数字只是个形式，没有本质差别。

城镇居民生活质量（城镇居民可支配收入和恩格尔系数）方面，大连、沈阳和盘锦较好，朝阳、阜新、铁岭、丹东等较差。

统筹城乡协调发展方面，大连、丹东、铁岭较好，其中大连城乡收入都很高，城乡差别也不大；丹东和铁岭得分高是城镇居民收入低造成的结果；葫芦岛、锦州和盘锦这方面得分低则是因为农民收入偏低。

建设用地节约利用方面，营口得分最高，鞍山和丹东也不低，主要是这几个城市近年扩张不大；葫芦岛、本溪、朝阳得分较低，主要是城市正处在扩张发展阶段，阜新得分也不高，是因为该城市正因为资源枯竭而衰落。

城市公园人均绿地面积方面，葫芦岛得分最高，实际上存在生态占地过度的趋势；大连和沈阳得分较高则客观合理；得分较低的是盘锦、朝阳和辽阳，这三个城市此方面确实有问题。

固体废弃物的综合利用方面，大连、沈阳、盘锦、营口较好，综合利用率均达到或接近 90%，朝阳、本溪、丹东、鞍山等综合利用率不到 30%，问题严重。

（二）综合评价

由主成分分析可知，描述辽宁省新型城镇化的 10 个指标中，最大特征根的贡献率不到 1/4，前四个特征的累计贡献率刚过 70%，如表 8–11 所示。说明这些指标间的共线性很差，即它们都从不同侧面反映了新型城镇化的特点，很难用一两个指标就充分地反映出新型城镇化的本质特征。而且，对于 10 个评价指标来说，以 14 个地区作为样本，容量太小，不符合主成分分析模型的基本要求（样本容量远远大于变量个数）[①]，因此可以说，主成分分析法不适合于辽宁省各地区新型城镇化的对比分析。因此，我们改用简单线性加权法来评价各地区新型城镇化态势，其中权系数由信息熵模型[②]来确定。

表 8–11　辽宁省各地区新型城镇化指标特征

序号	特征根	贡献率	累计贡献率	序号	特征根	贡献率	累计贡献率
1	2.3897	23.90	23.90	4	1.1766	11.77	72.60
2	2.0723	20.72	44.62	5	0.9243	9.24	81.84
3	1.6214	16.21	60.83	6	0.6546	6.55	88.39

① 徐建华. 现代地理学中的数学方法［M］. 北京：高等教育出版社，1996.
② 方创琳，毛汉英. 区域发展规划指标体系建立方法探讨［J］. 地理学报，1999（5）.

续表

序号	特征根	贡献率	累计贡献率	序号	特征根	贡献率	累计贡献率
7	0.4925	4.93	93.31	9	0.2416	2.42	98.51
8	0.2780	2.78	96.09	10	0.1477	1.48	99.99

资料来源：作者自制。

首先需要求熵权。

先求正向一致性评价矩阵 y_{ij} 的各项变量的占比，得到 R_{ij}，$R_{ij} = 1/n \sum_{i=1}^{n} y_{ij}$。

求 R_{ij} 中各变量的多样化信息熵，得到 E_j，$E_j = -\sum_{i=1}^{n} R_{ij} \ln(R_{ij})/\ln(n)$。

对 E_j 做归一化，使总权重为 1，得到最终评价权重：$E'_j = 1/n \sum_{i=1}^{n} E_{jo}$。

辽宁省各地区新型城镇化进程评价结果如表 8-12 所示。从中可以看出，辽宁省 14 个地级单元中，新型城镇化质量最高的是大连和沈阳；其次是营口和盘锦；最差的是朝阳；本溪和丹东也需要积极努力。

表 8-12　辽宁省各地区新型城镇化进程单项得分和综合评价结果

地区	城镇化率 2009 年	非农产业比例	非农就业比例	就业率	城市居民恩格尔系数	城镇居民家庭可支配收入	乡城收入比	人均占据土地面积合理性	城市公园人均绿地面积	工业固体废弃物处理率	信息熵评价结果
权重	0.0978	0.0995	0.0994	0.0996	0.0995	0.1161	0.0994	0.0952	0.0991	0.0946	1.00
沈阳	64.79	95.28	99.53	96.9	67.66	77.75	59.54	24.91	82.80	93.80	76.49
大连	61.20	93.57	99.10	97.10	63.04	80.92	70.26	29.59	80.93	96.10	77.40
鞍山	50.43	95.39	98.49	98.00	65.44	70.99	62.81	30.38	70.73	24.60	67.20
抚顺	65.77	93.67	98.12	95.80	62.79	60.23	58.31	25.78	62.00	40.60	66.52
本溪	66.88	94.91	99.17	95.80	61.08	65.84	57.86	10.93	60.73	15.60	63.39
丹东	42.00	86.53	98.86	95.80	56.50	57.08	70.31	34.33	71.07	27.40	64.23
锦州	40.01	84.48	94.33	96.20	62.05	67.24	56.20	26.87	61.33	69.50	66.05
营口	46.89	92.59	99.54	96.90	59.16	69.65	61.24	63.36	69.20	88.50	74.67
阜新	44.62	77.09	98.18	96.10	62.69	49.98	60.95	20.96	74.67	81.00	66.52
辽阳	43.60	93.65	97.72	97.40	62.4	64.90	60.67	14.90	59.20	60.60	65.79
盘锦	82.15	91.58	62.58	97.10	69.12	80.89	56.56	31.27	53.67	90.10	71.75
铁岭	32.05	80.27	91.89	96.40	65.97	54.01	68.66	26.64	65.20	71.20	65.25
朝阳	28.93	79.01	98.40	96.20	64.55	49.86	60.46	12.28	57.73	15.10	56.59
葫芦岛	31.21	87.00	98.68	96.30	66.58	67.20	47.03	9.40	96.13	58.20	66.14

资料来源：作者自制。

再考察各地区城镇化率（城镇化进程的数量特征）与新型城镇化得分（城镇化进程的质量特征）之间的关系，结果见表8-13。

表8-13　辽宁省各地区城镇化进程与质量的对称性分析

		新型城镇化：质量特征		
		高	中	低
传统城镇化：数量特征	高	沈阳、大连、盘锦	抚顺	本溪
	中	营口	鞍山、阜新	辽阳、丹东
	低		锦州、葫芦岛	铁岭、朝阳

资料来源：作者自制。

　　从表8-13中可以看出，辽宁省城镇化与新型城镇化之间的关系非常复杂，有的是两方面都高，如沈阳、大连、盘锦；有的是两方面都低，如铁岭和朝阳；还有的是二者之间不对称。各地区城镇化率与新型城镇化得分之间的相关系数为0.5413，没有达到99%的可信度。用回归选优模型建立二者的数量关系，所得到的模型是：

　　$y = 28.16773 + 10.22909 \lg x$，$F = 6.13$，$R = 0.5816$

　　模型的可信度为95%（$F_{14-1}^{0.05} = 4.67$），但趋势性的规律还是比较明显的，即随着城镇化率的提高，新型城镇化的质量在提高，但后者提高的速度慢于前者。在目前的态势下，城镇化率每提高1个百分点，新型城镇化大约提高0.16个百分点。加快推进新型城镇化，是辽宁省城镇化未来建设的最主要努力方向。

　　从地域分异的角度看，辽中南地区城镇化率较高，除辽阳市之外，城镇化的质量也很好，辽西、辽北的城镇化速度和质量都不乐观。

六、小结和建议

　　推进新型城镇化是巩固辽宁老工业基地振兴的重大举措。和全国其他地区相比，辽宁省城镇化起步早，城镇化率高，新型城镇化进程也取得了骄人成绩。但在新型城镇化的不同方面，进展不平衡、不协调，突出表现是城镇居民恩格尔系数偏高，城镇建设用地粗放，节能降耗和环保方面也亟待加强。

　　辽宁省新型城镇化建设内部空间上也很不平衡，新型城镇化质量最高的是大连和沈阳；其次是营口和盘锦；最差的是朝阳；本溪和丹东也需要积极努力。

　　加强大沈阳都市圈和大连都市圈等大城市群的建设，发展县域经济，加强小城镇建设，是辽宁省推进新型城镇化的重要举措。要以主体功能区形成为切入点，优化空间布局和产业布局，沈阳和大连分别作为沈阳经济区和沿海经济带的核心，要明确城市功能定位，提升产业能级，增强辐射和带动功能。沈阳经济区和沿海经济带要通过发挥区域内各城市比较优势、发展区域产业网络来实现空间的功能提升、能级提升和地位提升。辽西北功能定位以生态建设为主，应适当发展特色产业，加快资源型城市转型和生态建设，积极发展接续产业。要统筹农业产业园区、工业园区、现代服务业聚集区建设，通过转变农业发展方式、发展新型工业化、完善现代服务业体系，促进城镇化与第一、二、三产业协调发展。推动工业园区化与集群化，结合工业产业园区和产业集群建设，大力发展循环经济，形成工业化与城镇化的良性互动；推动服务业现代化，优先发展物流、金融等生产性服务业和旅游、餐饮等生活性服务业，为城镇化发展创造良好的就业环境。

第四节 城镇化建设方略

一、总体要求和主要目标

（一）指导思想

以党中央、国务院做出促进东北振兴重大决策部署为契机，以人为核心，以提高质量为重点，以产业结构调整为基础，以改革创新为动力，以完善体制机制为保障，遵循规律，积极稳妥推进与经济社会发展水平和资源环境承载能力相适应、城乡一体发展的新型城镇化，为建设富庶、文明、幸福新辽宁提供有力支撑。

（二）基本原则

以人为本。坚持以人为核心的城镇化，提高城镇人口素质和生活质量，促进农业转移人口市民化，改善住房条件，完善基础设施，加强公共服务，满足更广大人民群众日益增长的物质文化需求。

补短扬长。补强县镇的薄弱环节，发挥大城市优势，坚持大中小城镇协调发展。

产城融合。深入实施东北老工业基地振兴战略，突出工业化与城镇化融合主线，带动信息化和农业现代化，促进"四化"同步发展。

生态文明。坚持城镇建设与生态环境建设同步发展，着力推进绿色发展、循环发展、低碳发展，将生态文明理念融入城镇化全过程。

传承文化。尊重历史，延续文脉，增强文化底蕴，打造具有东北文化脉络、关东地域风情、辽宁历史记忆、鲜明民族特色的城镇。

（三）主要发展目标

城镇化水平不断提高。城镇化率2020年达到72%左右。户籍人口城镇化率与常住人口城镇化率差距逐步缩小。

城镇布局科学协调。以城市群为主体形态，以都市区建设为带动，以重点县城、新区（新城）为突破口，以节点城市、重点镇和特色镇建设为补充，城镇体系结构进一步完善。

城镇化质量全面提升。城乡规划建设管理水平和城镇建设用地效率全面提高，城市基础设施和公共服务设施更加完善，城乡人居环境进一步优化，城镇综合承载能力和社会保障能力明显增强。

城乡生活水平差距逐步缩小。到2020年，全省解决500万存量农业转移人口市民化，解决300万人的棚户区和城中村改造，解决300万新增人口城镇化。全面建设宜居乡村。

坚持大中小城市和小城镇协调发展的方针，以提高城镇化水平和质量为主线，以提升城市综合承载能力、引导农村人口合理有序转移为重点，以建设新城新市镇和发展产业集群为重要载体，以现有县城和小城镇为依托，以统筹城乡发展、推进基本公共服务均等化为主要举措，充分发挥政府规划导向与市场配置资源的双重作用，使城镇化发展与经济社会发展水平相适应，城镇化水平位居全国前列。

二、优化城镇布局和形态

（一）完善城镇体系空间布局

完善"一群、一带、一轴"的空间布局结构。建设辽宁中部城市群：落实沈阳经济区战略，建设沈阳国家中心城市，以沈阳市为核心，推进沈抚同城化、沈本一体化、沈铁一体化、鞍辽一体化，推进营口出海口建设；建设辽宁沿海城镇带：落实辽宁沿海经济带战略，建设大连东北亚国际航运中心，以大连市为核心，以营大为主轴，以丹东、锦葫为两翼，统筹建设金普新区等重点园区与城区；建设沈大城镇轴：落实全国城镇发展战略，发挥沈阳和大连中心城市带动作用，促进沿海和腹地发展互动。加强与长春、哈尔滨等城市的合作，打造东北地区发展的重要增长极。

（二）重点发展县城和小城镇

加强县城建设。发展重点县城，完善功能，改善环境，增强对农村转移人口的吸纳能力。制定财政转移支付、土地指标分配等优惠政策，支持县城发展。支持具备条件的县改市。选择基础较好、具有代表性的县（市）开展推进新型城镇化试点。

加强重点镇和特色镇建设。发挥小城镇连接城乡的关键节点作用，充分挖掘自然和文化资源，打造地方特色和民族特色。优先发展重点镇和特色镇，增强为周边农村提供服务的能力。支持具备条件的乡改镇，缩小区域之间的城镇化差距。选择基础较好、具有代表性的镇开展推进新型城镇化试点。

以产业结构调整促进县城和重点镇发展。加快县城和重点镇的产业发展，做大做强地方优势产业，在具备条件的地区推进农业"一县一业"、县域工业"百亿元产业集群"发展。鼓励大中城市产业向县镇梯度转移，农产品深加工企业重点布局在县城和重点镇。发展服务业，为乡村旅游做好配套。

以城镇群带动县城和重点镇发展。县城和重点镇要依靠毗邻大中城市，融入城镇群，避免孤立发展。通过行政区划调整，将产业结构相近的乡、镇合并，扶植大型城镇和新的经济发展中心。加强重点县镇的轨道交通、高速公路等现代基础设施连接，创造县镇融入城镇群的有利条件。

（三）提高新区（新城）发展效率

整合新区，控制新区（新城）数量。加强新区（新城）规划和用地管理，着力发展产业，带动就业，聚集人气，促进产城融合发展。加强分类指导，制定财政、土地、金融、税收等优惠政策，鼓励到重点新区（新城）投资、经营、购房、落户。

三、提高城镇建设水平

（一）提高城镇规划建设管理水平

城镇建设要传承历史文化、彰显地域特色，坚持科学发展、内涵发展、优质发展。创新规划建设理念，实现科学管控，提高建设工程质量。划定城市重点区域，实施城市提升工程。提高规划从业人员水平，重要地区、重点项目引进高水平规划、建筑设计队伍与本地队伍合作。充分利用城内山体、水体、植被等环境要素，加强城市设计，打造风貌特色，建设生态型城镇。推进历史文化名城镇村、历史文化街区、历史建筑保护，建立保护名录，编制保护规划。推动绿色城市、智慧城市建设，鼓励应用绿色能源、绿色建筑、绿色交通，加强数字化、智能化、精细化城市管理。完善城镇防灾减灾设施队伍和公共突发事件应急体系建设，提高城镇应对地震、洪灾、火灾等自然灾害以及处置各类突发事件的能力。

（二）提升城镇综合承载力

提升空间承载力。建立合理的城镇等级规模体系和空间布局结构，完善区域重大基础设施布局和廊道建设，拓展区域发展空间。统筹中心城区改造和新区（新城）建设，拓展城市发展空间。

提升住房承载力。从扩大需求、增加供给、活跃市场和做好服务等环节入手，努力实现"房价不能过快上涨、交易量和开发投资保持平稳"的房地产市场发展目标。进一步提升住房品质，搞好小区环境，加强物业服务，提高居住质量。加快各类保障性住房建设，坚持"实事求是、尽力而为、量力而行、如期完成"的原则，实行"分散化、货币化、市场化"的回迁安置模式，推进棚户区改造。

提升基础设施承载力。加快推进供水、供热、垃圾、污水等城市基础设施建设和改造，重点实施轨道交通建设工程、供水供热供气老旧管网改造和排水防涝体系建设工程、暖房子工程。建立城镇污水处理等基础设施运行经费保障及运行监管体系。科学发展热电联产，配套建设调峰锅炉，淘汰燃煤小锅炉，保证冬季供热质量。发挥绿化和水系建设对城镇环境的提升作用，增加城镇绿化和水系面积。

提升公共服务设施承载力。推动社会服务资源向基层和社区转移。健全城镇医疗卫生服务体系，加快建设以社区卫生服务为基础的医疗卫生服务网络。扩大城镇公共活动空间，加强公共文化、体育设施建设。

（三）建设宜居乡村

改善农村人居环境，促进城乡统筹发展。通过治理农村垃圾、污水、畜禽粪便等污染，提高农村无害化卫生厕所普及率，改造房、水、路等设施，提升绿化、亮化、生态化等水平，全面建设"环境整洁、设施完善、生态优良、传承历史、富庶文明"的宜居乡村。

（四）加强城乡生态建设

继续推进碧水、青山、蓝天工程。加强风景名胜区、自然保护区、文物保护区、森林公园、地质公园、动植物保护区等生态和人文资源的保护与合理利用，促进城镇与自然环境、人与自然环境和谐共生。建设生态化城镇组团，组团间建立有机联系并实行有效生态隔离。开展城市绿道建设，建设慢行系统和开放式生态廊道。

四、促进产城融合发展

（一）加快工业和建筑业发展，促进城镇化

发挥大城市的经济带动作用，着力推进工业结构升级换代，为城镇化提供

更加雄厚的经济基础。工业产业扩散促进县城等中小城镇发展，推进城市工业向县城等中小城镇转移，提供县域城镇化的根本动力。培育工业园区，发展产业集群，带动新区（新城）建设。

发展建筑业促进城镇化。推动建筑业由"做大"向"做强"转变，大力发展建筑产业现代化，建设建筑产业现代化基地，发展适应产业化要求的建筑装备、建筑制品、建筑材料，延伸建筑产业化链条，发挥建筑业吸纳就业的重要作用。

（二）加快服务业发展，促进城镇化

巩固发展传统服务业，为新增城镇人口提供充分的就业岗位。逐步提升现代服务业，满足社会生产生活需求。加强服务业集聚区建设，完善城市服务功能。发展温泉旅游、沟域旅游、乡村旅游经济，促进服务业与城镇化同步扩展。

（三）加快现代农业发展，促进城镇化

大力发展现代农业，转变传统农业生产方式。发展新型农村合作组织，鼓励成立农村生产合作社和家庭农场。发展农业龙头企业和企业集团，提高农业生产和农产品加工水平。鼓励农村土地向农业生产大户、农村生产合作社、农民协会、农业龙头企业集中，实现农业生产的规模化、产业化、机械化，逐步转变农民为农业产业工人。

五、推进农业转移人口市民化

（一）建立差别化户籍管理制度

落实国务院《关于进一步推进户籍制度改革的意见》，按照城镇规模优化调整户口迁移政策。全面推行居住证制度，完善与之配套的教育、住房、就业、社保等基本公共服务。

（二）统筹发展城乡教育事业

建立城乡平等的教育体系。已经转移到城镇的农业转移人口子女与当地学生享受同等待遇。提高学前教育城乡公办园和普惠性民办园的覆盖率。加快发展面向农村的职业教育。

（三）完善住房保障制度

进一步完善以公共租赁住房为主体的住房保障制度，通过配建、购买、长期租赁等方式多渠道筹集公共租赁住房，实行市场租金、分档补贴，加大租金补贴的范围和力度。逐步扩大住房保障覆盖面，将稳定就业的进城农民工纳入公共租赁住房保障范围，纳入住房公积金制度覆盖范围。

（四）建立城乡平等的就业制度和服务体系

提高公共就业服务水平，加强基层就业服务平台建设。逐步扩大农村劳动力职业培训范围。完善创业扶持政策，对符合条件的创业农民给予小额担保贷款、免费创业培训等扶持。做好困难群体就业援助，实施灵活就业社保补贴、公益性岗位安置、零就业家庭兜底安置政策。

（五）统筹城乡社会保障体系

提高城乡居民养老保险标准，逐步缩小与城镇职工养老保险待遇差。进一步完善农村社会保障体系，扩大社会保障覆盖面，逐步提高保障标准。加强医疗保险的统一管理，逐步实现城镇职工医疗保险、城镇居民医疗保险和新农合制度的有效对接。城乡同类保障项目合并实施，相同社会保险险种整合统一。[①]

---

① 中共辽宁省委，辽宁省人民政府. 关于推进新型城镇化的意见 [EB/OL]. 2014-12-18.

第九章　辽宁省经济社会发展战略

辽宁在中国政治、经济、军事上一直占有十分重要的地位：明亡于辽宁，清衰于辽宁，民国亦败于辽宁。相反，得辽宁，明朝巩固；固辽宁，清朝兴旺；赢辽宁，民国立国；占辽宁，中华人民共和国才得以建立。因此，从历史的角度看，辽宁之兴旺发达关乎中华民族之生存强盛。

辽宁地处沿海，城市化水平较高，基础设施完善，自然资源丰富，产业基础雄厚，科教优势明显，在全国未来经济社会发展中也将扮演十分重要的角色。

第一节　辽宁省在全国经济中的地位变化及未来定位

一、共和国"长子"，近代工业摇篮

我国近代经济特别是工业化过程是从 1952 年第一个五年计划开始的。"一五"计划的核心是 156 项重点工程。根据当时的自然条件、经济基础和地缘政治关系，国家把东北地区作为生产布局的重点，而辽宁有幸成为共和国的"长子"，在 156 项重点工程中，安排在辽宁的最多，达 24 项，投资额 46.4 亿元，占全国总投资的 31.3%。156 项工程的建设，形成了以沈阳、鞍山为中心的东北工业区，以京、津、唐为中心的华北工业区，以太原为中心的山西工业区，以武汉为中心的湖北工业区，以郑州为中心的郑洛汴工业区，以西安为中心的陕西工业区，以兰州为中心的甘肃工业区，以重庆为中心的川南工业区等。"一五"计划奠定了新中国工业化基础，辽宁成为中国近代工业的摇篮，初步形成以冶金、机械、石化、石油、煤炭、电力、建材为主体的重工业体系，钢都鞍山、煤都抚顺、机械之城沈阳、海港之城大连，在全国举足轻重。表 9-1 列出了典型年份辽宁基础性工业产品占全国的比重。从表中可以看出，

辽宁省在全国近现代工业的形成和发展中的确扮演了十分重要的角色，做出了巨大的贡献。

表 9-1　辽宁部分基础性工业产品产量占全国的比重

单位：%

工业产品产量	化学纤维	原煤	原油	生铁	粗钢	成品钢材	水泥	矿山设备
1957 年	—	17.44	38.36	70.54	63.21	57.47	36.40	73.72
1965 年	15.97	9.80	4.60	49.51	41.81	36.84	17.47	25.00
1970 年	12.88	11.19	1.26	40.04	34.47	31.25	13.90	30.11
1975 年	14.21	8.28	3.98	38.09	32.77	27.74	12.98	24.48

资料来源：吴殿廷.辽宁省国土规划（总体规划）报告［R］.辽宁省人民政府，2010.

二、改革开放前沿，新经济体制边缘化区域

自 1978 年改革开放以来，全国进入经济起飞阶段，工业化、城市化、现代化建设快速推进，国家的经济实力和综合国力得到迅速提升。这期间，辽宁省作为沿海开放地区虽然也进入快速发展阶段，但经济地位却在下降，经济总量（GDP）和工业总产值占全国的比重分别从 1978 年的 6.33% 和 9.38% 下降到 1998 年的 4.95% 和 4.65%，"辽老大"的地位不复存在。

导致辽宁省经济地位大幅度下降的主要原因有两个，即经济体制和产业结构。体制方面，在"六五"和"七五"期间，辽宁承担的指令性计划高于全国平均水平 1 倍以上，每年平价调出的钢材、油品等原材料占生产量的 70%~90%，同时向全国其他地区输送了数十万名工程技术人员、管理干部和技术人员。结构方面，1978~1998 年，我国经济发展的主要动力来自工业，工业增加值对 1978~1998 年 GDP 增长的贡献率为 41.71%。工业中又以非国有工业和轻工业发展最快，其中非国有工业对全国工业产值增长的贡献份额是 73.58%，轻工业对全国工业增长的贡献份额是 54%。辽宁国有工业和重工业所占比例大，1980 年时分别为 83.6% 和 73.3%（全国同期为 77.63% 和 56.9%）；即使到了 1998 年时仍然达到 65.2% 和 76.1%（全国同期为 28.24% 和 51.0%），在分享全国经济发展方面处于劣势，逐渐被边缘化了。

重型化的产业结构是由自然条件和历史基础决定的，但也是可调和、可变的；体制改革滞后虽然也有社会历史因素的影响，但作为沿海省份，观念落后、缺乏创新精神才是根本。

三、振兴老工业基地的龙头，用"中国装备"支撑"中国制造"

虽然改革开放后，辽宁的经济地位相对下降，但在全国乃至世界制造业领域仍有一定地位，已经形成了较完整的工业体系，是"共和国装备部"。在装备制造业 178 小类产品中，辽宁居全国前六位的有 58 小类，占 32.6%。其中，数控机床及数控系统、船舶、铁路机车、输配电及控制设备、燃气轮机、石化及其他工业专用设备、矿山、冶金和起输设备、环保设备、轴承以及轻型客车、车用柴油发动机等产品均位居全国前列，具有重大装备的成套能力。具有开发高新技术产品和发展装备类新兴产业的技术基础，拥有 15 个国家级技术中心和 45 个省级技术中心，涵盖了以机床和轴承为代表的基础类装备、以石化设备和重型矿山设备及输变电设备为代表的重大工程专用装备、以船舶和汽车及机车为代表的交通运输类装备、以新型潜水器和新型航空器为代表的现代军事装备、以工业机器人为代表的高技术装备等领域。作为国家重要的军事装备科研生产基地，拥有航空、航天、兵器、船舶、核工业五大行业，具有国内先进水平的国防科技工业体系，其中船舶、航空和兵器工业在全国军工系统占有重要位置，担负着我国军舰、歼击机、导弹、炮弹、火工品等海、陆、空武器装备的生产和科研任务，经济总量位居全国第二，为共和国的国防安全做出了重大贡献。

国家实行振兴东北老工业基地战略使辽宁再度成为全国经济建设的重中之重，国民经济也开始进入持续、快速发展的新阶段。老工业基地的振兴关键在东北，东北的振兴看辽宁，辽宁的振兴在很大程度上依赖于制造业。要广泛应用电子信息技术等先进适用技术，加快改造重点骨干企业，提高自主开发能力，技术工艺和装备尽快达到当前国际先进水平。以增强国际竞争力，实现扩大出口为目标，发展一批优势产品，提高重大装备成套水平和产品配套能力，加快产业结构调整和升级的步伐。鼓励和引导企业按集团化、专业化模式进行重组、联合和分工，做大做强一批具有较强竞争力的大型骨干企业集团和国内行业排头兵企业。抓住新一轮国际产业结构调整的历史机遇，积极吸纳发达国家产业转移，加快发展临港工业，形成一批技术先进、有一定规模的出口加工企业和生产基地。充分发挥产业集聚作用，建成沈阳和大连两个装备制造业集聚地，其他各市依据自身优势发展各具特色的装备类产品和配套产品，用"中国装备"支撑"中国制造"，再造"共和国装备部"的辉煌。

辽宁省主要经济社会发展状况及其与全国的对比如表 9-2 所示。

表 9-2　辽宁省主要经济社会发展状况及其与全国的对比

地区	位次							结构（%）			
	GDP总量	GDP增速	人均GDP	全社会固定资产投资额	进出口额	城镇居民人均可支配收入	农民人均纯收入	城镇化率	工业化率	固定资产投资率	外贸依存度
辽宁	7	26	7	3	9	9	9	65.65	46.71	88.04	26.41
吉林	22	10	11	17	20	23	11	53.70	46.76	81.35	12.97
黑龙江	17	23	17	18	15	29	10	56.90	38.28	70.81	17.41
内蒙古	15	13	5	14	26	10	15	57.74	48.71	74.17	4.44
河北	6	25	15	5	13	19	12	46.80	47.08	73.98	11.98
山东	3	24	10	1	6	8	8	52.43	45.58	62.50	30.93
全国	—	—	—	—	—	—	—	52.57	38.5	72.15	46.91

注：外贸依存度计算按 1 美元=6.3 元人民币计算。

资料来源：《中国统计年鉴》（2013）、《辽宁省统计年鉴》（2013）。

第二节　辽宁省经济社会发展的指导思想和目标

一、指导思想

深入贯彻落实科学发展观，充分利用好中央进一步实施东北振兴战略、辽宁沿海经济带开发开放上升为国家战略以及沈阳经济区被确定为国家新型工业化综合配套改革试验区的优势，以科学发展、创新发展、和谐发展为主题，以加快经济发展方式转变和社会管理模式转型为主线，坚持增量带动结构优化、创新促进产业结构升级、发展保障民生改善，显著增强综合经济实力和竞争力，显著提高人民生活质量和水平，大力促进社会公平正义，基本实现老工业基地全面振兴的奋斗目标，为提前全面建成小康社会奠定更加牢固的基础。

二、基本原则和要求

为确保主题主线的贯彻落实，必须坚持的基本原则是：把经济结构战略性调整作为主攻方向，把科技进步和创新作为重要支撑，把保障和改善民生作为根本出发点和落脚点，把建设资源节约型、环境友好型社会作为重要着力点，把改革开放作为强大动力。

基本要求是：力求速度与质量、效益有机统一，实现好中求快、快中求好、又好又快发展；力求科技创新与制度创新、管理创新有机统一，努力培育竞争新优势；力求经济效益与社会效益、生态效益有机统一，增强发展的可持续性；力求城乡之间、区域之间发展有机统一，推进城乡、区域一体化发展；力求强省与富民有机统一，保障全省人民共享振兴发展成果。

三、战略定位：推进中国第四经济增长极建设，打造"一个中心"、"两大基地"

中央实行振兴东北老工业基地战略，再一次把东北推到全国经济建设的前沿，目的是使其成为继珠江三角洲、长江三角洲和京津唐地区之后，中国经济发展新的"火车头"和"发动机"。辽宁省有责任为全国第四经济增长极做出贡献。

老工业基地振兴的重点是围绕建设基础原材料工业和装备制造工业基地，同时要充分利用东北地区现有港口条件和优势，把大连建成东北亚重要的国际航运中心。要按照"建设全方位、多功能、现代化国际大港"的目标，制定"经营国际化、服务物流化、管理数字化"的发展战略，在大孤山半岛、大窑湾、大连湾、鲇鱼湾扩张港口，建立三大基地，形成油品、集装箱、粮食、汽车、杂货、散货六大专业化物流中心，撑起航运中心主框架。要着力改革港口经营管理体制，调整港口结构，提高内在竞争力，改善服务，积极与省内港口建立紧密合作关系。

基于上述内容，确定辽宁省未来在不同层次区域中的战略定位：

在东北亚地区，要成为"一个中心"，即把大连建设成为东北亚物流中心。

在全国，要成为"一个主体+两大基地"，即把沈大城市带、产业带（辽东半岛经济密集区）建设成全国经济第四增长极的主体；建设装备制造业和原材料工业两大基地。

东北地区要成为最发达的地区，率先实现老工业基地的振兴，率先实现现代化；建设一个中心（沈阳，东北地区的经济中心、物流和交通中心、信息中心、金融中心）、一个龙头（大连，改革开放的龙头、老工业基地振兴的龙头、外向型经济的龙头）。

四、发展目标

（一）近期目标

"十三五"时期经济社会发展总体目标是：在提高发展平衡性、包容性、可持续性的基础上，到2020年，保持经济年均增速不低于全国平均水平，保持居民收入增长与经济增长同步，保持全社会改革振兴发展活力不断增强，保持全省人民安全感、幸福感不断提升，如期实现全面建成小康社会目标，老工业基地新一轮全面振兴取得重大进展，加快建设先进制造业强省和创新型省份，努力把辽宁建成体制机制重点突破、经济结构优化提升、创新创业成效显著、民生社会全面进步的国家老工业基地振兴发展先行区。表9-3为辽宁省"十三五"规划目标。

表9-3　辽宁省"十三五"规划目标

指标		属性	2015年	2020年	年均增速（累计）
经济发展					
地区生产总值（亿元）		预期性	28700	39500	6.6%以上
全员劳动生产率（万元/人）		预期性	11.2	14.4	
城镇化率	常住人口城镇化率（%）	预期性	67.4	72	
	户籍人口城镇化率（%）		57.3	65	
服务业增加值比重（%）		预期性	45.1	>47	
创新驱动					
研究与试验发展（R&D）经费投入强度（%）		预期性	1.59	2.5	
每万人口发明专利拥有量（件）		预期性	5	7.36	
互联网普及率	固定宽带家庭普及率（%）	预期性	55.4	75	
	移动宽带用户普及率（%）		60	90	
民生福祉					
居民收入	城镇常住居民人均可支配收入（元）	预期性	31126	42800	6.6%以上
	农村常住居民人均可支配收入（元）		12057	16600	6.6%以上
劳动年龄人口平均受教育年限（年）		约束性	10.5	11	
城镇新增就业人数（万人）		预期性			[200]
农村贫困人口脱贫（万人）		约束性			[81]
城镇职工基本养老保险参保人数（万人）		预期性	1765	1908	
城镇棚户区住房改造（万套）		约束性			[30]
人均预期寿命（岁）		预期性	79.1	80.1	[1]
生态文明					
耕地保有量（万亩）		约束性		*	
新增建设用地规模（万亩）		约束性			[*]
万元地区生产总值用水量下降（%）		约束性			[*]
单位地区生产总值能源消耗降低（%）		约束性			[*]
非化石能源占一次能源消费比重（%）		约束性	4.5	6.5	[2]
单位地区生产总值二氧化碳排放降低（%）		约束性			[*]

指标		属性	2015 年	2020 年	年均增速（累计）
森林增长	森林覆盖率（%）	约束性	40.9	42	
	森林蓄积量（亿立方米）		3.06	3.41	
空气质量	地级及以上城市空气质量优良天数比率（%）	约束性		*	
	细颗粒物（PM2.5）未达标地级及以上城市年均浓度下降（%）				[*]
地表水质量	达到或好于Ⅲ类水体比例（%）	约束性	44.2	51.2	
	劣Ⅴ类水体比例（%）		3.5	1.16	
主要污染物排放总量减少（%）	化学需氧量	约束性			[*]
	氨氮				[*]
	二氧化硫				[*]
	氮氧化物				[*]

注：①地区生产总值、全员劳动生产率、居民收入的绝对数和增长速度，按 2015 年可比价。② ［ ］内为 5 年累计数。③未达标地级及以上城市是指细颗粒物年均值超过 35 微克/立方米的城市。④* 为国家分解下达目标。

资料来源：辽宁省人民政府. 辽宁国民经济与社会发展"十三五"规划纲要［EB/OL］. 2016.

（二）中远期愿景

面向未来发展，努力把辽宁建设成为国家老工业基地振兴发展先行区，是全面落实和扎实推进"四个着力"的具体实践，是闯出一条振兴发展新路的必然选择。推进体制机制创新，让一切劳动、知识、技术、管理、资本的活力竞相迸发，让一切创造社会财富的源泉充分涌流，是建设振兴发展先行区的重要前提；推进经济结构调整，实现传统产业向中高端转型，现代农业、战略性新兴产业和现代服务业加速发展，加快构建新型产业体系，是建设振兴发展先行区的核心支撑；推进创新创业发展，打造经济发展新模式，全面提升自主创新能力，形成大众创业、万众创新发展环境，是建设振兴发展先行区的关键动力；推进民生改善、社会进步，普遍提高人民生活水平和质量、国民素质和社会文明程度，优化城乡生产生活环境，满足人民群众对幸福生活的美好期待，是建设振兴发展先行区的根本目的。无论过去、现在和未来，辽宁都有基础、有条件、有能力、有责任率先实现老工业基地全面振兴，开拓辽宁经济发展和社会进步新境界。①

---

① 辽宁省委关于辽宁省国民经济和社会发展"十三五"规划建议。

五、主要理念和原则

（一）着力完善体制机制，加快推进重点改革

坚持社会主义市场经济改革方向，立足破解经济社会发展体制机制障碍，推进全面深化改革，提高改革精准发力和精准落地能力，增强内生发展活力和动力。

1. 加快转变政府职能

健全更好发挥政府作用的制度体系，深化行政审批制度改革，持续推进简政放权、放管结合、优化服务，提高政府效能。积极发现和培育市场，综合运用大数据技术，加强对市场主体的服务和监管，推进服务型政府建设。深化投融资体制改革，优化投资结构，增加有效投资。深化财税体制改革，全面规范财政公开透明预算制度，推广政府购买服务，增强政府公共产品和公共服务供给能力，积极化解政府性债务，提高风险防控能力。推动金融创新，发展产业金融，提高金融服务实体经济的效率。加快推进事业单位分类改革。支持和引导社会组织承接公共服务。完善政府绩效考核评价体系，实行分类差异化考核。坚持以公有制为主体、多种所有制经济共同发展，依法保护各种所有制经济利益。

2. 深化国资国企改革

坚持以提高国有资本效率、增强国有经济活力为中心，完善国有资产管理体制，强化国有资产监管机构职能，以管资本为主加强国有资产监管。根据不同国有企业功能定位，实行分类改革、分类发展、分类监管、分类定责、分类考核。完善企业治理模式和经营机制，加快企业内部机制创新。优化国有企业股权结构，推进公司制、股份制改革，发展混合所有制经济，提高资产证券化比率。优化国有经济布局，做强做优做大国有企业，加快形成一批具有创新能力和核心技术、在国际上具有竞争力的骨干企业。分类别、多渠道、一企一策解决厂办大集体等历史遗留问题，加快处置壳企业和僵尸企业。加强和改进党对国有企业的领导，为国有企业改革发展提供强有力的政治和组织保证。

3. 营造公平公正开放的市场环境

发挥市场在资源配置中的决定性作用，建立公平竞争保障机制，探索实行统一的市场准入制度，深化市场配置要素改革，加快形成各类市场主体一视同仁、公平竞争的营商环境。优化企业发展环境，开展降低实体经济企业成本行动，完善促进企业健康发展的政策和制度，打造企业集聚效应凸显、创业激情充分释放的投资热土。加快重点领域价格改革，完善反映市场供求状况、资源

稀缺程度、生态环境损害成本和修复效益的价格形成机制。建立公共资源出让收益合理共享机制。建立健全城乡统一建设用地市场，推进不动产统一登记制度改革。完善金融市场体系，加快多层次资本市场建设，大力发展区域性股权市场。健全社会监督机制，完善市场监管执法保障。

4. 深化农村改革

坚持家庭经营的基础性地位，鼓励发展农民专业合作和股份合作，培育壮大新型经营主体，构建新型农业经营体系。完善农村土地、林地、草原等产权制度，保障农民占有、使用、收益权利。稳定农村土地承包关系，依法推进土地经营权有序流转。完善农村集体产权权能，在试点基础上推进产权交易市场建设。探索财政支农新机制，完善农民收入增长支持政策体系。创新农村金融产品和服务方式，探索新型农村合作金融发展有效途径，健全涉农保险制度。深化水利、林业改革，加快推进供销社和农垦系统改革。健全城乡发展一体化体制机制，推进城乡要素平等交换、合理配置和基本公共服务均等化。强化全国性农村改革试点示范作用，发挥其溢出效应。

5. 创新对外开放体制机制

以沿海经济带为抓手，构建开放新体制，完善法治化、国际化、便利化营商环境，推进开放平台载体建设，加快建设大连金普新区，积极争取国家批准大连设立自由贸易试验区。提高口岸通关便利化水平，全面实施单一窗口和通关一体化。提升投资领域开放水平，推进外商投资审批管理制度改革，提高外商投资服务和监管水平。加快开发区及产业园区转型升级，推进中韩自由贸易合作示范区建设；加强与德国装备制造业合作，推动沈阳中德高端装备制造业园区建设。完善对外投资促进政策和服务体系。

（二）着力推进结构调整，促进经济持续健康发展

切实把结构调整作为转变经济发展方式的主攻方向，坚持加减乘除一起做，构建现代产业新体系，形成投资、消费、出口"三驾马车"协同发力、多点支撑经济稳定增长的发展格局。

1. 优化需求结构

增强内需对经济增长的带动作用，扩大有效投资需求，推动消费结构升级，抓好重大项目建设，提高经济发展质量和效益。

科学把握投资方向。发挥投资对增长的关键作用，从注重投资规模速度增长向注重投资结构优化和效益提升转变。构建公平竞争、诚实守信的市场投资环境，增加公共产品和公共服务投资，重视教育、文化、卫生、城乡社会保障等重大民生投资。加大对传统产业调整改造、新兴特色产业等实体经济以及生态环境保护与治理、节能减排等重大环境工程投资。创新投融资模式和体制，拓展民间资本进入渠道，促进更多社会资本参与投资。

促进消费潜力释放。发挥消费的基础作用，大幅提高消费需求对经济增长的贡献。以扩大服务消费为重点带动消费结构升级，激活消费需求热点，扩大消费规模。促进信息消费、电商消费产业持续稳定增长，加快发展与互联网消费相适应的现代流通体系。着力扩大城乡居民消费，鼓励社会资本投入养老、健康、旅游、文化等服务消费领域。千方百计增加城乡居民收入，提高财政支出用于改善民生和社会事业的比重。加强社会信用体系建设，整顿和规范市场秩序，保护消费者合法权益。

加强重大基础设施项目建设。积极推广和运用PPP模式，加快建立现代基础设施体系。高标准、高水平建设以互联网、智能物流网、综合运输网、智能电网等为主的现代基础设施网络。统筹快速铁路、高速公路、港口、空港等交通运输方式，优化大型综合运输枢纽布局，强化城市间的快速高效连接，构建现代综合交通网络。促进能源绿色增效和转型升级，加快徐大堡核电一期等重点项目实施，强化城乡电网建设，提高电力外送汇集能力。加强水利基础设施建设，加快推进重点输供水工程，完善水资源保障体系。加快宽带网络综合信息基础设施建设。加强城市公交、防洪防涝、消防设施建设。加强城市地下空间利用和管理，合理规划城市地下综合管廊建设和改造工程。

2. 调整优化产业结构

围绕《中国制造2025》发展目标，增强产业核心竞争力和可持续发展能力，努力形成战略性新兴产业和传统制造业并驾齐驱、现代服务业和传统服务业相互促进、信息化和工业化深度融合的产业发展新格局。

加快传统工业转型升级。推进先进制造业强省建设，积极实施工业强基工程，推动传统工业由要素驱动向创新驱动转变、低中端生产向中高端制造转变。优先发展先进装备制造业，推进高端装备和重大成套装备等重点领域加快发展，促进新一代信息技术与装备制造业融合，建设国家高端装备、智能装备制造业战略基地和核心集聚区。调整优化原材料工业结构和空间布局，向高加工度、延伸产业链方向发展。加快发展电子信息产业，推动互联网与实体经济融合发展，使"互联网+"成为撬动产业转型升级的新动力。积极发展消费品工业，增强品牌创建能力。发展优势产业集群，提高产业集中度和整体竞争力。加强供给侧结构性改革，更加注重运用市场机制和经济手段化解产能过剩，化解房地产库存，化解金融风险，促进企业降低经营成本，提高供给体系质量和效率。

做大做强战略性新兴产业。瞄准世界产业发展前沿，把握科技革命和产业变革新趋势，积极实施智能制造、智能服务工程，优先发展新一代信息通信技术、高档数控机床、机器人、生物医药、节能环保、新能源、新材料、新能源汽车、航空等重点产业，培育和支持软件和信息技术服务、集成电路、储能、海洋工程装备等产业加快发展，使之成为带动经济增长的新支柱。充分发挥辽宁优势，积极推进军民融合发展，加快建设军民融合高技术产业化示范区，增强先进技术、产业产品等军民共用的协调性。充分发挥辽宁省新兴产业创业投资引导基金的引领效应，吸引社会资金参与发展新兴产业项目。

大力发展现代服务业。积极优化服务业发展环境，完善服务业发展保障机制。充分发挥生产性服务业引领带动作用，加快研发设计、现代物流、信息服务、科技服务、电子商务等产业发展。提高生活性服务业品质，加快发展社区服务业，稳步发展房地产业。大力发展旅游业，推进旅游资源市场化配置，强化旅游业对经济发展的支撑作用。鼓励支持金融服务业发展，丰富金融机构、产品和工具，推动沈阳、大连区域金融中心建设。扩大服务业对内对外开放。扎实推进现代服务业集聚区建设。

加快发展现代农业。加快转变农业发展方式，运用现代经营理念、科技手段和组织形式，发展多种形式的适度规模经营。坚守耕地保护红线，加强高标准基本农田建设，推进农业重点工程建设，确保粮食安全和主要农产品有效供给。优化农业产业布局，做强做优高效农业和特色农业，积极推进渔业、畜牧业健康养殖。促进农业产业化发展，做大做强农产品加工产业集群（集聚区）。强化农业科技创新驱动，构建现代农业科技创新推广体系。促进农业标准化和信息化，健全农产品质量安全全过程监管体系。推进农业与二、三产业融合发展，构建和丰富现代农业产业体系、生产体系和经营体系。

3. 促进城乡区域协调发展

统筹"三大区域"发展，推进城乡发展一体化，缩小地区差距，构筑优势互补、良性互动的城乡区域发展格局。

优化区域发展空间。全面落实主体功能区战略，严格按照主体功能区定位推动发展。高水平推进沿海经济带开发建设，推动港口资源整合，基本建成大连东北亚国际航运中心、国际物流中心、区域金融中心，加快建成产业结构优化先导区、经济社会发展先行区。积极推动沈阳经济区发展，加速新型工业化先导示范进程，以沈抚同城为重点推进同周边城镇及产业园区的同城化、一体化发展，支持沈阳国家中心城市建设。着力突破辽西北，加大对辽西北地区发展的扶持力度，推进现代农业和重点产业集群建设，加强生态环境保护，形成活力迸发的新增长区。推动辽中南城市群建设，加快东北东部经济带建设。支持民族地区和边境地区发展。加强全省协同发展机制建设。坚持陆海统筹，提高海洋资源开发能力，发展海洋新兴产业。积极推进阜新、抚顺等资源枯竭型城市转型，探索转型发展新路子。

促进新型城镇化健康发展。坚持以人为本的核心宗旨，以提高城镇化质量和内涵为重点，统筹规划建设以中部城市群、沿海城镇带和沈大城镇轴等为主体、带动新区、县城、重点镇和特色镇建设发展的城镇体系，提高城镇综合承载能力。深化户籍制度改革，有序推进农业转移人口市民化，实现城镇基本公共服务覆盖全部常住人口。维护进城落户农民土地承包权、宅基地使用权、集体收益分配权，支持引导其依法转让上述权益。强化产业就业支撑，增强城镇可持续发展能力。全面推进城区老工业区、独立工矿区搬迁改造，加大城镇棚户区和城乡危房改造力度。深入推进盘锦城乡一体化综合改革试验，示范引领全省城乡一体化发展。提高社会主义新农村建设水平，打造农民幸福家园。统筹城乡基础设施建设，促进城乡公共资源均衡配置。发展特色县域经济，促进农产品精深加工和农村服务业发展，增强县域经济综合实力。

4. 加快发展开放型经济

积极主动融入国家"一带一路"建设、京津冀协同发展、长江经济带建设重大战略，促进市场深度融合和资源高效配置，推进更大范围、更高水平、更深层次的对外对内开放。

深度参与"一带一路"建设。深化与沿线国家的经贸合作与人文交流，统筹推进企业、产品"走出去"，将辽宁省建设成为我国向北开放的重要门户。着力推进国际产能和装备制造合作，实现由装备产品输出为主向技术、产品、标准、服务输出转变。加强国际综合交通运输体系建设，以参与中蒙俄经济走廊建设为重点，以沿海港口为支点，参与布局通往欧洲的三条国际综合交通运输大通道。稳步推进丹东沿边重点开发开放试验区建设。主动参与京津冀协同发展，积极构建京津冀产业转移承接基地、农副产品供应基地和生态安全屏障。推动装备制造业等优势产业融入长江经济带建设，积极承接长三角地区产业转移，学习借鉴先进地区体制机制创新成熟经验。

提高外贸外资质量和水平。加快对外贸易转型升级，优化外贸出口产品结构，加强出口基地建设，大力发展服务贸易，推进跨境电子商务发展。积极发展软件出口和服务外包，争创国家服务外包示范城市。坚持优化结构、稳步开放市场，完善外商投资市场准入制度，鼓励外资投向现代农业、现代服务业等新兴领域，参与传统产业技术改造和升级。创新招商引资方式，加强重要招商平台建设，发挥各类商会、协会的作用。

第三节　辽宁省经济社会发展的战略重点

一、加快社会主义新农村建设

坚持把解决好农业、农村、农民问题作为重点，统筹城乡发展，加大强农惠农力度，在工业化、城镇化深入发展中同步推进农业现代化，大力发展县域经济，努力改善农村生产生活条件，建设农民幸福生活的美好家园。

（一）加快发展现代农业

按照高产、优质、高效、生态、安全的要求，以转变农业发展方式为主线，以促进农业专业化、标准化、规模化、集约化为重点，发展现代农业，进一步提高农业综合生产能力、抗风险能力和市场竞争能力。

加强农业综合生产能力建设。全面实施新增 22.5 亿千克粮食生产能力建设规划，加快昌图等 36 个国家级粮食大县产能建设。完善农田小微型水利设施，建设旱涝保收高标准农田。实施优质水稻提升工程、以花生为主的油料建设工程，培育阜蒙、黑山等花生产业示范县，把阜新市建设成全国重要的花生生产、加工和出口基地。以突出特色、增加效益为重点，发展高效设施农业，把朝阳市打造成全省高效设施农业示范市。实施优质水果工程，加快渤海湾优质水果产业带建设。继续加强畜禽标准化规模小区（场）建设，发展水产健康养殖，积极发展林特产业，稳步提高肉蛋奶、水产品、林产品和蔬菜产量，提高农产品生产能力和效益。认真抓好"米袋子"、"菜篮子"。进一步健全完善粮食质量检测、购销、储备运输、监督预警体系，加强仓储设施建设，推进农户科学储粮工程，保障粮食有效供给。

提升农业产业化经营水平。实施农业龙头企业带动工程，大力培育现代农业经营主体，通过招商引资、政策扶持，推动一批龙头企业提高层次、扩大规模，带动生产基地和种养农户扩大上下游产品加工的联合与协作，做大做强农业"一县一业"，每个县至少形成一个知名品牌。加快辽南无公害农业区建设，大力发展绿色、有机食品生产，率先建成全省现代农业示范区，建成全国重要的农产品生产、加工和出口基地。

加强农业科技创新能力建设。加大农业科技投入，深入实施科技特派行动，强化现代农业产业技术体系建设。提高农业社会化服务水平，建立完善的农业标准体系、公益性农业技术推广体系、农产品质检体系和动植物防疫体系。实施农业种子创新工程，加强种业资源整合，推进良种培育，加快发展现代种业。加快农业机械化，重点推动玉米、水稻生产全程机械化。

（二）大力发展县域经济

坚持工业主导地位，以园区建设为载体，以产业集群发展为重点，实施新一轮县域经济倍增计划，推进县域经济大发展。到 2015 年，力争 15 个县（市）进入全国百强。

充分发挥各地资源、区位、产业等优势，围绕县域工业园区建设，明确园区发展方向，完善园区发展规划，清晰产业定位。依托关联度大、带动性强的县域龙头企业，重点扶持富有发展潜力和吸纳就业能力的中小企业，拉长产业链，加快培育发展县域特色主导产业和产业集群。大力发展农产品加工业，依托农产品资源，积极建立农产品加工集聚区，加速构建具有国内先进水平的现代农产品加工产业体系。到 2015 年，每个县（市）和郊区至少形成一个年销售收入超百亿元的产业集群，全省力争创建 100 个农产品加工园区，农产品综合加工率达到 60% 以上。

优化发展环境。完善支持县域经济发展的政策措施，研究制定新一轮县域经济综合考评制度，进一步扩大县级自主权、决策权和经济管理权限。加强园区基础设施建设，强化服务功能，吸引资金、技术、人才等生产要素集聚。鼓励县域产业园区加快建立研发中心、检测中心、展示中心等公共服务平台。

（三）改善农村生产生活条件

加强新农村建设规划引导，重点做好村屯统筹规划，积极开展新农村建设试点村活动。

加强农村基础设施建设。重点加快电网改造、饮水安全、农村水电、农村道路、农村邮政、清洁能源、危房改造、信息畅通等工程建设。

健全农村公共服务体系。提高农村义务教育质量和均衡发展水平，推进农村中等职业教育免费进程。加强农村公共卫生服务体系建设，完善农村三级医疗卫生服务网络。加快发展农村文化、体育事业，增强农村公共文化服务能力。完善农村社会保障体系，逐步提高保障标准。加强农村社区服务中心建设，强化农村民主管理。

开展农村环境综合整治。实施农村清洁工程，控制农业面源污染，做好垃圾、粪便、污水清理治理工作。优化农村发展环境，做好庭院净化、街道亮化、路面硬化、周边绿化、村屯美化工作，改变农村环境脏、乱、差状况，加快改善农村面貌。

二、提高工业核心竞争力

把工业结构优化升级作为发展现代产业体系和调整产业结构的重点，以抢占工业发展制高点为目标，全面实施工业"五项工程"，推动传统产业改造升级、战略性新兴产业加快发展、产业集聚发展，培育一批年产值超千亿元的工业产业集群，全面提高工业核心竞争力和综合实力，重塑工业大省形象。

（一）建设先进装备制造业基地

以科技创新为引领，以国家重点建设工程为依托，重点发展基础制造装备、重大成套装备和交通运输装备，大幅提高配套产品制造水平，培育一批在国际上有影响力、在国内同行业中有竞争力、具有自主知识产权的龙头企业和企业集团，建设具有国际竞争力的先进装备制造业基地。

基础制造装备。围绕争创国内领先、世界先进，加快研制高速高精复合数控机床、重型数控机床、特种加工数控机床、大型数控成形冲压设备，基本掌握高档数控装置等核心技术，积极发展重型锻压设备、清洁高效铸造设备、新型焊接设备与自动化生产设备、大型清洁热处理与表面处理设备等主机产品。

重大成套装备。推进特高压输变电、石油及化工、冷热连轧及涂镀层加工、大型清洁高效发电、大型煤炭综采、天然气管道输送和液化储运等重大技术装备的系列化和成套化。加快发展隧道全断面掘进机、全路面起重机等大型、新型施工机械。发展节能环保重大技术装备、汽车工艺装备、电子信息装备及食品、煤矿瓦斯等安全检测设备。

交通运输装备。加快提升城市轨道交通车辆、信号系统、列车网络控制系统、制动系统、主辅逆变器等机电设备的自主化水平。重点发展新能源汽车、全系列轿车、MPV多用途汽车、客车及自动变速器、高性能发动机等关键零部件，打造具有国际竞争力的大型汽车企业集团。加强现代造船技术、船舶和海洋工程装备基础共性技术研究，推广现代造船模式，大幅提高船用设备制造本土化比例，把辽东湾打造成具有国际竞争力的世界级船舶制造基地。加快建设沈阳国家民用航空高技术产业基地，尽快形成以支线飞机、通用飞机为主导方向，集研发、设计、部装、总装、维修、培训于一体的综合性民用航空产业。力争到2015年，汽车及汽车零部件产值突破4000亿元，造船能力达到1600万载重吨。

配套产品制造。重点发展大型核电设备、百万千瓦级超临界/超超临界火电机组、石化重型容器等铸锻件，大功率电力电子元件、大型精密轴承、高精度齿轮传动装置等基础部件。大型精密型腔模具、精密冲压模具、高档模具标准件及各类加工辅具。

（二）建设高加工度原材料基地

按照控制总量、淘汰落后、集群发展、产业链延伸的原则，推进原材料工业向基地化、大型化、一体化方向发展，着力优化产品结构，拉长产业链条，提高产业集中度和加工深度，实现由规模扩张向效益增长转变，建设具有国际竞争力的原材料工业基地。

高端冶金产品。调整产品结构，重点发展高速铁路用钢、高牌号无取向硅钢和高磁感取向硅钢、高强度轿车用钢、高档电力用钢、新能源用钢及不锈钢等产品。推进丹东硼铁资源综合利用、抚顺新钢铁环保搬迁改造、本钢淘汰落后产能、丹东特钢等项目。支持鞍钢、本钢、抚顺新钢铁等企业联合重组。支持辽阳建设工业铝型材基地。加强铜铅锌冶炼短流程工艺、共伴生矿高效利用、高性能专用铜铝材生产工艺等前沿共性技术研发。发展高档耐火材料、镁化工产品以及高性能镁产品，提升镁质材料产业整体竞争力。力争到2015年，重点大中型钢铁企业70%以上产品实物质量达到国际先进水平。

新型石化产业。按照炼化一体化、园区化、精细化的要求，重点发展化工新材料、特种化学品、精细化工等高端石化产品，培育从炼油、乙烯、芳烃、基本有机原料到精细化工等系列产业集群。加快推进大连长兴岛石油化工园区中石油大连石化公司搬迁改造和恒力石化项目、抚顺乙烯改扩建工程、葫芦岛和盘锦千万千克炼油百万千克乙烯、锦州和丹东PTA、辽阳200万千克芳烃、葫芦岛TDI二期和MDI等一批石化项目。推进阜新、铁岭、朝阳大型煤化工项目，构建生态型辽西北煤化工产业基地。力争到2015年，全省乙烯、芳烃产能均达到200万千克/年，化工精细化率达到50%。

新型建材。加大新型干法水泥比重，提高产业集中度。支持玻璃生产企业提高原片质量，发展节能玻璃、平板显示玻璃、太阳能玻璃。大力发展新型墙体、新型防水密封、新型保温隔热、新型装饰装修等复合型、节能型、多功能型高品质新型建材，加快建设沈阳铁西现代建筑产业园，把辽宁建设成为国家重要的新型建材产业基地。力争到2015年，新型建材增加值占建材工业的比重达到70%。

（三）做大做精轻型工业

坚持走品牌化和集群化发展道路，积极培育龙头企业，加快造纸、家电、塑料、照明电器、工艺美术、乐器以及棉纺、印染、化纤、针织等行业技术改造步伐，提高产业竞争力。大力发展以自主品牌为主的中高档服装，加速实现高技术纤维和复合材料的产业化。加快推进产业用纺织品开发和产业化，重点发展以宽幅高强工艺技术为主的多功能复合材料以及节水灌溉、储水材料和缓释包装材料等农用纺织材料。建设我国重要的中高档品牌服装生产加工基地、产业用纺织品研发和产业化基地。加强食品、家具、玩具和装饰等行业质量管理，保障产品使用和食用安全。

（四）加快发展战略性新兴产业

发挥基础优势，加强政策支持和规划引导，在信息、新能源、新材料、生物技术、节能环保等领域，选择最有条件的产业，突破核心和关键技术，加快培育成为先导性、支柱性产业，建设国家战略性新兴产业基地。

新一代信息技术产业。重点发展物联网及新一代宽带无线移动通信网等新兴网络装备，发展集成电路、数字音视频、半导体照明、电力电子、汽车电子、电子元件、电子专用设备和测试仪器、软件、动漫等产业，努力提高工业数字化、智能化水平，积极推进信息化和工业化深度融合。

新能源产业。加快新能源技术研发和应用，重点发展核电、风电、光伏发电、生物质利用、燃料电池等产业，推动智能电网、分布式能源系统建设，初步形成新能源产业集群。到2015年，核电装机确保达到400万千瓦；风电累计容量确保达到600万千瓦，力争达到1000万千瓦，继续保持全国领先地位；光伏发电能力达到30万千瓦，进入全国前列。

新材料产业。以新材料基础理论及应用技术研发优势为基础，以打造完整的产业链为主攻方向，重点发展先进金属材料、化工新材料、先进复合材料、纳米材料、膜材料等新材料，重点打造环渤海临港新材料产业带和沈阳、大连、抚顺三大新材料产业集聚区，建设国家新材料产业强省。

生物产业。充分发挥生物医药和生物育种产业发展的基础优势，优先发展生物技术药物和化学创新药物，推进中药现代化，积极发展医疗器械和医用生物材料，加快发展农作物、畜产品、水产品育种及林木育苗等产业，建设成为国家重要的生物医药、生物育种研发和生产基地。

节能环保产业。依托重点节能、水污染治理、大气污染治理、资源再生利用等工程，重点发展节能、环保产业、循环经济等关键技术和装备及环保材料与药剂，实施一批节能环保产业项目，培育一批节能环保企业，建设一批静脉示范孵化园区，打造一批节能环保示范基地。

以掌握产业核心关键技术，加速产业规模化为目标，依托优势企业和产业集聚区，组织实施一批技术水平国内领先、国际先进的产业化项目，突破一批具有重大支撑和引领作用的关键技术，培育形成一批具有自主知识产权、年销售收入超过10亿元的新兴高技术领军企业，建成一批主题特色鲜明、创新能力较强的新兴产业集聚区。

三、打造建筑业强省

实施引进战略、重组战略、优化战略和"走出去"战略，做大做强建筑业。培育一批资质等级高、施工力量强的专业化建筑企业集团，重点扶持建筑装饰、建筑幕墙钢结构、设备安装等领域的优势建筑企业，发展一批集设计、采购、施工管理于一体的综合型工程集团，积极发展绿色建筑，不断提高建筑业的综合竞争力。加大政策支持力度，吸引省外和中直建筑特级企业落户省内，支持省内建筑企业承揽国外和省外工程。按照公开、公平、择优的原则，规范建筑市场秩序，强化对建设工程招标投标全过程的监督，积极创新招投标方式，进一步规范工程质量检测、工程监理、审图机构、保险代理、造价咨询等中介服务机构的从业行为。全力推进冬期施工，建立冬期施工长效机制。"十二五"期末，全省建筑业增加值力争进入全国前列。

四、加快发展服务业

把发展服务业作为推动产业优化升级的重要支撑，拓展新领域、发展新业态、培育新热点，推进服务业规模化、品牌化、网络化经营，加强服务业集聚区和重大项目建设，不断提高服务业在国民经济中的比重。

（一）优先发展生产性服务业

优先发展现代物流、金融保险、商务服务、工程设计、信息咨询等生产性服务业。加快发展先进制造成套和配套服务。大力发展第三方物流和重点领域专项物流，建设沈阳、大连、丹东、锦州、营口、盘锦等区域物流中心，推进沿海、沈大、锦阜朝三大物流产业带发展。着力实施重点物流工程，加强物流园区、物流配送体系、物流公共信息平台建设，加快物流标准化和物流新技术推广。加快发展银行、保险、证券等各类机构，建立健全现代金融服务体系，建设沈阳、大连区域金融中心和铁岭北方金融后台服务基地。培育壮大物联网、互联网、计算机软件、研发设计、检验检测、知识产权中介服务等领域的高技术服务业，建设沈阳、大连国家高技术服务产业基地。积极发展法律仲裁、会计税务、资产评估、工程设计、管理咨询、文化创意和会展等商务服务业，形成辐射功能较强的商务服务体系。鼓励工业企业剥离非核心业务，加快主辅分离，发展服务外包。加快完善农业生产社会化服务体系。

（二）大力发展生活性服务业

大力发展旅游、商贸、房地产、家庭等生活性服务业。把温泉旅游作为重点和突破口，重点加快旅游设施建设，推进重点旅游区、旅游线路建设，完善旅游服务体系，建设温泉旅游度假区，大力发展海岛、农家乐等旅游，打造一批精品旅游景区和知名品牌，建设一批各具特色的旅游产业集聚区和休闲度假基地，把旅游业培育成国民经济的支柱产业。改造提升商贸服务业，大力发展以连锁配送、特许经营和电子商务为代表的现代流通方式和新兴业态。加快新农村现代流通服务网络工程建设。统筹发展住宅地产、工业地产和商业地产，调整住房供应结构，增加普通商品住房有效供给，促进房地产业平稳健康较快发展。鼓励发展家政服务、养老服务和病患陪护等家庭服务业，形成便利、规范的家庭服务体系。加快发展社区、邮政、物业等服务业。

（三）强化服务业载体支撑作用

以重点城区、企业、重点工程三大载体为依托，打造一批规模较大、集聚度高、特色鲜明的服务业集聚区。

发展城区服务业。加快老城区"退二进三"步伐，挖掘发展潜力，加快新城区、新市镇服务业发展，拓展发展空间。支持30个现有基础好、总量大、优势明显、特色鲜明的城区率先形成以服务业为主的经济结构。

壮大服务业企业。加快企业内部服务专业化、标准化、社会化、品牌化，开展5家国家级和30家省级服务业标准化试点，不断扩大服务领域，提高服务技术含量，增强企业核心竞争力，加快培育一批具有较强市场竞争能力和辐射能力、具有较高知名度的服务业品牌。

实施服务业重点工程。高起点策划和实施一批战略意义大、示范作用强的服务业重大工程和重点项目。大力吸引国内外知名服务企业、地区总部、研发中心、采购中心来辽宁发展。

（四）营造有利的政策和体制环境

合理放宽服务行业市场准入条件，建立公平、规范、透明的市场准入制度，探索适合新型服务业态发展的市场管理办法。大力发展多种经济类型的服务业企业，健全现代服务企业制度。进一步深化服务业垄断行业改革，鼓励民营资本以独资、合资、合作、联营、参股、特许经营等方式，进入经营性体育、文化、邮政、信息、科研等产业，推进服务业投资主体多元化。推进沈阳铁西区、大连高新园区国家服务业综合改革试点。调整税费和土地、水、电等要素价格政策，对鼓励发展的服务业特别是生产性服务业予以重点支持。发挥政府资金导向作用，拓宽服务业企业融资渠道，健全融资担保体系。支持服务业企业品牌和网络建设，培育具有国际竞争力的大型服务业企业。

五、完善基础设施建设

按照突出重点、优化结构、提升质量、适度超前的原则，高起点、高标准地谋划一批事关经济社会发展全局的交通、能源、水利和信息化等重大基础设施项目，逐步建成功能完备、供给充足、保障有力、支撑力强的现代基础设施体系。

（一）构建现代综合交通运输体系

以提高运输保障能力为核心，加快铁路、公路、港口、机场、城市轨道交通等基础设施建设，构建综合运输通道，强化综合交通枢纽功能，完善大宗货物运输系统，提升智能管理水平，构筑便捷、安全、高效的现代综合交通运输体系。

铁路建设。加快沈阳至北京等客运专线、丹东至大连等快速铁路、绥中至锡林浩特等煤运通道、仙人岛等疏港铁路建设。实施锦州至赤峰等铁路扩能改造和全域重要干支线网络电气化改造。加快沈阳至铁岭城际铁路、大连北站等铁路工程建设。

公路建设。加强以沈阳为中心、覆盖全省的通程半径3小时的高速公路网络建设，重点建设一批高速公路，扩建京哈高速公路辽宁段。加强城际间快速通道和产业大道建设。完善沿海经济带滨海公路网络。改造建设26万公里普通公路。继续加快农村公路建设，加强农村公路维修养护，明显改善农村道路交通状况。

港口建设。以大连东北亚国际航运中心组合港和沿海港口群建设为重点，推进港口资源整合，加快新港区开发和老港区功能调整，完善港区布局。重点建设原油、矿石、煤炭和集装箱等专业码头，浚深升级港区航道，开发建设10个新港区。

机场建设。加快枢纽机场和支线机场建设，完善机场布局，发展通用航空。

城市轨道交通建设。加快发展城市地铁和城市轻轨。到2015年，全省地铁及轻轨等城市客运轨道交通里程接近200公里，初步形成地铁轻轨相互连通，衔接公交、铁路、客运码头和民航场站枢纽，快速便捷的客运轨道交通系统。

（二）优化能源结构

稳步推进核电、风电、光伏发电等新能源项目建设，发展智能电网，努力构建安全、稳定、经济、清洁的现代能源体系。

优化电源结构。努力保障红沿河核电厂一期工程按期投产，重点推进红沿河核电厂二期和徐大堡核电厂一期工程尽快开工建设，在黄海沿岸和内陆适宜发展核电的地区开展核电项目的规划选址等前期工作。继续推进一批热电联产集中供热项目，实现中等以上城市一市一个大型热电厂。继续推进抽水蓄能电站建设进度及前期工作。适时启动燃气电站建设规划。进一步提高可再生能源发电装机比重。

智能电网建设。加强500千伏主干网架建设，优化220千伏电网结构，积极融入国家智能电网研发、规划和实施工作，加强城市电网建设，推进新一轮农村电网改造升级工程。

可再生能源开发利用。在与生态环境协调的前提下，推进以辽西北等地区为重点的风电建设，有序推进太阳能光伏发电利用工程建设，因地制宜推进水力发电工程建设，积极支持沼气、生物质利用等农村能源建设，培育绿色能源示范县，加快太阳能热利用推广，开展海洋能利用试点。

油气勘探开发。提高开采效率，稳定油气产量。加快推进中国石油大连进口液化天然气利用工程以及大唐阜新煤制天然气等工程投产。加快煤层气开发利用，积极推进天然气多元化利用工程建设。完善全省油气输配管网布局。继续推进石油天然气储备库等重点油气储备工程建设。

煤炭清洁和替代利用。重点抓好国有重点煤矿改扩建工程，稳定煤炭产量，加大勘探力度，延长生产年限。积极融入大型现代化煤炭基地建设，加快淘汰落后生产能力。提高综采机械化程度，增强企业竞争能力。鼓励发展非煤产业，拓展生产经营领域。

省际间能源通道建设。鼓励企业开拓省外煤炭资源，推动跨省区煤炭资源整合开发，支持煤炭铁路运输及煤码头建设。投产运营秦沈天然气干线管道工程，积极支持原油码头以及省间输油管道建设。进一步加强电网省间联络线建设。

（三）加强水利基础设施建设

按照全面规划、统筹兼顾、标本兼治、综合治理的方针，坚持兴利与除害、开发与保护、整体与局部、近期与长远并重的原则，以供水、防洪和水生态安全为重点，加强防洪减灾体系建设，进一步优化配置和合理开发水资源，提高水资源和水环境承载能力。

水资源开发利用。科学调配水资源，从根本上解决辽西北地区缺水问题和辽河干流地区用水需求。完成大伙房水库输水二期等一批重大水资源配置和枢纽工程，加快推进丹东铁甲水库水源替代等供水工程前期工作。

水利防洪减灾体系。实施辽河干流及浑河等9条辽河重要支流综合整治。实施鸭绿江界河塌岸严重和重要防洪河段重点防护工程，大凌河、小凌河、浑江等6条重要独流入海及界河支流整治工程。开展143条重点中小河流治理工程，13 个地级城市和 31 个县级市防洪工程，规划治理 66 条山洪沟。

农村水利设施。继续实施 10 处大型灌区、25 处中型灌区节水改造，11 个大型、2 个中型灌溉排水泵站改造工程，以及 35 个节水灌溉示范项目。推进水电新农村电气化县、小水电代燃料生态保护工程和农村水电增效扩容改造工程建设。

水土流失治理。实施黑土区水土保持、坡耕地治理、农业综合开发水土保持、易灾地区生态环境综合治理、大伙房水库及其输水工程水源区饮水安全保障、柳河流域水土保持综合治理工程。

（四）加强信息设施建设

加速推广和应用信息技术，加快信息化与工业化深度融合，建设"数字辽宁"，为全面提升国民经济和社会信息化水平提供有力保障。

宽带网络建设。以光纤尽量靠近用户为原则，加快光纤宽带接入网络建设，推进光纤到村。扩大无线网络应用范围，大力推进 3G 网络建设。

"三网融合"。选择重点区域开展电信网、广播电视网、互联网"三网融合"试点，构建宽带、融合、安全的下一代信息基础设施。

信息网络安全。加强平安城市、企业生产监控等重点领域信息平台和网络建设，确保基础信息网络和重要信息平台的网络安全。加强应急通信保障能力建设，重点加强应急通信车（艇）、超级基站、卫星通信设施、应急发电机车、便携式无线应急通信系统，以及重要场所的双光缆路由保护等建设。加快国家定位系统基地建设。提高应急通信装备的规模和技术水平，提高应对自然灾害、重大疫情等重大事件的通信保障能力。

第四节　实施科教兴省和人才强省战略

大力提高科技创新能力，加快教育现代化，发挥人才资源优势，努力建设创新型辽宁。

一、增强科技创新能力

坚定不移地把提高自主创新能力、建设创新型辽宁作为全省发展战略的核心，最大限度地发挥科技进步对全省产业结构优化升级的支撑和引领作用。加速推进国家技术创新工程试点省建设，以特色产业基地、高新区和沈阳"大学科技城"为重要载体，依托骨干企业、重大工程项目，组织实施一批技术创新和产业化项目，形成一批特色鲜明、跻身全国乃至世界前列的新兴产业集群和集聚区。结合国家重大科技专项的实施，建设一批工程研究中心、工程技术研究中心、工程实验室、重点实验室和企业技术中心，突破一批核心技术和关键共性技术，形成一批具有自主知识产权的重大战略产品，抢占科技制高点。完善科技创新体制，重点引导和支持创新要素向企业集聚，建立以企业为主体、市场为导向，产学研结合的科技创新体系。优化整合科技资源，培育一批创新型企业和科技型中小企业，建设一批产业技术创新服务平台，构建一批产业技术创新战略联盟，加大专利成果转化率，推动由"辽宁制造"向"辽宁创造"转变，建成国家重要技术研发与创新基地，支持沈阳、大连创建国家创新型城市，初步实现由科技大省向科技强省的转变。实施知识产权战略，培育辽宁省自主知识产权核心竞争力，推进知识产权创造、运用、管理和保护，"十三五"期间，力争发明专利申请量和授权量年均增长 10%以上。

二、加快教育现代化进程

落实教育优先发展战略，以办人民满意的教育为宗旨，全面推进教育事业科学发展，提高教育现代化水平，建设教育强省。

基础教育。学前教育要坚持政府主导、社会参与、公办民办并举的原则，统筹规划、合理布局，突出公益性和普惠性，大力发展公办幼儿园，积极扶持民办幼儿园，加强农村乡镇中心幼儿园建设，构建覆盖城乡的学前教育服务体系。义务教育要建立健全均衡发展保障机制，加快推进义务教育学校标准化建设，实行校长和教师资源在区域内统一调配和合理流动，实现区域间、城乡间义务教育均衡发展。普通高中教育要突出特色、优质创新发展，实行普通高中市域内跨县（市、区）统一招生，创新普通高中发展模式和人才培养模式，鼓励优质普通高中通过联合、合并实现规模化、集团化发展，扩大优质高中覆盖面。加强特殊教育和民族教育。

职业教育。完善职业教育管理体制和运行机制，统筹中等职业教育与高等职业教育发展，优化职业教育布局结构。深化工学结合、校企合作，大力开展多种形式合作办学，鼓励发展高中等职业教育集团。加快职业教育信息化建设，广泛开展职业培训。

高等教育。加快提升高等教育发展质量和水平，调整优化高等学校学科专业结构和布局，扩大应用型、复合型、技能型人才培养规模。推进大学特色化发展，加快强校建设，支持省部共建，打造 1~2 所具有国际影响、国内一流的大学，打造一批具有行业影响力或具有专业领域特点、在国内同类院校领先的本科院校。加强学科建设，建成一批体现各校优势特色的重点学科。实施本科高校重点实验室和工程研究中心建设工程,力争取得一批标志性重大科研成果。发挥大学相对集中的优势,促进高校科技成果转化。

三、坚持创新发展

坚持服务发展、人才优先、以用为本、创新机制、高端引领、整体开发的指导方针,以高层次人才、高技能人才为重点,建立健全多元化人才培养机制,统筹推进各类人才队伍建设。

突出培养造就创新型科技人才。创新人才培养模式,注重培养创新精神和创新能力,造就一批在关键领域掌握前沿核心技术、拥有自主知识产权的创新型领军人才和高水平创新团队,着力培养一线创新人才和青年科技人才。

大力开发重点领域急需紧缺专门人才。以三大区域发展战略为依托,加快重点产业、行业的人才培养与开发,完善重点领域科研骨干人才分配激励办法,建立重点领域人才开发协调机制,培养开发一批在先进装备制造、新能源、新材料、电子信息、节能环保、海洋、生物育种、高技术服务业等经济重点领域,以及教育、政法、宣传思想文化等社会发展重点领域急需紧缺的专门人才。

统筹各类人才协调发展。培养和造就规模宏大、结构优化、布局合理、素质优良的人才队伍,进入国内人才强省行列。加快提升党政人才素质和能力,造就一批优秀企业家和企业经营管理人才,打造一批具有较强自主创新能力的高素质专业技术人才,培养一批门类齐全、技艺精湛、善于解决技术难题的高技能人才,建设服务农村经济社会发展、数量充足的农村实用人才队伍,培育一支职业化、专业化的社会工作人才队伍。

坚持人才资源是第一资源,切实把人才资源开发放在科技创新最优先的位置,重点在用好、吸引、培养上下功夫,加快创新型人才队伍建设,开创人才引领创新、创新驱动发展、发展集聚人才的良好局面。

加速人才集聚。制定实施更积极、更有效的高层次人才引进政策,建设高质量吸纳人才创新创业的载体,发挥市场在人才资源配置中的决定性作用,优化完善人才服务保障措施,吸引更多的国内外高层次留学人才、科技创新型人才、企业领军人才及产业重点领域发展急需紧缺的工程技术人才和团队来辽创新创业,确保"人才留得住,成果可转化,项目能落地,资金引得进"。

加强人才培养。组织实施百千万人才工程,加快中青年学术技术带头人培养;实施专业技术人才知识更新工程,提升专业人才创新能力;实施企业人才培养计划,发挥企业创新主体作用;释放高校和科研单位人才优势,科学评价使用人才。放开放活人才管理,多渠道扩大人才培养的资金投入,健全完善从研发、转化、生产到管理的人才培养体系。

加大人才激励。推广科技成果处置权、收益权、股权激励等国家自主创新示范区政策，完善创新导向分配制度，建立健全人才荣誉制度，加强人才工作绩效管理，让科技人员和创新人才通过创新创造价值，实现成长成才与创新创业协调发展。[①]

四、加强文化强省建设

深化文化体制改革。加强宣传思想文化阵地建设，加强主流媒体传播力、公信力、影响力和舆论引导能力建设。牢牢把握正确舆论导向，健全社会舆情引导机制，实施网络内容建设工程，净化网络环境。建立健全新型国有文化资产管理体制。深化文化事业单位改革。引导文化资源向城乡基层倾斜，完善文化市场准入和退出机制，培育多层次文化产品和要素市场。广泛普及科学知识，提高全民科学素质。积极倡导全民阅读，建设书香辽宁。发展体育事业，增强全民体质。

构建现代公共文化服务体系。坚持以群众基本文化需要为导向，促进基本公共文化服务标准化、均等化。着力加强农村公共文化服务体系建设，推进城乡文化一体化发展。推进公共文化设施建设并免费向社会开放，完善基层文化设施。推进重点文化惠民工程建设，加大和改进公共财政投入，逐步构建多层次、多方式的公共文化服务供给体系。弘扬优秀传统文化，加大文物保护力度，提高档案管理水平，切实保护好文化遗产和工业文化遗存。深化各类群众性精神文明创建活动。积极开展丰富多样的群众性文化活动。

推动文化事业和文化产业繁荣发展。大力发展哲学社会科学、新闻出版、广播影视、文学艺术事业。促进传统媒体和新兴媒体融合发展，加快媒体数字化建设，打造一批新型主流媒体。坚持以人民为中心的工作导向，扶持优秀文化产品创作生产，推进文化"名牌、名品、名人"工程。发展文化创意、影视出版、网络文艺、动漫游戏和文化会展业。发展少数民族文化事业。优化文化资源配置，推动文化企业跨地区、跨行业、跨所有制兼并重组，打造代表辽宁形象的大型文化企业集团。

五、坚持绿色发展，建设美丽家园

坚持节约资源和保护环境的基本国策，努力打造天蓝、地绿、水净、山青的美好家园，促进人与自然和谐共生，推动美丽辽宁建设。

---

① 辽宁省人民政府.辽宁省"十三五"规划纲要（2016~2020年）[EB/OL].2016.

推动形成绿色发展方式和生活方式。促进传统制造业绿色改造，支持绿色清洁生产，发展绿色金融，有效降低发展的资源环境代价。加快发展低碳循环经济，积极发展清洁能源，推进生产系统和生活系统循环链接，促进资源节约循环利用。大力推进节能减排，加强高能耗行业能耗管控，深入开展节能减排全民行动。根据资源环境承载力调节城市规模。积极倡导绿色消费模式，推动形成崇尚勤俭节约、生态文明的社会风尚。

加大生态环境保护治理力度。深入推进蓝天工程，全面推进大气污染防治，大力治理雾霾，持续改善空气质量，调整能源结构，加大对火电、钢铁、水泥行业的环境综合整治。继续实施碧水工程，推进大伙房水库上游污染治理，保障饮用水水源安全，深化重点流域水污染防治，建设辽河、凌河生态廊道，严守近岸海域自然岸线生态红线。着力抓好青山工程，加强造林绿化、封山育林和草原沙化治理，推进辽东生态功能区和辽西生态屏障建设。大力实施沃土工程，强化重点区域土壤污染治理，推进工矿废弃地综合整治和复垦利用，探索实行耕地轮作休耕制度试点。实施森林、湿地、河流、海洋等重要生态系统及水资源过度开发生态脆弱地区的保护修复。加强城镇污水垃圾处理基础设施建设。推进宜居乡村建设工程，健全完善农村环境治理和管护体系。

加强生态文明制度体系建设。实行最严格的环境保护制度，形成政府、企业、公众共治的环境治理体系。坚持节约优先，加快形成有利于资源节约和环境保护的利益导向制度体系。实行能源和水资源消耗、建设用地等总量和强度双控行动。形成陆海统筹的生态系统保护修复和污染防治区域联动机制，健全对重点生态功能区的生态补偿机制。推进环境治理和生态保护市场建设，推行和完善节能量、碳排放权、排污权交易制度以及环境污染第三方治理。落实省以下环保机构监测监察执法垂直管理制度。健全生态文明绩效考核和环境损害责任追究制度。[1]

---

① 辽宁省人民政府. 辽宁省"十三五"规划纲要（2016~2020 年）［EB/OL］. 2016.

后 记

　　《辽宁经济地理》是"中国经济地理丛书"的一个分册，是研究辽宁省经济地域格局及其演变的专门著作。本书比较系统地介绍和分析了辽宁省的资源环境基础、行政区划演化和现实格局、资源开发利用成效、区域开发过程和现实特征、基础产业及其布局、战略性产业及其布局、地域分异与重点地区建设、人口与城镇化特征等，并在此基础上提出了辽宁省经济社会发展总体战略。

　　关于辽宁省经济地理的研究，已经出版过多部类似的著作，包括孙敬之任总主编、赵大东任分册主编的同名著作，王静爱任总主编、傅鸿志任分册主编的《辽宁地理》等。我们在借鉴和学习这些成果的基础上，注重从系统科学和地域分工的角度探讨辽宁省经济社会发展的内在规律和未来战略。

　　作为辽宁籍学者，我曾主持完成过辽宁省国土规划（总体规划）、大连市跨世纪发展战略、瓦房店市跨世纪发展战略、辽阳县产业规划等。这次率队承担《辽宁经济地理》编写任务，我感到非常荣幸。谢谢编委会对我的信任。

　　本书是北京师范大学区域地理国家级教学团队和区域经济学重点学科集体智慧的结晶，得到了王静爱教授、李晓西教授、梁进社教授、周尚意教授等的支持，参考并引用了北京师范大学和国内相关研究的成果。特此说明和致谢。

　　本书具体编写分工是：赵林执笔撰写了第一、第二、第三章，王永明执笔撰写了第四、第五章，高文姬执笔撰写了第八章初稿，图表则由吴迪编辑完成。其他章节和全书的统稿、定稿则由我本人负责。疏漏之处和偏颇之论敬请读者批评指正。

吴殿廷

2016 年劳动节于北京